Mira Kirshenbaum

Ich will dir trauen.
Aber wie?

So finden Liebende
zu neuem Vertrauen

Aus dem Amerikanischen von
Gabriele Herbst

Krüger Verlag

Die englische Originalausgabe erschien unter dem Titel:
»I Love You, But I Don't Trust You. The Complete Guide
to Restoring Trust in Your Relationship« bei
The Berkley Publishing Group, New York
Copyright © 2012 by Mira Kirshenbaum.
Published in agreement with the author,
c/o Baror International, Inc. Armonk, New York, USA

Deutsche Ausgabe:
Erschienen im Krüger Verlag,
einem Unternehmen der S. Fischer Verlag GmbH
© S. Fischer Verlag GmbH, Frankfurt am Main 2012
Satz: Pinkuin Satz und Datentechnik, Berlin
Druck und Bindung: GGP Media GmbH, Pößneck
Printed in Germany
ISBN 978-3-8105-1299-4

Inhalt

Der Wiederaufbau von Vertrauen in Beziehungen *ist* möglich

Wiederaufbau von Vertrauen nach einem schweren Vertrauensbruch

Wiederaufbau von Vertrauen in anderen Situationen

Der Wiederaufbau von Vertrauen in Beziehungen *ist* möglich

1 Wieder zueinanderfinden

Ich weiß. Sie sind tief verletzt, Sie zittern vor Angst, Sie kochen vor Wut. Es gibt nichts Schlimmeres, als getäuscht und hintergangen zu werden und das eigene Vertrauen missbraucht zu sehen. Sie können sich nicht vorstellen, dass Sie diesem Menschen je wieder vertrauen werden – und im Augenblick wollen Sie das vielleicht auch gar nicht erst versuchen. Und trotzdem: Die Hoffnung stirbt nie ganz. Irgendwo tief in Ihrem Inneren regt sich etwas wie »Na, vielleicht doch ...«. Vielleicht, ganz vielleicht bedeutet das furchtbare Misstrauen, das Sie so beutelt, doch nicht das Ende der Beziehung. Vielleicht kann wieder Vertrauen wachsen. Vielleicht lässt sich die Beziehung kitten.

Andererseits befürchten Sie vielleicht, dass Hoffnung gerade jetzt völlig fehl am Platze ist. Das verstehe ich. Ich habe das alles selbst durchgemacht. Ebenso wie Millionen anderer Menschen.

Einer von ihnen war Heather.

Heathers Geschichte. Als sich erstmals andeutete, was Chris getan hatte, schlug sofort diese uns allen nur allzu gut bekannte Woge des bitteren, Übelkeit erregenden Verdachts über

Heather zusammen. Das fühlt sich an, als würde einem der Boden unter den Füßen weggezogen. Alles ist möglich, nur nichts Gutes.

Hektisch und panisch durchsuchte Heather den Computer und das Scheckheft von Chris. Als sie schließlich die furchtbare Bestätigung ihres Verdachts in Händen hielt, stieg eine solche Wut in ihr auf, dass sie am ganzen Körper zitterte. Sie war froh, dass er nicht da war, denn in diesem Moment hätte sie ihn umbringen können. Es war, als wäre er gar nicht mehr ihr Ehemann. Er war der Mann, der ihren Ehemann umgebracht hatte. Dieser abscheuliche Schuft war mit Sicherheit nicht der Mann, den sie geheiratet hatte. Nein, er war ein hirnloser, egoistischer Hornochse.

Während sie auf seine Heimkehr wartete, fällte sie in ihrer rasenden Wut eine einzige klare Entscheidung. Er war kaum durch die Tür getreten, als sie ihn auch schon rausgeworfen hatte. Erst seine Kleidung, seinen Laptop, sein iPhone und dann ihn selbst. »Jetzt kannst du im Hotel übernachten und dir jemand anderen zum Ausnutzen suchen, du Scheißkerl!«, schrie sie und warf die Tür so heftig ins Schloss, dass ein Familienbild von der Wand fiel.

Chris hämmerte gegen die Tür, wollte alles erklären, ihr klarmachen, dass er ihr nicht hatte wehtun wollen, dass es ihm leid tue, doch Heather schrie ihn nur an und machte ihn so zur Schnecke, dass er beschloss, sich erst einmal zu verziehen.

Als sie die roten Rücklichter seines Wagens am Ende der Straße verschwinden sah, war das für sie der traurigste Anblick ihres Lebens.

Die Hilfe von Freundinnen. Dann saß Heather da, und aus der Dämmerung wurde Nacht. Ihr Gehirn raste, spann düstere Szenarien aus, wühlte Wellen des Schmerzes auf. Heather konnte keinen klaren Gedanken fassen. Ihre Brust war wie zusammengeschnürt, in ihrem Hals steckte ein Kloß. Sie fühlte sich hin und her gerissen zwischen Wut und Kummer. Plötzlich schoss ihr der Gedanke durch den Kopf:»Ich werde nie wieder schlafen können.« Wie sollte sie jemals ihren Seelenfrieden wiederfinden? Wenn das passieren konnte, dann konnte alles passieren. Es war, als würde sie regelmäßig von ihrem Mann verprügelt, jederzeit gefasst auf den nächsten Schlag, den nächsten Verrat, die nächste Enttäuschung.

Ein Teil von Heather wollte am liebsten möglichst weit vor all dem davonlaufen. Doch das verstärkte nur ihr Gefühl, in der Falle zu sitzen. Weil sie nicht weg konnte. Jedenfalls nicht heute, nicht mit den Kindern, ihrer Arbeit, ihrem … Leben. Und weil das alles so überwältigend traurig war, brach sie in Tränen aus.

Dann rief Heather ihre drei besten Freundinnen an, und binnen einer Stunde waren alle da. Jedes Mal, wenn eine eintraf, erzählte Heather die ganze Geschichte von neuem: was Chris getan hatte, wie sie es herausgefunden hatte, wie wütend sie war und dass ihr Leben zerstört sei.

Schließlich hielten sie Kriegsrat, was Heather tun sollte.

Gut, dass du ihn rausgeschmissen hast, pflichteten sie ihr bei. Er hat es verdient.

Aber was jetzt?

Was jetzt? Das war hier die Frage. Mary meinte:»Sieh mal, du kannst ihm nicht trauen, nicht wahr? Wie kannst du ihm vertrauen, nach dem, was er getan hat? Er hat dein Vertrauen mit Füßen getreten. Es wäre einfach dumm, ihm wieder zu vertrauen. Es ist vorbei.«

»Ja«, stimmte Gail zu,»ich meine, es geht doch um dich als Mensch. Wenn du es noch mal mit ihm versuchst, dann denkt er letztlich noch, er könnte alles ungestraft mit dir anstellen. Du darfst dich nicht zum Fußabstreifer machen.« Nicole hatte sich noch nicht geäußert. Doch Heather begriff allmählich, wohin der Hase lief. Ihre Freundinnen wollten sie als starke Heldin sehen. Sie wollten, dass sie ihnen zeigte: Eine Frau lässt sich von einem Kerl nichts bieten. Wenn sie ein Exempel statuierte und Chris nicht verzieh, dann würden ihre eigenen Männer es sich zweimal überlegen, das Vertrauen ihrer Frauen zu missbrauchen.

Plötzlich überfiel Heather wieder der Gedanke, dass sie von einem Moment auf den anderen alles verloren hatte. Todunglücklich brach sie erneut in Tränen aus. »Ich hab ihn so sehr geliebt, und jetzt kann ich ihm nie wieder vertrauen. Ich habe alles verloren. Es ist ein für alle Mal vorbei.«

Ein langes Schweigen trat ein, und dann endlich ergriff Nicole das Wort: »Ach, Liebe, ich weiß, wie furchtbar das für dich ist. Ich meine … Chris, um Himmels Willen, wer hätte gedacht, dass er so was tun würde? Und du hast dich in allem auf ihn verlassen. Ich weiß« sagte sie und ergriff Heathers Hand, »ich weiß, dass du glaubst, er hätte deine Welt zerstört. Du könntest ihn umbringen. Wir auch. Aber«, Nicole seufzte tief auf, »dieses ganze Es-ist-alles-vorbei-Gerede … Ich weiß nicht recht. Natürlich kommt einem jetzt alles vor wie ein einziger Trümmerhaufen. Wie sollst du ihm je wieder vertrauen können? Im Augenblick denkst du: ›Oh nein, ich habe rausgefunden, dass Chris in Wirklichkeit ein ganz übler Kerl ist.‹ Aber was, wenn er gar kein übler Kerl ist? Ich weiß, dass er dich liebt.« Bei diesen Worten drückte sie Heathers Hand. »Was, wenn er einfach nur ein Riesenidiot ist, der diesen schrecklichen, bescheuerten Fehler gemacht hat? Was, wenn es ihm wirklich etwas ausmacht und er alles tun würde, um dich wiederzubekommen?«

»Ich will ihn aber nicht wiederhaben«, presste Heather hervor.

»Du willst ihn nicht zurück, weil du glaubst, dass du ihm nie wieder trauen kannst. Und vielleicht stimmt das ja auch. Ich kann dir nicht versprechen, dass es nicht stimmt. Aber ihr liebt euch doch noch, und ... *was noch wichtiger ist, ihr beide hattet eine wirklich gute Beziehung.*«

»Und das auch noch sehr lange«, schaltete sich Mary ein.

»Ja«, sagte Nicole, »also lass ihn doch eine Weile schmoren und jag ihm eine Höllenangst ein ...«

»Lass ihn auf jeden Fall wissen, dass du bei einem Anwalt warst«, schlug Gail vor.

»... genau, jag ihm eine Höllenangst ein, und warum ihn dann nicht zurücknehmen und ausprobieren, ob du einen Punkt erreichst, an dem du meinst, ihm wieder vertrauen zu können.«

»Ich glaube einfach nicht ...«, setzte Heather an, doch Nicole unterbrach sie.

Nicoles Geschichte. »Es *kann* aber so kommen. Ich habe es erlebt«, Nicole hielt inne, »am eigenen Leib.« Alle sahen sie nun an. »Ein Jahr, nachdem Dave und ich geheiratet hatten, fand ich heraus, dass er mich ungefähr zehn Tage vor unserer Hochzeit mit einer alten Freundin betrogen hatte. Ich meine, das ist nicht dasselbe wie bei dir und Chris, aber ein Betrug ist so schlimm wie der andere. Ich war außer mir vor Wut und so ... *gedemütigt.* Natürlich weiß ich, wie du dich fühlst. Mir ging es ganz genauso. Aber ... keine Ahnung. Irgendwas riet mir, diese Beziehung nicht einfach in die Tonne zu treten. Und es war schwer. Echt schwer. Ich vertraute ihm nicht. Mein *Körper* vertraute ihm nicht. Aber ich beschloss, es noch mal zu probieren. Bestimmt haben wir bei dem Versuch, die

Sache wieder geradezubiegen, alle nur möglichen Fehler gemacht.« Wieder drückte Nicole Heathers Hand. »Aber wir haben sie geradegebogen. Das ist jetzt acht Jahre her, und wir haben zwei wunderschöne Kinder, und Dave ist ein toller Kerl und ich liebe ihn und wir haben ein gutes Leben und ... ich bin so froh, dass ich damals durchgehalten habe. Ich glaube, ich hätte es mein Leben lang bereut, wenn ich die Flinte ins Korn geworfen hätte.«

»Vertraust du ihm jetzt wieder?«, hakte Heather nach.

»Ob ich ihm vertraue ...« Nicole starrte in die Ferne. »Dave ist nicht perfekt. Kann ich sagen, dass er nie mehr etwas tun würde, das mich enttäuscht oder verletzt? Ich weiß es nicht. Ich weiß aber, dass ich *ihm* oft wehgetan habe.« Nicole beugte sich vor. »Menschen tun sich eben manchmal weh. Je mehr man jemanden liebt, desto leichter kann man verletzt werden. Aber vertraue ich Dave jetzt? Ja. Ich vertraue ihm mit Haut und Haar. Ich schlafe nachts ruhig. Und auch tagsüber mache ich mir keinen Kopf. Und was dich betrifft ...«, Nicole blickte Heather wieder an und fuhr fort, »so sage ich nur, dass Vertrauen wieder neu wachsen kann. Wenn Chris im Kern ein guter Kerl ist – und ich glaube, das ist er – und ihr euch gut versteht und euch liebt – und ich weiß, das tut ihr –, dann solltet ihr euch meiner Meinung nach eine zweite Chance geben.«

»Ich weiß nicht«, zweifelte Gail.

»Ich finde, Nicole hat recht«, sagte Mary.

»Was wirst du also tun?«, Nicole blickte Heather fragend an.

»Ich weiß es nicht ...«

Mit wem identifizieren Sie sich in dieser Geschichte? Zu verschiedenen Zeiten in meinem Leben fand ich mich mal in der einen, mal in der anderen Frau dieser Geschichte wieder. Mir ging es wie Heather, ich war verletzt, verängstigt, verwirrt, verzweifelt und kämpfte blindlings um Selbstschutz. Ich war wie Gail, zynisch, skeptisch, bissig. Ich verhielt mich wie Mary, schwankend und unsicher.

Aber heute sehe ich es wie Nicole. Eigentlich ist das schon erstaunlich. Ich hätte erwartet, mit zunehmender Lebenserfahrung immer misstrauischer zu werden. Das Leben soll einen doch abgebrüht und skeptisch machen, oder nicht? Privat und beruflich habe ich jedoch sehr viel erlebt, das mir einen anderen Weg gewiesen hat: hin zu Vertrauen und den wunderbaren Möglichkeiten seiner Wiederherstellung.

Viele von uns haben schon in Heathers Haut gesteckt. Vielleicht kam das schlagartig, als schockierende Entdeckung, die unser Vertrauen bis in die Grundfesten erschütterte. Vielleicht kam es aber auch ganz allmählich, kleine Taten und Worte, die an Ihrem Vertrauen nagten, es untergruben, bis Sie schließlich an allem zweifelten, was Sie einmal aus ganzen Herzen für wahr hielten. So oder so, wir verspürten das unerträgliche Gefühl, dass der Wurm des Misstrauens sich in unserem Herzen breit gemacht hatte. Und erfüllen uns erst einmal Argwohn und Zweifel, was tun wir dann? Schimpfen? Gehen? Über das Problem hinwegsehen? Toben und schreien? Die meisten Betroffenen berichten von einem Zustand aus Schmerz und Verwirrung. Unsere Welt hat sich in einen Albtraum verwandelt. Wir wissen nicht, was wir tun oder wohin wir uns wenden sollen. Der Mensch, der uns vielleicht am meisten bedeutet, ist zu unserer größten Bedrohung geworden.

Und trotzdem sieht es Nicole ganz richtig. Ein Vertrauensbruch lässt sich öfter und vollständiger heilen, als die meisten von uns denken. Ich gehe sogar noch weiter als Nicole. Ein Vertrauensbruch kann auch *schneller* heilen, als die meisten von uns denken. Und es lohnt sich, denn wer auch immer behauptet hat, dass verheilte Bruchstellen stärker sind, hat völlig recht, wenn es um Vertrauen geht.

Widerfährt guten Beziehungen etwas Schlechtes, müssen wir uns nicht länger zwischen einem Ende mit Schrecken – der Trennung – und einem Schrecken ohne Ende – dem Ausharren in einer kaputten Beziehung – entscheiden. Wir können unsere alte Beziehung wiederhaben, aber runderneuert.

Ist das wirklich möglich? Oh ja. Ich habe es in meiner Arbeit immer wieder erlebt. Und auch in meinem Leben.

Meine Geschichte. Falls Sie sich mit einem Vertrauensbruch herumschlagen, dann sind Sie nicht allein. Vertrauensprobleme plagen die Menschen heutzutage wie Flöhe die Hunde. Sie haben auch mir zugesetzt.

Ich habe in meinem letzten Jahr auf dem College geheiratet, mit zwanzig Jahren. Es gab viele Gründe, dass wir uns so früh banden, doch ein besonders gewichtiger war, dass ich mich bei ihm geborgen fühlte und ihn für einen wirklich guten Kerl hielt. Und wie sich herausstellte, *war* er ein guter Kerl.

Aber er war nicht perfekt.

Mehrere Jahre später geschah etwas, das unser vermeintliches wechselseitiges Vertrauen bis in die Grundfesten erschütterte. Heute liegt das lange zurück, aber damals gestand er mir eines Tages, er habe mit einer anderen Frau »etwas gehabt«. Er behauptete, es sei nichts Körperliches gewesen, auch wenn er sich zugegebenermaßen zu ihr hingezogen gefühlt habe. Er bezeichnete es als eine Art emotionale Affäre. Ich wusste nur, dass mein Herz gebrochen und das Besondere unserer Liebe zerstört war und dass mein Vermögen, ihm zu vertrauen, in tausend Scherben lag.

Ich weiß also, wie es ist, sich verraten und verkauft zu fühlen.

Ich kenne den Schmerz und die Angst und die Traurigkeit und das Gefühl, fast den Verstand zu verlieren, und vor allem kenne ich die alles verzehrende Wut.

Ich kenne auch die Kleinigkeiten, etwa den verrückten, aber überwältigenden Impuls, die Frau, mit der mein Mann »etwas hatte«, zur Rede zu stellen. Eines Tages drängte es mich, in ihren Wohnort zu fahren und in den Straßen herumzukurven, bis ich sie erblickte, obwohl ich weder wusste, wie sie hieß, noch wo sie wohnte oder wie sie aussah.

Ich kenne den zwanghaften Drang, jede winzige Einzelheit dieser Beziehung aus meinem Mann herauszuquetschen, obwohl mir jede davon einen Dolch ins Herz stieß und obwohl ich ohnehin nichts von dem glaubte, was er mir erzählte.

Ich kenne den kaum bezähmbaren Wunsch, ihn zu überwachen.

Ich kenne das Phänomen, dass es in meiner Welt nur noch darum ging, mich selbst zu schützen. Etwa die Wut beharrlich am Kochen zu halten und ihm die kalte Schulter zu zeigen.

Ich kenne den Wunsch, loszuziehen und aus Rache irgendeinen Typen aufzureißen.

Ich kenne die Scham über den unbeherrschbaren Wunsch, seine Sachen zu durchwühlen, um einen hieb- und stichfesten Beweis in die Hände zu kriegen.

Ich kenne die Rage, die sich zu wahren Mordphantasien steigert; ich hätte ihn wirklich und wahrhaftig umbringen können.

Ich kenne den Hunger nach einem verdammten, schmerzhaften, echten Beweisstück, an das ich glauben konnte – etwa einen Liebesbrief an sie, in dem er das, was sie getan hatten, in allen widerlichen Einzelheiten ausbreitete –, statt immer nur seine fadenscheinigen Versicherungen anhören zu müssen.

Und ich kenne auch die traurige, schlimme Tatsache: Viele

meiner vollkommen natürlichen, normalen Reaktionen fügten unserer Beziehung unermesslichen Schaden zu.

Ich war damals eine aufgeweckte junge Therapeutin, und man sollte meinen, dass ich es hätte besser wissen müssen. Doch heute, nach der Arbeit mit zahllosen Paaren und Einzelpersonen, die sich mit dem Schmerz und dem Schaden durch einen Vertrauensbruch auseinandergesetzt haben, erkenne ich, dass ich nach der Untreue meines Mannes jeden einzelnen in diesem Buch aufgeführten Fehler beging. Jeder von ihnen zog den Schmerz in die Länge und fügte unserer Beziehung weiteren Schaden zu. Um Haaresbreite hätte ich eine Ehe zerstört, die gut war und immer noch gut ist. Ich hätte nur eines tun können, das schlimmer gewesen wäre: ihn erschießen.

Heute jedoch verurteile ich mich nicht dafür, dass ich damals so miserabel damit umgegangen bin. Heute weiß ich, dass betrogen zu werden jeden mit Blindheit schlägt und irre macht.

Und so spielt sich das ab.

Noch nie fühlte es sich so schlimm an, sich im Recht zu fühlen.

Es war eine der schlimmsten Phasen meines Lebens. Es gab Augenblicke, in denen ich felsenfest überzeugt war, mein Herz würde einfach verdorren und absterben. Und es gab Augenblicke, in denen ich glaubte, die Weißglut würde mich in Flammen aufgehen lassen. Ich war wütend auf meinen Mann, wütend auf die Frau, die sich mit einem verheirateten Mann eingelassen hatte, und wütend auf mich selbst, weil ich so blöd gewesen war, weil ich nichts davon gemerkt hatte, weil ich nicht vorgebaut hatte. Hätte ich es verhindern können? Hätte man

16

mir einen Vorwurf machen können? Hätte ich aufmerksamer sein können? Weniger nörgelig? (Und schon saß ich wie Häschen in der Grube der so verbreiteten Selbstvorwürfe, mit denen wir uns bloß noch mehr fertigmachen. Vorwürfe sind niemals eine Lösung.)

Ich hasste meinen Mann, doch in den Momenten, in denen ich über meinen Hass hinausblicken konnte, hasste ich mich selbst. Ich verabscheute meinen Zorn, ich verabscheute meine Vorverurteilung, ich verabscheute meine Angst. Und ich verabscheute meinen elenden Zustand. Ich meine, warum musste es mir so schlecht gehen? Ich hatte doch nichts falsch gemacht. Ich war doch nicht fremdgegangen. Ich hatte doch nicht gelogen. Ich hatte doch nicht so verantwortungslos gehandelt. Er schon. Er war im Unrecht. Er hatte Mist gebaut. Also musste er die Sache auch wieder in Ordnung bringen. Richtig?

Wahrscheinlich empfinden Sie ähnlich. Doch dieses Buch wäre nicht besonders dick – oder nicht besonders hilfreich –, wenn ich bloß zu sagen hätte, dass der Mensch, der Ihnen wehgetan hat, ein nichtsnutziger Mistkerl ist und dass es seine Aufgabe ist, alles wieder ins Lot zu bringen, und dass Sie bis dahin verdammt noch mal das Recht haben, dazusitzen und vor Wut zu kochen.

Auf jeden Fall war das damals meine Einstellung. Aber wenn ich Ihr Vertrauen rechtfertigen will, muss ich Ihnen die Wahrheit sagen. Und das heißt, dass ich Ihnen klipp und klar sagen muss, dass diese Einstellung weder bei mir funktioniert hat noch bei einem der Menschen, die bei mir Hilfe suchten. Und der Witz daran ist, dass ich das die ganze Zeit unterschwellig wusste, und ich wette, Ihnen geht es genauso.

Da sitzen Sie jetzt also, und da saß ich, und wir beide fühlen oder fühlten uns mehr im Recht als je zuvor und trotzdem nie elender. Noch nie fühlte es sich so schlimm an, sich im Recht zu fühlen. Mir war klar, es musste einen besseren Weg geben.

Das Gebot des Vertrauens

Kann Liebe Täuschung und Verrat überleben? Ich bin überzeugt davon. Ich habe es miterlebt. Ich habe es selbst erlebt. Teufel nochmal, wenn jeder Vertrauensmissbrauch die Liebe unweigerlich tötet, dann ist sie zu schwach für diese Welt. Denn die Welt besteht aus unvollkommenen, fehleranfälligen Menschen. Unvollkommene Menschen – Menschen, die wir lieben – verletzen, enttäuschen und hintergehen uns nur allzu oft. Und nur allzu oft setzt das eine Kettenreaktion in Gang, welche die Beziehung zerstört.

Also gut, wenn wir nicht verhindern können, dass wir geliebten Menschen wehtun und sie uns, dann bleibt uns nur eine Wahl. Wir müssen einen Weg finden, den durch einen Vertrauensbruch angerichteten Schaden zu reparieren.

Und seien wir doch mal ehrlich: Es geht viel Porzellan zu Bruch. Der Schaden muss nicht unbedingt von Dauer sein, aber er ist trotzdem schmerzlich und zerstörerisch, und er kostet Sie viel. An welchen Schaden denke ich?

Ich staune nach wie vor darüber, welche Kreise der durch Täuschung und Verrat angerichtete Schaden zieht. Falls die Beziehung ihn nicht überlebt … Nun, es wird immer unterschätzt, wie kostspielig eine Trennung ist. Finanziell. Emotional. Die Auswirkungen auf die Kinder.

Doch vergessen wir für einen Augenblick den Schaden für die Beziehung. Nehmen wir an, die steckt das gut weg. Trotzdem fühlen Sie sich nicht mehr sicher. Und damit einher gehen Niedergeschlagenheit, Anspannung, Stress. Sie schlafen schlecht. Haben Albträume. Wutanfälle.

Und als ob diese Folgeerscheinungen an sich nicht schon schlimm genug wären, so können sie auch noch unser Leben tiefgreifend beeinträchtigen. Sie können uns beruflich beeinträchtigen. Sie können die Beziehungen zu Freunden und Familienangehörigen schädigen. Sie können uns zu falschen Entscheidungen verleiten. Und all das wirkt sich auch auf die Gesundheit aus.

Sobald wir das volle Ausmaß des möglichen Schadens begreifen, wird es umso wichtiger zu wissen, wie wir unsere Beziehungen über einen Vertrauensbruch hinwegretten können. Denn der Schaden muss gar nicht so schlimm sein. Bei weitem nicht.

Es ist nicht der Vertrauensbruch als solcher, der den meisten Schaden verursacht. Es ist unsere kümmerliche Art des Umgangs mit seinen Folgen.

Weil wir unvollkommen sind, unvollkommene Menschen in unvollkommenen Beziehungen, und einander wehtun, treten in praktisch jeder Partnerschaft Vertrauensprobleme auf. Dabei setzen uns nicht nur schwere Vertrauensbrüche zu. Selbst kleine Lecks können ein großes Schiff schließlich zum Sinken bringen, und selbst kleine Fehltritte – ein paar Notlügen hier, ein paar gedankenlose Bemerkungen da – können eine alles verätzende Atmosphäre des Misstrauens erzeugen.

Wissenschaftlichen Studien zufolge wissen 40 bis 70 Prozent aller Paare, je nachdem wie man »Vertrauensproblem« definiert, dass sie gravierende Schwierigkeiten mit Vertrauen haben. Mindestens 90 Prozent aller Paare machen irgendwann einmal eine Vertrauenskrise durch.

Und an diesem Punkt kommt unsere Reparaturarbeit ins Spiel. Das Vertrauen wiederherzustellen ist unabdingbar, denn ich bin fest überzeugt, dass es keine Liebe ohne Vertrauen geben kann.

Erst Vertrauen erweckt die Liebe zum Leben. Vertrauen ist nicht nur die Grundlage einer Beziehung; es ist ihr Herzblut und erhält eine Beziehung gesund.

Die wichtigste Funktion von Vertrauen in einer Beziehung – nicht nur in einer intimen – besteht darin, dass Sie entspannt, offen, ganz Sie selbst sein können. Lassen Sie sich das noch einmal durch den Kopf gehen. Wenn Sie nicht Sie selbst sein können, weil Sie sich nicht sicher fühlen, dann liebt die andere Person, selbst wenn sie »Sie« liebt, im Grunde eine Fremde, nämlich die Person, die Sie darstellen, aber eigentlich nicht sind. Wie sollen Sie sich also geliebt fühlen, wenn nicht Ihr wahres Ich geliebt wird? Und wie sollen wiederum Sie Liebe schenken, wenn Sie sich nicht geliebt fühlen?

Vertrauen Sie jedoch einander, so dass Sie Ihr wahres Gesicht zeigen und offen für den anderen sein können, dann treibt die Liebe kräftige, tiefreichende Wurzeln. Sie verwächst mit Ihnen, mit Ihrer ganzen Person.

Sie und ich sind für Vertrauen gemacht. Das Bedürfnis zu vertrauen ist mit allen Fasern unseres Seins verwoben – das Bedürfnis, anderen zu vertrauen, das Bedürfnis, auf das Vertrauen anderer bauen zu können.

Warum gehört Vertrauen so sehr zum Menschsein?

Was uns erfolgreich macht. Vertrauen wurzelt in unserer sozialen Intelligenz. Es gehört zu dem, was uns zu einer erfolgreichen Spezies macht. Wir sind als Art nicht nur deshalb erfolgreich, weil wir intelligent sind, sondern weil wir intelligent genug zur Zusammenarbeit sind. Ich will damit nicht sagen, wir seien nicht misstrauisch. Das sind wir durchaus. Aber bedenken Sie: Wenn wir auf der Suche nach einem Arzt sind, werden die meisten von uns einen Freund oder eine Freundin fragen, und wir vertrauen darauf, dass er oder sie uns einen guten nennt. Dann suchen wir diesen Arzt auf, und höchstens zwei oder drei Prozent von uns würden vorher weitere Erkundigungen über ihn einziehen. Alle anderen gehen in blindem Vertrauen hin, machen sich frei, erzählen die persönlichsten Dinge und legen ihre Gesundheit in die Hände dieses Fremden. Auf dem Heimweg vom Arzt schauen wir noch rasch im Supermarkt vorbei und kaufen Lebensmittel, in dem Vertrauen, dass sie nicht verdorben sind. Danach halten wir kurz am Sportplatz an und holen die Kinder vom Fußballtraining ab, und der verantwortliche Trainer ist ein Fremder, dem wir unser Liebstes anvertraut haben. Wir könnten gar nicht leben ohne Vertrauen.

Vertrauen ist das A und O. Damit Sie erkennen, wie wesentlich Vertrauen für uns ist, ziehen wir einen Vergleich zu Menschen, die unter klinisch manifestem Verfolgungswahn leiden. Paranoiker sind davon überzeugt, dass alle möglichen Leute hinter ihnen her seien. Viele beziehen ihre Wahnvorstellungen auf Personen in ihrer Umgebung. Der Barista, der den Latte zubereitet? Ein Spion im Dienste der Regierung. Der Kollege im Büro? Legt es darauf an, sie zu vernichten. Die eigene Schwester? Schläft mit ihrem Schwager. Es ist, als seien diese Leute gefangen in einem Spinnennetz. Fallgruben und Gefahren überall.

An diesem Extrem können Sie sehen, wie aufreibend und lähmend Misstrauen ist. Die Betroffenen können keine Beziehungen anknüpfen, in denen sie mit anderen kooperieren. Und sie reiben sich auf, weil sie ohne diese Zusammenarbeit leben müssen.

Das Gebot des Vertrauens ist so tief in uns verwurzelt, dass es sogar ein Vertrauenshormon gibt, das Oxytocin. Dessen Hauptfunktion besteht offenbar darin, uns zu Vertrauen zu befähigen. Eine wachsende Zahl von Experimenten mit Tieren und Menschen belegt, dass wir, im Gegensatz zu dem, was viele Psychologen und Verhaltensforscher glauben, nicht nur die Fähigkeit besitzen, in einer Vielzahl unterschiedlicher Situationen Vertrauen zu zeigen, sondern auch die Neigung dazu.

Vertrauen, nicht Misstrauen, ist von Natur aus unser Standardbetriebsmodus.

Denken Sie nur einmal daran, was Sie an einer Beziehung schätzen. In meiner Forschungsarbeit habe ich herausgefunden, dass niemand perfekte Intimität und perfekte Kommunikation mit einem perfekten Partner erwartet. Wir sind bereit, uns mit einer unvollkommenen Beziehung zu einem unvollkommenen Menschen zufriedenzugeben, *solange Vertrauen herrscht.*»Ich weiß, dass ich, was auch passieren mag, hinter ihm stehe« ist die höchste Anerkennung, und viele ziehen daraus höchste Befriedigung. Vertrauen ist wirklich das A und O.

Wieder nach Hause finden

Da sind wir also. *Ich* habe Ihnen gerade erzählt, dass Vertrauen der wichtigste Grundpfeiler einer Beziehung ist, und vermutlich würden *Sie* jetzt am liebsten losschreien … oder losheulen. Denn aller Wahrscheinlichkeit nach ist bei Ihnen nicht ein Funken Vertrauen mehr übrig. Sie sind verletzt und wütend und durcheinander, und Sie wissen nicht, was Sie tun sollen.

Damals, als ich diese furchtbare Zeit mit meinem Mann durchmachte, hatte ich nur einen Wunsch – und ich wette, den haben Sie jetzt auch –, nämlich dass jemand käme, um mich von diesem schrecklichen Ort wegzubringen. Raus aus dieser Hölle aus unfassbarer, einsamer Wut. Und unter dieser Wut nur heulendes Elend ohne ein Ende in Sicht. Doch darunter wiederum verbarg sich die Traurigkeit eines verirrten Kindes, das nur noch zurück nach Hause möchte. So hatte ich mich als kleines Mädchen immer gefühlt, wenn meine Eltern mich auf den Rummelplatz von Coney Island mitnahmen und es mir jedes Mal blitzartig gelang verlorenzugehen. Mit nur einem Unterschied. Wenn ich als Kind verlorenging, hatte ich immer noch ein Zuhause, in das ich zurückkehren konnte. Haben wir aber das Gefühl, einem Menschen nie mehr vertrauen zu können, wissen wir nicht, ob diese Beziehung überhaupt weiterbestehen sollte. Ängstliche Fragen schwirren uns durch den Kopf: *Was machen wir bloß? Wie soll es weitergehen? Wie sollen wir damit umgehen?* Vor allem aber fragen wir uns: *Kann ich diesem Menschen je wieder trauen? Kann ich wieder Vertrauen fassen und wie? Und selbst wenn ich es könnte, will ich diese Beziehung überhaupt noch?*

Auf all diese Fragen gibt es Antworten, und sie sind leichter zu finden, als Sie vielleicht glauben.

Ich werde Ihnen alles zur Verfügung stellen, was Sie benötigen, um Ihre Antworten zu finden. Dann können Sie entscheiden, was für Sie am besten ist, und endlich aus diesem Albtraum erwachen.

Ich weiß. In diesem Augenblick kommt Ihnen das unmöglich vor. In diesem Augenblick erscheint Ihnen das so schwierig wie das Zusammenkleben einer Teetasse, die jemand zu tausend Scherben zertreten hat.

Aber ich bin überzeugt, dass ich Ihnen helfen kann, das für immer verloren geglaubte Vertrauen wiederherzustellen. Warum bin ich davon überzeugt? Weil ich viele Jahre lang mit Menschen in allen möglichen von Misstrauen belasteten Beziehungen gearbeitet und ihnen geholfen habe, so weit zu kommen, dass sie sich wieder aufeinander verlassen konnten.

Ich behaupte nicht, alle hier vorgestellten Methoden erfunden zu haben. Ich habe viel von den Menschen gelernt, die sich auf eigene Faust mit den Folgen von Kränkung und Verrat auseinandergesetzt haben. Sie haben viele Fehler begangen, sind aber auch auf einige großartige Ideen verfallen. Dieses Buch ist deshalb auch keine Handlungsanweisung meinerseits. Vielmehr weise ich Sie nur auf die Erfolge von Menschen wie Ihnen hin und sage:»Hier, richten Sie sich nach Ihren Leidensgenossen, und Sie werden das besser überstehen denn je.«

Den Weg des Vertrauens wählen

Heute bin ich sehr froh, dass ich es damals mit meinem Mann durchgehalten habe. Wir sind unseren steinigen Pfad zurück zum Vertrauen gestolpert. Ich habe es also auf die harte Tour gemacht. *Sie müssen das nicht.* Ich habe nicht nur aus meinen eigenen Fehlern gelernt. Ich bin nur eine Einzelperson. Ich habe auch aus den Fehlern der zahllosen Menschen gelernt, die mir von sich erzählt und bei mir Hilfe gesucht haben.

Dieses Buch hätte ich dringend gebraucht, als ich das durchgemacht habe, was Sie jetzt durchmachen. Ich weiß, welcher Sturm der Gefühle in Ihnen tobt. Und ich weiß, wie zerrissen Sie sich fühlen: Ein Teil von Ihnen wünscht sich das vermeintlich verlorene Vertrauen zurück, ein anderer Teil aber glaubt nicht, dass Sie sich je wieder auf diesen Menschen verlassen können.

Ich weiß nicht, ob es sinnvoll ist, dem Menschen, der Ihnen wehgetan hat, zu vertrauen, doch wenn Sie bei der Lektüre dieses Buches zu diesem Schluss kommen, dann kann ich Ihnen helfen, ans Ziel zu gelangen. Es wird anstrengend werden, und ich kann Ihnen nicht versprechen, dass es nicht manchmal schmerzhaft sein wird. Doch wenn Sie möchten, dass Ihre Beziehung funktioniert – und ein Teil von Ihnen muss das wollen, denn sonst läsen Sie dieses Buch nicht –, dann ist es zwingend erforderlich, das Vertrauen wiederherzustellen.

Wie ein Vertrauensbruch heilt

Wie also stellen wir es an? Wie bauen wir das Vertrauen wieder auf? Betrachten wir zunächst noch einmal den Vertrauensbruch selbst. Was ist das? Ein Vertrauensbruch geschieht, wenn Sie auf einen anderen Menschen, der sich auf Sie verlässt, keine Rücksicht nehmen. Wenn jemand sich mit mir zum Mittagessen verabredet und dann nicht auftaucht, fühle ich mich hintergangen, wenn auch nur ein wenig. Das ist ein Vertrauensbruch, ja ein Verrat, weil er mir das Gefühl gibt, dass er mich, läge ihm etwas an mir, nicht versetzt hätte. Dass er nicht gekommen ist, bedeutet, dass er mich nicht bedacht, keine Rücksicht auf mich genommen hat, weil – warum sonst? – ich ihm nicht genug bedeute. Jedes Mal, wenn wir einen Menschen so behandeln, als sei er uns nicht wichtig, wird er sich getäuscht und verraten fühlen.

Gemessen am Großen und Ganzen ist ein geplatztes Mittagessen nichts Weltbewegendes. Er wird sich entschuldigen und es vielleicht wiedergutmachen, indem er mich bei der nächsten Verabredung einlädt. Problem gelöst.

Doch nehmen wir einmal an, ich stehe kurz vor der Hochzeit, und mein Bräutigam geht am Vorabend aus, säuft sich sternhagelvoll und landet mit meiner »besten Freundin« im Bett. Das *ist* etwas Weltbewegendes. Dabei hat er *wirklich* keine Rücksicht auf mich genommen. Was bedeute ich ihm wohl, wenn er *so etwas* fertigbringt?

In genau dieser Stimmung sind die »Opfer« eines Vertrauensbruchs. Innerer Aufruhr, Riesensauerei. Erst hat er keine Rücksicht auf mich genommen. Dann koche ich natürlich vor Wut, und selbst wenn er einräumt, dass das berechtigt ist, flößen meine heftigen Anwürfe *ihm* das Gefühl ein, ich nähme keine Rücksicht auf *ihn*. Schließlich hat er mir keinesfalls wehtun wollen. Es war halt ein Riesenfehler, nicht wahr?

Der bessere Weg. Nun stehen wir an einer Gabelung. Kaputtmachen oder ganzmachen. Zerstören oder heilen. Auf dem Weg der Zerstörung verschlimmert sich die Lage, oft überraschend schnell, und sehr bald läuft die Beziehung völlig aus dem Ruder; keiner der Partner nimmt noch Rücksicht auf den anderen.

Der Weg zu neuem Vertrauen weist in die entgegengesetzte Richtung. Er beginnt zwar mit demselben Gefühlschaos von Verletztheit und Wut. Doch der Heilungsmechanismus kann Wunder wirken, wie alles, was Heilung bewirkt. Da man etwas getan hat, womit man den anderen radikal *nicht* berücksichtigt hat, heilt das Vertrauen nur dann, wenn man Wege findet, den anderen radikal zu berücksichtigen.

Die Negativspirale der Ungeduld wird ersetzt durch wachsende Geduld.

Ziellose Wut wird ersetzt durch wirkliches Zuhören und das untrügliche Gefühl, wahrgenommen zu werden, und das eröffnet neue und wichtige Perspektiven.

Die Absicht, Schmerz zuzufügen, wird ersetzt durch Wissen, wie man besser auf die Bedürfnisse des Partners eingeht.

Wenn Sie beide es richtig machen, können Sie lernen, in noch nie da gewesener Weise Rücksicht aufeinander zu nehmen. Dadurch werden Sie füreinander wichtiger denn je. Der »Verräter« und der »Verratene« werden – auch wenn sie anfangs die Kluft zwischen sich nie tiefer empfunden haben mögen – zu vertrauten Partnern bei diesem Neuaufbau des Vertrauens. Das ist einer der Gründe, weshalb so viele Menschen hinterher sagen, dass ihre Beziehung nie stärker war. Das kann auch bei Ihnen so sein!

2 Wie sich Misstrauen in Beziehungen einschleicht

In Kapitel 1 habe ich Ihnen die Geschichte von Heather und Chris erzählt. Ihnen ist vielleicht aufgefallen, dass ich nirgends erwähnt habe, womit genau Chris Heather so tief verletzt hatte. Möglicherweise nehmen Sie an, dass er sie betrogen oder sie beide finanziell ruiniert hatte, weil er mit ihren Ersparnissen Schindluder getrieben hatte. Tatsächlich aber habe ich keinerlei Hinweis auf Chris' Tat gegeben. Mit Absicht.

Wie ich gleich zeigen werde, gibt es alle möglichen Arten von Vertrauensbrüchen, mehr als Sie sich vorstellen können. Natürlich ist es für Sie von Bedeutung, um welche Art von Vertrauensbruch es sich bei Ihnen handelt, denn es ist Ihr Leben, Ihre Erfahrung. Doch im Licht des Neuaufbaus von Vertrauen zählt nur, dass Sie sich jetzt hintergangen fühlen und verängstigt und wütend sind und dass Ihnen ein Misstrauen auf der Seele lastet, das Sie nie mehr loszuwerden glauben.

Auf welchen Wegen dringen Argwohn und Misstrauen in unser Leben ein?

Lassen Sie mich eines gleich klarstellen. Wir reden hier *nicht* nur von Seitensprüngen. Menschen betrügen sich auf vielerlei Weisen. Und kleine Vertrauensbrüche spielen auch eine große Rolle. Ob Sie von einem Löwen gefressen oder von 10 000 winzigen roten Ameisen gebissen werden, kommt auf dasselbe üble Ende hinaus. Ob es also um einen einzelnen großen Verrat geht oder um viele kleinere, es bleibt Verrat und zerstört Vertrauen.

Vertrauen wird *immer dann* gebrochen, wenn jemand, auf den wir uns verlassen, unsere Erwartungen nicht erfüllt. Dann sind wir verletzt, fühlen uns getäuscht und hintergangen. Und es kommt uns vor wie Absicht. Selbst wenn der andere Stein und Bein schwört, dass es nur ein Versehen war, sind wir überzeugt, dass es ihm nicht passiert wäre, wenn wir ihm wirklich etwas bedeuteten. Nicht unbedingt seine Tat macht den Vertrauensbruch aus, sondern dass wir ihm nicht wichtig waren. Das ist der springende Punkt: Ein Vertrauensmissbrauch gibt uns das Gefühl, wertlos, ein Nichts zu sein.

Schauen wir uns jetzt an, wie Enttäuschung, Misstrauen und Verrat eine Beziehung beeinträchtigen können.

Schwere Vertrauensbrüche

Jede erschütternde Verhaltensweise, die in Ihnen Fragen wie »Wer *ist* der andere eigentlich und wie kann ich mit *dem* eine Beziehung haben?« auslöst, ist ein schwerer Vertrauensbruch.

Eine Frau heiratete einen Mann, der an einem angesehenen College Englisch im Hauptfach studierte und auf seinen Master of Fine Arts in Poesie hinarbeitete. Toll, dachte sie. Ich heirate einen intelligenten Dichter. Nach der Hochzeit merkte er plötzlich, dass ihn Geld faszinierte, suchte sich einen Job an der Wall Street und wurde zu einem dieser Hedgefonds-Heinis. Die Frau fühlte sie sich massiv getäuscht und betrogen. Wie konnte sie ihm danach noch vertrauen? Sie erkannte ihn schließlich nicht mehr wieder.

Bei den meisten schweren Vertrauensbrüchen allerdings

geht es nicht darum, dass jemand plötzlich ein ganz anderer wird. Vielmehr tut jemand etwas, das einen verletzt, ängstigt, verwundbar macht.

- Ein Mann fühlte sich nach Strich und Faden hintergangen, als er nach einer dreijährigen Intimbeziehung merkte, dass seine Freundin Genitalherpes hatte. Sie hatte es die ganze Zeit gewusst, und als er sie zur Rede stellte, behauptete sie, der Herpes sei medikamentös unter Kontrolle.
- Eine Frau konnte jahrelang nicht mit ihrer Mutter reden, nachdem sie herausgefunden hatte, dass ihr verstorbener Vater nicht ihr biologischer Vater gewesen war.
- Ein Mann hatte entdeckt, dass seine Frau bei Facebook auf ihren Jugendfreund gestoßen war, Kontakt zu ihm aufgenommen hatte und nun intime, romantische, leidenschaftliche Mails mit ihm austauschte.
- Eine Frau fühlte sich hintergangen, weil ihr Mann einen Großteil der gemeinsamen Ersparnisse seinem auf der faulen Haut liegenden Bruder geliehen hatte.
- Eine Frau fand nach zehn Jahren Ehe heraus, dass ihr Mann nicht in Harvard studiert hatte. Er war auf die University of Rhode Island gegangen. (Nicht dass an dieser Uni etwas falsch wäre!)
- Eine Frau kam dahinter, dass ihre Schwester sie hinter ihrem Rücken immer schlecht machte. Diese behauptete, das sei nur Spaß gewesen, doch die Frau konnte darüber überhaupt nicht lachen.
- Ein Mann heiratete eine Frau mit zwei Kindern aus erster Ehe. Sie schwor ihm, jedes Wort mit einem Klopfen auf den Tisch unterstreichend:»Nein, ich will keine Kinder mehr!« Aber noch vor dem Ende der Flitterwochen lag sie ihm wegen eines weiteren Kindes in den Ohren.
- Eine Frau sah in ihrem Chef einen Freund und Mentor.

Dann stellte sie fest, dass er ihr wiederholt Aufstiegschancen vorenthalten hatte, weil er sie nicht verlieren wollte.

- Ein Mann nahm seine Schwester zur Emmy-Verleihung mit, weil eines seiner Projekte nominiert war. Er erwartete, dass seine hübsche Schwester charmant mit seinen Kollegen plaudern und ihn mit Stolz erfüllen würde. Doch sie trank reichlich Alkohol, war schlecht gelaunt und unhöflich zu den Leuten, denen er sie vorstellte.

Vielleicht hat mal jemand zu Ihnen gesagt:»Süße, du stellst meine Welt auf den Kopf.« All diesen schweren Vertrauensbrüchen ist gemeinsam, dass sie die Welt des anderen auf den Kopf stellen – aber im schlechten, sehr schlechten Sinn. Jemand, auf den Sie gezählt haben, hat Sie beschissen. Aber das ist nicht bloß eine Enttäuschung. Es ist die Verletzung einer grundlegenden Erwartung. Ich wäre enttäuscht, wenn ein Handwerker seinen Auftrag nicht rechtzeitig erledigt hätte. Ich würde mich getäuscht, hintergangen fühlen, wenn er mir etwas gestohlen hätte.

Die aufgeführten Vertrauensbrüche wirken wie ein Erdbeben – was schon schlimm genug ist –, aber zudem an einem vermeintlich erdbebensicheren Ort. Da eine grundlegende Erwartung erschüttert worden ist, sind Sie außerstande, sich in Ihrer Welt noch sicher zu fühlen.

Unzuverlässigkeit

Beatrice arbeitete normalerweise länger als ihr Mann Tom, und sie verdiente mehr. Als die dynamische Anwältin einen Lehrer heiratete, wusste sie allerdings, was auf sie zukam – und war zufrieden. Sie hatte Tom geheiratet, weil sie ihn liebte, nicht wegen seiner Verdienstmöglichkeiten. Er war liebenswürdig und liebevoll und ihren Kindern ein guter Vater; nach der Schule war er immer für die beiden da und kutschierte sie zu ihren Freizeitaktivitäten.

Dennoch stellte Beatrice gewisse Ansprüche an ihn. Kam sie nach elf oder zwölf Stunden in der Kanzlei nach Hause, erwartete sie, dass er den Kindern etwas zu essen gemacht, eine Mahlzeit für sie vorbereitet und die Küche aufgeräumt hatte.

Doch oft – allzu oft – hatte sich Tom »ablenken« lassen, und nichts davon war erledigt.

Eines Abends, als sie noch ein bisschen später nach Hause kam als üblich, empfingen sie ein Berg Geschirr im Spülbecken, ein überquellender Mülleimer und die Kinder, die sich – schon wieder! – über irgendein Fertiggericht hermachten. Beatrice platzte der Kragen. Sie war müde, hatte sich über einen unvernünftigen Mandanten geärgert und durch dichten Verkehr nach Hause gequält – und jetzt das?!?

Sie warf ihren Aktenkoffer hin und schrie: »Also wirklich! Findest du nicht, dass ich schon genug tue, wenn ich das Geld verdiene, um unsere Hypothek, das Schulgeld und die Leasingraten für deinen neuen Wagen zu bezahlen? Muss ich wirklich auch noch nach Hause kommen und das hier sehen? Manchmal glaube ich, ich wäre als alleinerziehende Mutter besser dran. Ich könnte eine Tagesmutter anheuern, die sich um die Kinder kümmert und das Haus sauber hält!« Dann brach sie in Tränen aus, dampfte ab in ihr Schlafzimmer und knallte die Tür zu.

Als sie sich eine Stunde später abgeregt hatte und wieder auftauchte, hatte Tom geputzt und empfing sie mit einer aufrichtigen Entschuldigung. Er versprach mit Tränen in den Augen, dass das nie wieder vorkommen werde, dass er sich um die Kinder und das Haus kümmern und sie abends kein Chaos mehr vorfinden werde. Er behauptete, er werde, wenn sie das wollte, mit seinem Blut unterschreiben, dass er von jetzt an alles erledigen werde.

Das schaffte er auch ein paar Wochen. Doch dann hielt wieder der Schlendrian Einzug. Sie stritt mit ihm. Sie weinte. Sie tobte. Sie kam sich richtig blöd vor, weil sie so ein großes Aufheben darum machte, doch sie hatte eine Mordswut auf ihn.

Vielleicht geht Ihr Misstrauen nicht auf einen einzigen großen Vorfall zurück, sondern auf viele kleine, vielleicht nur auf eine heimtückische Häufung von Unzuverlässigkeiten.

- Ihr Partner kommt immer wieder zu spät.
- Ihr Bruder »vergisst« immer wieder, nach Ihren Eltern zu sehen.
- Ihr Mann verliert immer wieder seinen Arbeitsplatz.
- Ihr Freund verspricht immer wieder, dies oder jenes zu tun, und ... unterlässt es dann. Es wird einfach nichts zu Ende geführt. Sein Versprechen ist in Ihren Augen ein Täuschungsversuch. Will er Sie für dumm verkaufen? Sie fühlen sich wie ein Trottel, und es fällt Ihnen schwer, ihm noch zu vertrauen.

Woher es auch kommt, es macht Sie fertig, dieses Gefühl, dass Sie auf jemanden, dessen Leben mit dem Ihren verwoben ist, nicht zählen können.

In gewisser Weise kann Unzuverlässigkeit schlimmer sein als ein schwerer Vertrauensbruch. Alles geschieht häppchenweise, und Sie versuchen immer wieder, es zu verdauen. So machen Sie sich in gewisser Weise zum Komplizen: Wie können Sie jemandem einen Vorwurf daraus machen, dass er mit etwas durchkommt, womit Sie sich selbst offenbar abgefunden haben? Also wurden Sie verraten, haben sich aber auch irgendwie selbst verraten.

Wenn jemand, auf den Sie sich verlassen, chronisch unzuverlässig ist, dann beruft er (oder sie) sich unweigerlich darauf, dass er nichts dafür könne, dass er sein Bestes tue, dass es nicht seine (ihre) Schuld sei, wenn die Dinge immer so liefen. Diese Unfähigkeit, Verantwortung zu übernehmen, bringt Sie nicht nur auf die Palme, sondern versetzt Ihnen auch noch einen entmutigenden Dämpfer nach dem anderen.

Große Unterschiede

Misstrauen erwächst nicht unbedingt nur aus dem Verhalten des anderen, es kann auch aus seiner Wesensart erwachsen. Was ich hier anspreche, sind erhebliche Unterschiede zwischen zwei Menschen hinsichtlich Herkunft, Persönlichkeit oder Vorlieben.

Je ähnlicher Ihnen jemand ist, desto mehr ähneln sich ihre Erwartungen und Reaktionen. Sind zwei Menschen hingegen sehr verschieden, kann es so ein Wirrwarr geben, als versuche ein Sumoringer mit einem Clown Tango zu tanzen.

Wenn Sie beispielsweise gerne planen und Ihr Partner lieber improvisiert, dann wird Ihnen die Herangehensweise Ihres Partners falsch vorkommen. Das wiederum gibt Ihnen das Gefühl, ihm nicht vertrauen zu können.

Ich kannte ein solches Paar. Der Vater des Mannes war ein hervorragender Chirurg, die Mutter eine ultramoderne Innenarchitektin. Also war er in einem Haus aufgewachsen, das mit seinen klaren, einfachen Linien und seiner Leere fast japanisch wirkte.

Das Haus der Familie seiner Frau hingegen war angefüllt mit Nippes. Kein freies Plätzchen. Nirgendwo fand das Auge Ruhe.

Als sie zu ihm zog, behauptete sie, ihr gefiele sein spartanischer Stil. Er sei sehr klar und strukturiert. Doch dann tauchten ein kleiner Ziergegenstand hier, ein Erinnerungsstück da und ein paar hübsche Kleinigkeiten dort auf. Und er hielt sich zurück, weil er keinen Streit vom Zaun brechen wollte. Doch in ihm brodelte es, bis er schließlich explodierte. Sie weinte, und er ließ sich zu einem oder zwei ihrer Nippessachen breitschlagen.

So schlich sich langsam der Krimskrams ein – ebenso wie das Misstrauen, als ob jeder mit einem Feind zusammenlebte, der entschlossen war, den anderen fertigzumachen. Das Vertrauen bröckelte aber nur, weil sie so verschieden waren. Wie spielt sich so etwas im Einzelnen ab? Auch das ist verschieden. Es könnte sein, dass der Mann überhaupt nichts von dem Hintergrund seiner Frau wusste. Insofern war sie für ihn eine Unbekannte. Vielleicht hatte der Mann gedacht, ihre Entscheidung für ihn sei auch eine Entscheidung für seinen Lebensstil. Und erkannte jetzt, dass ihre Anpassungsbereitschaft spürbare Grenzen hatte. Vielleicht glaubte er, sie hätte einfach gelogen, um ihn sich zu angeln. Welche Umstände auch immer eine Rolle spielen, sie säen die Saat des Misstrauens.

Möglicherweise sind Sie der Meinung, dass sich zwischen zwei Menschen schon eine enorme Kluft auftun müsse, damit etwas so Böses wie Misstrauen entsteht. Doch wie sich zeigt, können selbst kleine Unterschiede große Wirkungen haben. Der Ordnungsfanatiker und die Krimskramstante können in einen regelrechten Guerillakrieg hineinschliddern.

In der Regel ist keine Absicht im Spiel, wenn Unterschiede zwischen zwei Menschen Misstrauen aufkeimen lassen. In der Entstehungsphase einer Beziehung dreht sich alles darum, dass sich die zwei Menschen verstehen, dass sie sich ähnlich sind. Unterschiede werden unter den Teppich gekehrt. Sie scheinen so nebensächlich, so leicht überbrückbar – selbst wenn wir uns vielleicht mitten in der Nacht mit dem unbehaglichen Gedanken herumschlagen, sie könnten sich in eine Zeitbombe verwandeln.

Ungleiche Macht

Ungleiche Machtverteilung ist sogar ein so wichtiger Unterschied, dass wir ihn gesondert betrachten müssen. Zwischen Ihnen und Ihrem Chef zum Beispiel besteht ein Machtgefälle, Sie mögen noch so gut miteinander auskommen und noch so sehr tun, als handele es sich um eine Beziehung auf Augenhöhe. Wenn die eine Person mehr Macht besitzt, ist die andere entsprechend hilfloser. Nicht dass Misstrauen deshalb unausweichlich wäre, das Misstrauensrisiko allerdings schon. Besitzt jemand Macht, dann bedeutet das fast schon definitionsgemäß, dass er nicht zu fragen braucht, wenn er etwas plant oder tut. Seine Prioritäten haben grundsätzlich Vorrang. Sie und Ihre Chefin mögen sich sympathisch finden und achten. Von mir aus könnten Sie sogar befreundet sein. Aber vielleicht muss sie Leute entlassen – und kann auch Ihre Stelle einfach nicht schützen ... Vertrauen bedeutet, dass zwei Menschen die Bedürfnisse des jeweils anderen berücksichtigen. Macht bedeutet, dass einer von zwei Menschen dazu nicht gezwungen ist.

Ein Machtgefälle kann das Vertrauen in einer Beziehung auf vielfältige Weise zerstören.

Da wäre zum einen die Macht des Geldes. Verdient oder besitzt ein Partner mehr Geld als der andere, besteht eine ungleiche Machtverteilung, die dem Misstrauen viel Raum lässt, kräftige Wurzeln zu schlagen. Ich kenne kein Paar mit ungleichem Verdienst oder Besitz, bei dem das anders ist. Es bedarf großen

Feingefühls seitens des wohlhabenderen und großer Duldsamkeit seitens des weniger betuchten, um Misstrauen vorzubeugen. Wie kann beispielsweise der reichere Partner je sicher sein, dass der andere ihn um seinetwillen liebt? Und wie kann der Partner mit weniger Geld je sicher sein, dass dem anderen Geld nicht doch wichtiger ist als alles andere?

Manchmal wurzelt das Machtungleichgewicht aber auch in persönlichen Eigenschaften. Ist sie emotional fordernder und ausdrucksfähiger als er oder hat er nicht die geringsten Skrupel, sie herunterzuputzen, dann bedeutet dieser Unterschied, dass einer den anderen als überlegen, als mächtiger erlebt – und daraus erwächst Misstrauen.

In vielen Beziehungen dürfte es genügen, die Machtungleichgewichte aufzulisten, und schon hat man einen Überblick über alle Vertrauensprobleme zwischen den Partnern. Betrachten Sie ein Machtgefälle einfach als Risikofaktor für Misstrauen. Ein hoher Cholesterinspiegel führt zwar nicht zwangsläufig zu einem Herzinfarkt. Aber wenn man weiß, dass ein Mensch viel Cholesterin im Blut, einen hohen Blutdruck und Stress hat, dass er raucht und sich zu wenig bewegt, dann kann ein Arzt schon recht begründete Vermutungen über seinen Gesundheitszustand anstellen. Ein Machtungleichgewicht funktioniert in der gleichen Weise: Mit zunehmendem Ungleichgewicht wird es immer unwahrscheinlicher, dass die Interessen zweier Menschen sich decken.

Verschlossene Menschen

Nehmen Sie an, Sie seien seit kurzem mit einem ganz tollen Mann zusammen – er ist interessant, lustig, erotisch, gutaussehend. Aber Sie wissen nie, woran Sie bei diesem Menschen sind. Ein Albtraum: Nie lässt er sich in die Karten schauen.

Er ist nicht einmal offen genug, Ihnen zu sagen, dass er nicht weiß, wie er zu einer festen Beziehung steht. Auf Ihre Fragen antwortet er immer nur:»Ich weiß nicht.« Er weicht aus und lenkt ab, wenn er sich bei persönlichen Themen auch nur im Geringsten unter Druck gesetzt fühlt.

Was sollen Sie denn dann denken? Dass Sie nicht in Gefahr sind, nur weil er das sagt?

Was halten Sie wohl von einem Arzt, der Sie behandeln will, ohne Ihnen die Diagnose und den Namen des verordneten Medikaments zu verraten?

Was halten Sie wohl von einer Jugendlichen, die sich die ganze Zeit in ihrem Zimmer verschanzt und auf die Frage, ob sie ihre Hausaufgaben gemacht habe, immer nur:»Mach dir keine Sorgen« antwortet?

Es ist schwer, Menschen zu vertrauen, die niemanden an sich heranlassen. Wir wissen nicht, woher sie kommen, was sie wollen, welche Pläne sie aushecken. Wir glauben nie so recht, dass in ihrem Köpfchen nichts vorgeht. Sie müssen etwas im Schilde führen. Aber was? Wenn es etwas Gutes ist, warum sagen sie es uns dann nicht? Also muss es etwas Bedrohliches sein.

Sobald Sie jemanden fragen müssen:»Was denkst du gerade?« oder sich selbst fragen, was der andere wohl denkt, ist die Saat des Misstrauens in der Beziehung gesät.

Misstrauische Menschen

Vielleicht merken Sie aber auch, dass es gar nicht an dem anderen liegt. Nur weil *Sie* von Argwohn und Misstrauen beherrscht sind, heißt das ja nicht zwangsläufig, dass der andere Sie wirklich hintergangen hat.

Vielleicht geht es Ihnen so, weil Sie in früheren Beziehungen verletzt wurden. Auf mich traf das ganz bestimmt zu. Und ich weiß, dass es heutzutage für viele Männer und Frauen gilt. Da so viele von uns erst in den Dreißigern heiraten, kommt es natürlich auch häufiger vor, dass wir in früheren Beziehungen hintergangen wurden. Mitunter kann es dann schwierig sein, sich überhaupt zu binden. Wir können uns nicht mehr entspannt auf die Beziehung einlassen, genauso wenig wie ein Autofahrer noch entspannt im Auto sitzen kann, wenn er einmal von einem betrunkenen, aus dem Nichts heranrasenden Irren gerammt und verletzt wurde. Es ist nicht so, dass wir überzeugt sind, der Mensch neben uns *werde* uns genauso wehtun wie jener Jemand in der Vergangenheit. Wir können nur nicht anders, als ständig damit zu *rechnen*.

Zumindest sind wir auf redliche Weise zu unserem Misstrauen gelangt, haben es uns in der harten Schule des Lebens angeeignet.

Manche von uns haben es allerdings nicht erworben, sondern *sind* einfach misstrauisch. Es ist ihnen nichts wirklich Übles widerfahren, das sie misstrauisch gemacht hätte. Sie sind eben so.

Man kann das nicht als Paranoia bezeichnen – Paranoia liegt ganz am Ende des Spektrums. Nein, ich spreche nur von den Menschen, die misstrauischer sind als der Durchschnitt. Wir sind nun einmal so veranlagt. Es hat keinen Sinn, es wegerklären zu wollen. Aber es bedeutet, dass wir von vornherein mit einer Art Vorsicht, einer übersteigerten Wachsamkeit, einer Erwartung, verletzt zu werden, in unsere Beziehungen hineingehen, und das ist strapaziös für uns und für unsere Partner.

Überdies besitzt Misstrauen so etwas wie Ansteckungskraft. Nehmen wir Laurie. Sie räumt ein, dass sie wahrscheinlich grundsätzlich ein misstrauischer Mensch ist. Dann aber taten ihr zwei Freunde sehr weh: Der eine gab ihr aus heiterem Himmel den Laufpass, der andere betrog sie. Jetzt ist sie mit Ben verheiratet. Er ist toll, aber Laurie kann ihr Misstrauen nicht abstellen. Also spioniert sie Ben nach, quetscht ihn aus, zweifelt an ihm, treibt ihn zum Wahnsinn.

Eines Tages kommt Ben von einer Geschäftsreise nach Hause und erzählt Laurie von einem aufregenden Projekt, das er sich mit seiner Kollegin Ann ausgedacht hat. Laurie tut interessiert, spürt jedoch sofort, wie sich die Schlange in ihrem Kopf regt und ihr alle möglichen Schrecklichkeiten einflüstert.

Sie schafft es nicht, das Gift für sich zu behalten. Zuerst brechen die Fragen aus ihr heraus: »Habt ihr euch in deinem Zimmer aufgehalten?«»Hast du mit ihr geschlafen?«»Wie lange läuft das schon mit ihr?«

Ben schwört hoch und heilig, dass da überhaupt nichts läuft. Laurie beruhigt sich ein wenig. Doch jetzt weiß Ben, womit er es zu tun hat, und beschließt insgeheim, Laurie nichts mehr zu erzählen, was ihm wieder so eine Situation bescheren könnte.

Bens Schweigen gibt Lauries Argwohn jedoch nur noch mehr Nahrung. Ihr Argwohn wiederum bestärkt ihn in seinem Schweigen. Das Gift wirkt …

Wenn Sie all diese unterschiedlichen Einflüsse von Misstrauen auf Beziehungen zusammenfassen, was haben Sie dann? Unser ganz normales Leben, wie es eben so ist. Meines jedenfalls. Und Ihres vermutlich auch. Was meinen Sie? Sie dürften sich in einigen der gerade geschilderten Szenen wiedergefunden haben. Warum auch nicht? Sie sind damit keinesfalls allein. Die Saat des Misstrauens umgibt uns überall.

Aber genau darin besteht auch das Problem. Und die Lösung? Bestimmt haben Sie sich schon gefragt, ob Sie den angerichteten Schaden heilen können. Ja! Ich erlebe ständig echte Heilungsprozesse, selbst in Fällen, wo wechselseitige Verletzungen tiefe Wunden hinterlassen haben. Also ist Heilung auch bei Ihnen möglich.

3 Lohnt es sich, diese Beziehung zu reparieren?

»Ich liebe dich, aber ich vertraue dir nicht.« Als Laura sich diese Worte zu ihrem Mann Tom sagen hörte, merkte sie, dass sie vor einer harten Entscheidung stand. Bleiben oder gehen. Diesmal war es nicht so wie in der Anfangszeit, als sie brüllte und tobte und Tom anschrie, sie wolle ihn nie wiedersehen. Damals flippte sie regelrecht aus vor Wut und Kummer. Jetzt überlegte sie ganz rational, denn sie wusste, dass sie ihren Kopf benutzen musste, um ihr Herz zu retten. Und sie wusste, dass sie es klug anstellen musste. Zwei ihrer besten Freundinnen hatten ihr von Entscheidungen erzählt, die sie in der Hitze des Gefechts gefällt und später bereut hatten.

Aber welche Entscheidung *war* klug?

Das ist eine ungemein wichtige Frage. Warum sollte man sich bemühen, eine Beziehung zu retten, die es nicht wert ist? Wie soll aber andererseits eine im Prinzip gute Beziehung heilen können, wenn Sie immer gleich daran denken zu gehen?

Aber werfen wir zunächst einen Blick auf Lauras Vorgeschichte. Tom klapperte Firmen ab, um sie bei der Senkung ihrer Energiekosten und ökologischem Wirtschaften zu beraten. Auf einer dieser Touren geriet er in eine Pokerrunde, trank zu viel und hatte am Ende des Abends mehr als 10 000 Dollar verloren. Entsetzt beichtete er Laura seine Tat. Die war besonders schlimm, weil sie gerade eifrig auf die Anzahlung für ihr erstes Haus sparten. In seinen Augen war das ein furchtbarer, schmerzlicher Fehler, ein herber Rückschlag. Doch er war ohne jede böse Absicht geschehen. Und Tom hätte sich nicht im Entferntesten ausmalen können, dass Laura es so schlecht aufnehmen würde. Aber seien wir ehrlich – in der Menschheitsgeschichte hat sich zwischen Mann und Frau wohl noch nie folgender Dialog abgespielt. Er: »Ich wollte nicht, dass das passiert.« Sie: »Ach, dann ist es ja in Ordnung.«

Ganz im Gegenteil. Wie sollte sich Laura sicher fühlen bei dem Gedanken, dass ihr Mann im Land herumgondelte, sich betrank und ihr Geld an eine Bande zufällig aufgegabelter Idioten verlor? Das war keineswegs in Ordnung!

Und ganz bestimmt nicht vor dem Hintergrund der Erinnerungen, die Laura mit sich herumschleppte. Ihr Vater hatte immer wieder Geld verprasst. Und ihre Mutter hatte es ausbaden müssen.

Kein Wunder also, dass Laura ihrem Mann in der ersten Woche zusetzte wie eine Furie. Als ihr Zorn dann allmählich abkühlte, fragte sie sich ernsthaft, ob sie ihm je wieder vertrauen konnte. Die vergangenen Tage waren für sie beide quälend gewesen. Tom hatte geschworen, er würde so etwas nie, nie, nie wieder tun. Aber was, wenn doch?

Der Weg zurück zum Vertrauen schien Laura mehr als steinig. Und so beschlichen sie Zweifel: Warum sich die Mühe machen? Warum gar die Beziehung zu kitten versuchen? Warum auch nur das geringste Risiko eingehen, dasselbe durchzumachen wie ihre Mutter? Warum nicht einfach sagen: »Tschüs, du Trottel« und fertig?

Aber – und das ist die Frage, die Laura in meine Praxis trieb – konnte sie sicher sein, dass es wirklich richtig war, ihn abzuservieren? Was sollte sie tun?

Ihn rauswerfen oder zusammenbleiben? An diesen Punkt kommt jeder Betroffene nach einem Vertrauensbruch. Manchmal geht das sehr schnell, wie bei einem sehr schwerwiegenden Verrat. Manchmal schleichend, Enttäuschung für Enttäuschung, so dass die Frage ›Rauswerfen oder zusammenbleiben?‹ sich erst nach und nach stellt.

Diese Frage kann große Angst machen. Ihnen mag es so vorkommen, als bestünde das Leben nach einer Trennung nur aus Verlust und Unsicherheit. Was ist beispielsweise mit den Kindern? Werden sie darunter leiden? Werden sie Ihnen Vorwürfe wegen der Trennung machen? Und was ist mit dem Geld? Wie werden Sie leben? Wo werden Sie leben? Und was wird mit dem Haus? Sie haben so schwer für ein gemütliches Heim gearbeitet, aber wenn Sie sich trennen, muss es verkauft werden.

Glauben Sie mir, ich kenne all diese angstvollen Fragen. Ich habe zahllose Stunden mit Frauen und Männern verbracht, die sich damit abquälten, und ich habe mir selbst den Kopf darüber zermartert.

Doch Fakt ist: Wenn die Bleiben-oder-gehen-Frage Sie nicht loslässt, dann müssen Sie sich ihr stellen. Der Zeitpunkt, sie zu beantworten, ist also jetzt. Und ich weiß, wie ich Ihnen dabei helfen kann.

Viele Menschen wenden in dieser Zeit den Blick zum Himmel und denken, bitte, gib mir ein Zeichen, ob ich bleiben oder gehen soll. Gut, da Sie darum gebeten haben, zeige ich Ihnen, nach welchen Zeichen Sie Ausschau halten sollten. Es gibt sechs.

Beziehungsanalyse

Da saß Laura also mit gebrochenem Herzen und weinte sich die Augen aus. Flehend fragte sie mich:»Kann ich Tom jemals wieder vertrauen?«

Ich wusste, dass das für sie eine schwierige Frage war. Er war viel unterwegs. In seiner Welt gehörte Alkohol dazu. Und es gab immer Versuchungen. Wenn er das nächste Mal nicht ihr Geld verspielte, würde er sich vielleicht mit irgendeinem Flittchen einlassen.

Aber, sagte ich zu ihr, warum wollen Sie all das durchkauen, wenn Sie ihn ohnehin nicht wiederhaben wollen? Warum sich damit abplagen, wieder Vertrauen zu fassen – vorausgesetzt, Sie können ihm wieder vertrauen –, wenn Sie mit ihm trotzdem nicht glücklich wären? Vertrauen ist zwar wesentlich, doch es gibt noch andere Gründe für das Ende einer Ehe.

Die erste Frage, die Sie sich stellen müssen, wenn Sie wie Laura nach einem Zeichen suchen, ob die Arbeit an dem Wiederaufbau des Vertrauens sinnvoll ist, lautet daher:

→ *Wollen Sie diese Beziehung noch, sofern sich das Vertrauen wiederherstellen lässt?*

Schwierig zu beantworten, solange die Wut darüber, hintergangen worden zu sein, Sie blind macht. Wer kann sich schon über ein solches Misstrauen hinwegsetzen?

Ich verstehe. Doch auch wenn es Ihnen schwerfällt, müssen Sie versuchen, die Beziehung insgesamt zu betrachten, die Beziehung, wie sie am Anfang war, die Beziehung vor dem Vertrauensbruch.

War dieser gravierend, dann machen Sie Folgendes: Rufen Sie sich das letzte Jahr oder den letzten Monat, bevor Sie den Verrat Ihres Partners entdeckten, in Erinnerung.

Handelt es sich um mehrere kleine Vertrauensbrüche, dann denken Sie an die anderen Seiten Ihrer Beziehung. Angenommen, Ihr Partner verliert einen Arbeitsplatz nach dem anderen: Wie ist denn Ihr Sexualleben? Können Sie es beide immer noch genießen? Oder: Macht Ihnen die gemeinsame Elternrolle noch Freude?

Nun können Sie die Beziehung vielleicht schon etwas leichter ohne die Brille des Verrats betrachten. Fragen Sie sich jetzt, ob Sie *diese* Beziehung wollen. Sie waren vielleicht nicht hundertprozentig glücklich, aber waren Sie glücklich genug? Oder suchten Sie schon vorher nach einer Gelegenheit zum Absprung?

Sie müssen an diesem Punkt ehrlich zu sich selbst sein. Wissen Sie, manchmal ist hier eine seltsame Psychologie am Werk. An einem Vertrauensbruch ist etwas, das einen nicht loslässt, das einen festhält. Ja, ich weiß, sehr viele, die herausfinden, dass der Ehepartner sie betrogen (oder sonstwie hintergangen) hat, lassen ihn ohne viel Federlesens fallen. Sehr oft aber werden wir auch förmlich davon aufgesogen. Es ist zwar eine entsetzliche, quälende Demütigung, doch wir wollen unbedingt wissen *warum*. Wir wollen nicht Schluss und aus; wir wollen Antworten.

Zudem wollen wir uns vergewissern, dass *er* weiß, dass wir am Boden zerstört sind. All das sorgt für endlose Diskussionen, die qualvoll sein mögen, aber auch intimer sind als die meisten Gespräche zwischen Ihnen und Ihrem Partner seit langem. Und diese Intimität kann verrückterweise befriedigend sein.

Nach dem Vertrauensbruch sind Sie daher plötzlich wieder stärker auf den anderen bezogen. Das macht es nicht gerade einfach, sich daran zu erinnern, wie man die Beziehung *vor* dem Vertrauensbruch bewertet hat.

Bemühen Sie sich dennoch, sich einiges von dem ins Gedächtnis zu rufen, was Sie zu sich selbst und zu Ihren Freundinnen oder Freunden gesagt haben. Suchten Sie schon nach dem Ausgang? Malten Sie sich ständig aus, wie Ihr Leben wäre, wenn Sie nicht diesen Menschen am Hals hätten? Empfanden Sie nicht auch so etwas wie Erleichterung, als Sie den Vertrauensbruch entdeckten, weil er Ihnen einen Vorwand lieferte, die Geschichte zu beenden? Zwingen Sie sich, mit ja oder nein zu antworten. Halten Sie sich vor Augen, dass Sie nicht Ihre Beziehung im jetzigen Zustand bewerten. Sie versuchen sich ins Gedächtnis zu rufen, wie Sie die Beziehung vor dem Vertrauensbruch sahen: Waren Sie damals wirklich noch drin? Oder wollten Sie raus?

Richtlinie 1: Wenn Sie die Beziehung schon vor dem Vertrauensbruch nicht als gut empfanden, wenn Sie sie schon vor dem Vertrauensbruch nicht mehr haben wollten, dann – warum in aller Welt – sollten Sie sie jetzt weiter aufrechterhalten? War die Beziehung jedoch gut (von dem Vertrauensbruch im Moment einmal abgesehen, auch wenn das natürlich schwierig ist), warum sollten Sie dann nicht versuchen, sie zu retten? *Die meisten Menschen, die unmittelbar nach der Enttäuschung gehen, bereuen das, wenn die Beziehung zuvor gut war.*

Ich stellte Laura all diese Fragen. Darauf schwieg sie lange. »Ehrlich gesagt …«, fing sie dann an, »war ich glücklich. Deshalb war es ja so ein Schock. Mir wäre nie der Gedanke gekommen, wir könnten nicht auf immer und ewig glücklich sein. Ich komme mir so blöd vor, dass ich die Vorzeichen nicht gesehen habe – ich wusste schon immer, dass er ein bisschen verantwortungslos ist –, aber ich habe wirklich geglaubt, dass mit unserer Beziehung alles in Ordnung ist.«

Zuweilen bekomme ich aber eine ganz andere Antwort.

Anne. »Ich glaube, ich habe mich jahrelang von dieser ganzen Vertrauenskiste ablenken lassen«, berichtete mir Anne. »Ich war seine zweite Frau, und er hatte vier Kinder aus erster Ehe. Seine erste Frau war gestorben. Er war ziemlich reich – im Vergleich zu mir jedenfalls – und sehr knauserig. Er sagte ständig, er wollte, dass jemand sich um seine Kinder kümmerte. Aber ich vertraute ihm nicht, hauptsächlich weil er so viel Macht hatte und sie häufig missbrauchte und alle herumkommandierte. Auch mich. Er war einfach ein harter Knochen mit 'ner Menge Kohle und bestand darauf, dass alle nach seiner Pfeife tanzten. Doch manchmal konnte er wirklich lieb sein, und manchmal machte er teure Reisen mit mir. Er kriegte mich immer wieder an den Haken. Aber …«, Anne machte eine Pause, »mir entging das eigentliche große Problem. Ich sah es einfach nicht. Und das war, dass wir nichts Gemeinsames hatten. Ich meine, wir waren schon höflich und kamen miteinander aus. Dann aber ärgerte sich mein höfliches Ich darüber, dass ich das Gefühl hatte, ich könne ihm, was Geld anging, nicht trauen. Aber eigentlich dachte ich: Wie komme ich da bloß raus? Ich fühlte mich in der Falle. Und genau dann, wenn ich kurz davor war, etwas zu sagen, machte er wieder eine Reise mit mir. Als ob er gewusst hätte, wann er mich wieder ködern musste.«

Anne liefert ein gutes Beispiel für einen Menschen, dem Misstrauen einen Anlass gibt zu gehen. Wer weiß, ob sie dem Grund ihres Misstrauens (der Machtmissbrauch ihres Mannes) jemals auf die Spur gekommen wäre, wenn es nicht zum Vertrauensbruch gekommen wäre. Doch dahinter verbarg sich ohnehin etwas Grundsätzlicheres, an dem sie sich schon zuvor gestört hatte; der Umstand, dass sie nichts miteinander gemein hatten.

Fragen Sie sich also: Ist *dies* die Gelegenheit, nach der Sie gesucht haben – nicht wegen des Misstrauens, sondern wegen der Probleme, an denen die Beziehung krankt?

Falls dem so ist, dann ist das Misstrauen nur ein Ablenkungsmanöver. Sie haben schon entschieden, dass Sie gehen wollen.

Alles verdorben? Sprechen wir jetzt über einen schweren Vertrauensbruch. Nun, geschehen ist geschehen. Aber nehmen wir einmal an, Sie bekämen eine absolute Garantie: Gott höchstselbst versichert Ihnen, der andere werde es nie wieder tun. Peng, Sie sind auf der sicheren Seite. Sie haben absolut nichts zu befürchten. *Aber ist dadurch für Sie jetzt alles in Ordnung?* Für viele von uns ist es das nicht. Selbst wenn Sie sich völlig sicher fühlen können und es ihm sehr, sehr leid tut, kommt die Sache damit noch lange nicht in Ordnung.

Maggie und Freddie. »Gerade das war so verwirrend«, sagte Maggie. »Oh Gott, es tat Freddie so leid. Er weinte immerzu. Und er wusste, er wusste wirklich, wie weh er mir getan hatte. Ganz ehrlich, wenn ich darauf wetten sollte, dann würde ich mein ganzes Geld darauf setzen, dass er mich nie wieder verletzt. Ich war und bin fest davon überzeugt, dass Freddie sein ganzes Leben lang alles tun würde, um das bei mir wieder gutzumachen.«

»Toll«, erwiderte ich, »das hört sich ja prima an.«

»Ja. Ich meine, ich denke, besser konnte es nicht sein bei einem Mann, der das getan hat, was er getan hat. Aber die Sache war die: Es bedeutete mir einfach nichts. Und ich wollte doch, dass es mir was bedeutete. Aber das tat es nicht. Es war wie ... ich weiß auch nicht ... also wenn einem ein Stück Schokolade auf den Küchenboden fällt, dann hebt man es auf, bläst drauf und isst es ohne Bedenken. Nach dem Motto: Dreck macht Speck.

47

Aber wenn einem ein Stück gebratener Fisch auf den Boden fällt, auf denselben völlig sauberen Boden, dann würde man ihn auf gar keinen Fall mehr essen. Man ekelt sich davor. Das Stück Schokolade war in Ordnung, aber der Fisch, vergiss ihn.« Maggie machte eine kurze Pause und fuhr dann fort:»Freddie war wie dieses Stück Fisch. Dass er mit dieser Frau geschlafen hatte – ich meine, ich konnte ihm verzeihen, das war kein Problem –, aber es war, als wäre er auf den Boden gefallen, und ich wollte um alles Geld der Welt nichts mehr mit ihm zu tun haben. Und jetzt kommt's: Was war ich blöd … Ich brauchte zwei Jahre, um das herauszufinden. Ich war viel zu sehr mit diesem ganzen Es-tut-ihm-leid-und-ich-verzeihe-ihm-Ding beschäftigt. Zwei Jahre, bis ich dahinterkam, dass ich dieses auf den Boden gefallene Stück Fisch nicht mehr essen werde.«

Vielen Menschen geht es wie Maggie. Ein Vertrauensbruch berührt etwas so Grundlegendes, dass es ihnen so vorkommt, als hätten sich sogar die Moleküle der Person, die ihnen wehgetan hat, verändert, genau wie das Stück Fisch, das in Maggies Augen zu etwas Ungenießbarem wurde.

Und daher lautet die Frage:

→ *Macht der Umstand, dass dieser Vertrauensbruch geschehen ist, für Sie alles kaputt?*

Jetzt müssen Sie aufpassen. Bitte, ich beschwöre Sie, passen Sie genau auf. Es ist eine Sache zu sagen:»Ich bin so sauer auf dich, dass ich nie wieder etwas mit dir zu tun haben will.« Eine solche Wut kann erstaunlich lange anhalten. Monate. Doch sie flaut schließlich ab. Wenn Beziehungen wirklich heilen, verflüchtigt sie sich größtenteils.

Ich spreche hier aber nicht von Wut. Ich spreche von etwas, das viel tiefer reicht. Ihr Bild von dem Wesen des anderen verändert sich völlig, er fällt jetzt in eine ganz andere Kategorie Mensch, so wie Freddie für Maggie.

Ist dies bei Ihnen geschehen, dann haben Sie Ihre Antwort: Sie können nicht bleiben.

Richtlinie 2: Wenn der Vertrauensbruch das Wesen der anderen Person in Ihren Augen so grundlegend verändert hat, dass Sie sich nicht vorstellen können, weiter mit ihr zusammenzuleben – nicht einmal, nachdem sich Ihre Wut gelegt hat –, dann ist Vertrauen nicht das Problem, und Sie sind besser dran, wenn Sie die Beziehung beenden.

Das ist fraglos eine sehr schwerwiegende Entscheidung. So mögen Sie sich zwar bereits die notwendige Klarheit verschafft haben, aber Sie möchten sich der Richtigkeit Ihrer Entscheidung trotzdem noch sicherer sein. Das ist vollkommen verständlich.

Wie es das Schicksal will, habe ich bereits das Buch zu diesem Thema geschrieben: *Soll ich bleiben, soll ich gehen? Ein Beziehungs-Check.* Ich habe es für alle geschrieben, die in den Zustand der »Beziehungsambivalenz« geraten sind. Und wenn Sie dazugehören, werden Sie von dem Buch profitieren.

Aber ich möchte Ihnen jetzt den Arm um die Schultern legen und Ihnen einen Rat geben: Wenn Sie sich im Klaren darüber sind, was Sie jetzt tun wollen, gut. Doch wenn nicht, dann geben Sie Ihrer Beziehung eine Chance. Eine Heilungschance. Der allerbeste Weg zu prüfen, ob es sinnvoll ist, in einer Beziehung zu bleiben, besteht darin, sie nach Möglichkeit zu verbessern und dann erneut zu entscheiden. Dann haben Sie das Glück auf Ihrer Seite. Ein Vertrauensbruch kann heilen. Manchmal selbst dann, wenn es völlig ausgeschlossen scheint.

Vergeben und vergessen?
Also gut, jetzt wissen Sie vielleicht, dass Sie die Beziehung noch wollen – sofern der Vertrauensbruch sich heilen lässt. Ich habe

behauptet, dass dies öfter und leichter geschieht, als die meisten Menschen meinen. Aber wie ist es in Ihrem Fall?

Das wollen wir nun herausfinden. Ist es für Sie sinnvoll, den Wiederaufbau des Vertrauens in Angriff zu nehmen? Die Antwort hat teils mit Ihnen zu tun, teils mit Ihrem Partner. Beginnen wir bei Ihnen.

Ich weiß: Jeder möchte verzeihen. Aber wollen Sie es *wirklich*? Es ist leicht gesagt, man sei bereit zu vergeben, doch wenn es dann drauf ankommt, wollen wir eigentlich gar nicht.

Was ist überhaupt Verzeihen? Ich glaube, für die meisten von uns ist es ein tief im Herzen empfundenes Gefühl. Eine Art Weichwerden und Sichöffnen: Unser Herz verhärtet sich nicht vor lauter Zorn und Furcht, sondern es entspannt sich.

Wenn Sie beispielsweise eine belebte Straße entlanggehen und jemand stößt scheinbar rücksichtslos mit Ihnen zusammen, werden Sie vielleicht sauer. Bemerken Sie aber in dem Augenblick, als Sie dem Betreffenden gerade ordentlich die Meinung geigen wollen, dass er einen weißen Stock trägt, ist ihr Ärger wie weggeblasen: ›Oh, er ist ja blind!‹ Und Ihr Herz schmilzt dahin. Ihr Zorn ist wie weggeblasen. Jetzt ist da nur noch Mitgefühl.

Und das ist in der Regel der Grund, weshalb wir verzeihen. Wir gelangen zu einer Einsicht oder Erkenntnis, die es uns möglich macht zu sagen: ›Ich kann das loslassen.‹

Die Einsicht muss nicht der Erkenntnis entspringen, dass der andere nichts dafür kann. Sie kann aus Ihnen selbst heraus kommen. Vielleicht sehen Sie einfach nur ein, dass Ihre Wut Ihnen mehr schadet als nützt. Sie merken, dass Sie die Wut nicht mehr brauchen – und lassen sie los. Das ist ein weiterer Weg hin zum Verzeihen.

Eines sollten Sie jetzt aber noch wissen: Das Ausmaß der

Wut, die Sie in diesem Augenblick empfinden – und mag sie brodeln wie ein Vulkan –, gibt Ihnen keinen Hinweis darauf, ob Sie eines Tages verzeihen können oder nicht.

Jim und Debbie. Jim war außer sich vor Zorn und tief verletzt, als er dahinterkam, dass seine Frau Debbie ihm etwas verheimlicht hatte. Seit Jahren hatte er sich abgerackert und immer selbst unter Druck gesetzt, um genug Geld ranzuschaffen. Dann erfuhr er durch eine beiläufige Bemerkung Debbies, dass ihre Eltern weit wohlhabender waren, als er geglaubt hatte. Sie verfügte sogar über einen Treuhandfonds. Als er eine Erklärung forderte, sagte sie, sie habe sich vor dem Gefühl schützen wollen, er hätte sie nur ihres Geldes wegen geheiratet. »Aber wir sind seit sechs Jahren verheiratet!«, rief er aus. »Seit sechs Jahren strample ich mich ab und mache mir Sorgen, und du hast einfach zugeschaut. War das lustig für dich, mit der ganzen Kohle im Rücken?«

Jim brauchte Abstand, um nachzudenken. Das wollte einfach nicht in seinen Kopf.

Ein Teil von ihm dachte: Na und? Er hatte schließlich nie damit gerechnet, eine reiche Frau zu heiraten. Er hatte nie damit gerechnet, dass er sich auf die faule Haut würde legen können. War das also nicht in gewisser Weise eine gute Neuigkeit? Zumindest brauchte er sich jetzt vielleicht nicht mehr so abzurackern, um Geld für das College der Kinder beiseitezulegen.

Doch unaufhörlich nagte die Frage an ihm: Was für ein Mensch tut das, was Debbie getan hat? Was für ein Mensch schaut dem eigenen Mann dabei zu, wie er ackert und rackert, und greift ihm nicht unter die Arme, obwohl er es doch leicht könnte? Fehlte es ihr an Mitgefühl? Wie gleichgültig kann ein Mensch nur sein?, fragte er sich.

Dieses Bild von ihr beherrschte Jim tagelang. In seinen Augen war sie plötzlich zu einem eiskalten Scheusal geworden.

Und dann ging ihm plötzlich ein wahrer Kronleuchter auf. Diese Frage – Was für ein Mensch macht so was? – wies ihm den Weg: Debbie trug eine schwere Last mit sich herum. Sie hätte sich nicht um ihrer selbst willen geliebt gefühlt, wenn er von ihrem Geld gewusst hätte. Und genau das brauchte sie – sich geliebt zu fühlen. Mit jeder Minute, in der er sich sorgte und rackerte, um über die Runden zu kommen, um ihnen ein gutes Leben zu ermöglichen, hatte sie das Gefühl, dass sie ihm wirklich etwas bedeutete.

Diese Einsicht änderte alles für Jim. Debbie war keine erbarmungslose Blutsaugerin. Sie war nur ein Mensch, der sich verzweifelt danach sehnte, sich geliebt zu fühlen. Jim war immer noch zornig, doch indem er sich in sie hineinversetzte, erkannte er, dass er ihr vergeben konnte.

Fragen Sie sich also Folgendes:

→ *Kann ich mir vorstellen, dass Verzeihen möglich ist?*

Kann ich den anderen in einer Weise sehen, die mir hilft, den Vorfall hinter mir zu lassen? Kann ich seine Beweggründe besser verstehen? Kann ich besser verstehen, welches Päckchen er zu tragen hat? Kann ich mehr Verständnis für seine Grenzen aufbringen?

Dann wäre da noch Ihr Selbstbild. Können Sie sich vorstellen, den Punkt zu erreichen, an dem Sie sich sagen: ›Das ist lächerlich. Ich mache mir selbst die Chance auf Glück und Seelenfrieden kaputt, weil ich mich so stur weigere zu verzeihen‹?

Das ist wahrscheinlich der Grund Nummer 1, warum Menschen verzeihen: Sie erkennen, dass ihre mangelnde Versöhnungsbereitschaft ihr eigenes Leben zerstört.

Richtlinie 3: Wenn Sie Ihre mangelnde Versöhnungsbereitschaft als selbstzerstörerischen Akt sehen können, wenn Sie Vergebung als lebensbejahenden Akt sehen können, und wenn Sie es für realistisch halten, eines Tages verzeihen zu können, dann ist es sinnvoll, sich für die Heilung dieser Beziehung anzustrengen. Sonst nicht.

Wahre Liebe

Callie und Alec. Callie war seit acht Jahren mit einem Mann verheiratet, der sie in den Wahnsinn trieb. Alec hielt seine Versprechen praktisch nie. Er sagte, er werde um eine bestimmte Uhrzeit zu Hause sein, und kam, wann es ihm passte. Er sagte, er werde sich um ihre Urlaubsplanung kümmern, und rührte dann keinen Finger. Wenn sie sich aufregte, gab sich Alec zerknirscht und versprach, zuweilen mit Tränen in den Augen, dass er das nächste Mal ganz bestimmt keinen Mist bauen werde.

Dann überfiel sie eines Tages wie ein Blitz aus heiterem Himmel die Erkenntnis, dass sie auf eine Illusion hereingefallen war. Alec spielte den reuigen Sünder und machte Versprechungen, nur um sie zu manipulieren. Um zu verhindern, dass sie ausrastete. Ihm war es völlig egal, ob sie litt. Ihm kam es einzig und allein darauf an, dass sie ihn nicht leiden ließ.

Die Erkenntnis, dass es Alec nur recht war, wenn Callie stets am Rande des Nervenzusammenbruchs entlangbalancierte, solange sie nicht über die Kante fiel und ihm das Leben schwermachte, zeigte ihr, dass ihr erschüttertes Vertrauen unmöglich zu reparieren war. Er scherte sich überhaupt nicht darum, ob sie ihm vertraute. Er wollte nur, dass sie nicht jedes Mal, wenn er sie enttäuschte, einen Aufstand machte.

Finden Sie sich in Callie wieder? Stellen Sie sich folgende Frage:

> → *Ist es der Person, der Sie misstrauen, wichtig, wie es Ihnen geht?*

Falls nicht, warum sich dann die Mühe machen, das Vertrauen wiederherzustellen? Wie Sie sehen, ist diese Berücksichtigung Ihrer Gemütsverfassung der springende Punkt. Da liegt die Motivation Ihres Partners.

Richtlinie 4: Wenn dem anderen Ihre seelische Verfassung offenbar gleichgültig ist, er in seinem Handeln nie erkennen lässt, dass Sie ihm wichtig sind, dann ist er unfähig, mit Ihnen gemeinsam an dem Wiederaufbau des Vertrauens zu arbeiten. Dieser Prozess dürfte daher chancenlos sein. Warum es also überhaupt erst probieren?

Ich sage damit nicht, dass jemand, dem etwas an Ihren Gefühlen liegt, sich unbedingt immer so weit ändern wird, dass er Ihr Vertrauen verdient. Manchmal reicht dieses Wichtignehmen nicht aus. Ich behaupte aber, dass der Wiederaufbau von Vertrauen unmöglich ist, wenn Ihrem Partner Ihre Gefühle wurscht sind. Mit gegenseitiger Achtsamkeit hingegen ist alles möglich.

An der Beziehung arbeiten

Zum Wiederaufbau von Vertrauen gehören zwei. Sie können nicht einfach sagen: »Du gehst jetzt und wirst vertrauenswürdig. Dann kommst du zurück, und wir werden weitersehen.« So läuft das nicht.

Sie müssen miteinander reden, sich über Ihre Ansichten austauschen. Sie müssen über Dinge reden, die schwer auszusprechen und schwer anzuhören sind – und zwar, ohne sich gegenseitig fertigzumachen. Sie müssen sich gegenseitig verletzte Gefühle offenbaren, ohne noch mehr Wunden aufzureißen. Sie müssen zuhören, wenn Sie darauf brennen, sich Gehör zu verschaffen, und reden, wenn Sie das Reden satt haben.

Zoe und Phil. Phil war lieb und nett, aber er hatte einfach keine Lust, sich mit Zoe auseinanderzusetzen. Phil pflegte gern Kontakte, und er genoss seine Beziehung zu Zoe, doch er wollte eine Beziehung ohne Reibereien.

Das war für Zoe mehr als verwirrend. Allem Anschein nach war Phil ein Beziehungsmensch. Er liebte es zu knutschen und zog gerne mit ihr um die Häuser. Er redete bereitwillig mit ihr über Schwierigkeiten bei der Arbeit oder Differenzen mit einer Freundin.

Wollte Zoe jedoch mit Phil über ein Problem sprechen, das sie mit *ihm* hatte, dann gingen bei ihm die Rollläden runter.

Da war der berühmte Vorfall, als sie versucht hatte, seine Oberflächlichkeit anzusprechen. Für Zoe war das eigentlich gar kein so großes Problem gewesen. Erst hatte sie ja auch fast nichts gesagt. Aber dann war sie doch in Fahrt gekommen, und je mehr sie geredet hatte, desto unnahbarer und sogar ärgerlicher hatte Phil gewirkt. Als hatte das Geständnis ihrer Liebesbedürftigkeit Phil jede Zuneigung ausgetrieben.

Menschen wie Phil haben häufig Angst vor negativer Beurteilung oder Minderwertigkeitsgefühlen. Beziehungsprobleme lassen bei ihnen alle Alarmglocken schrillen. Für sie ist das ein wahres Minenfeld.

Als Zoe herausfand, dass Phil tief in der Tinte saß, weil er Steuern hinterzogen hatte, wusste sie daher auch, dass sie *beide* tief in der Tinte saßen.

Und so kam, was kommen musste: ›Wenn er mir das verheimlicht hat‹, dachte Zoe, ›was verheimlicht er dann sonst noch?‹ Wenn er sie beide einer solchen Gefahr ausgesetzt hatte, womit brachte er sie dann noch in Gefahr?

Zoe war wütend und verängstigt. Sie war der Meinung, eine Ehefrau dürfe ihren Mann in schwierigen Zeiten nicht verlassen, aber sie hatte das Gefühl, ihm nicht trauen zu können. Und sie brauchte seine Hilfe, um zu ihm zurückzufinden.

Diese Hilfe konnte Phil aber nicht geben. Er hatte zu viel Angst, fühlte sich zu angreifbar, verschanzte sich zu sehr.

Er sagte Dinge wie:»Schau mal, ich weiß, dass ich voll Bockmist gebaut habe, aber ich habe meine Lektion gelernt und werde nie wieder so einen Bock schießen. Du wirst mir einfach vertrauen müssen. Und wenn du das nicht kannst, dann ist das dein Problem und du musst damit fertig werden.«

Phil stellte Zoe im Grunde ein Ultimatum: den Mund zu halten oder ihre Koffer zu packen. Da sie aber unter keinen Umständen den Mund halten konnte, glaubte sie, keine andere Wahl zu haben, als die Koffer zu packen.

Stellen Sie sich also die folgende Frage:

→ *Ist die andere Person imstande, mit Ihnen an Ihrer Beziehung zu arbeiten?*

Zoe und Phil liefern ein überzeugendes Beispiel für den Fall, dass ein Partner weder fähig noch willens zu vertrauensbildender Beziehungsarbeit ist. Aber – bitte, bitte, bitte – verwechseln Sie das nicht mit dem Fall, dass es dem anderen nur schwerfällt, über Beziehungsprobleme zu reden. Wären solche Schwierigkeiten gleichbedeutend mit endgültig zerstörtem Vertrauen, würden sehr wenige Beziehungen wieder zusammenwachsen. Aber sehr viele schaffen es.

Beziehungsarbeit erleichtern. Ich möchte Ihnen helfen herauszufinden, ob die andere Person fähig ist, an der Beziehung zu

arbeiten. Es gibt zwei Hauptgründe, warum Menschen vor Ge-
sprächen über die Beziehung Angst haben.

Der eine ist die Angst vor Angriffen. Das ist nachvollziehbar.
Wer möchte schon auf einen Spieß gesteckt und über offenem
Feuer gebraten werden? Dieses Problem können Sie jedoch leicht lösen. Greifen Sie
nicht an. Machen Sie keine Vorwürfe. Beschimpfen Sie den an-
deren nicht. Ja, ich weiß, genau das täten Sie jetzt am liebsten.
Sie sind schließlich fuchsteufelswild … Aber denken Sie einmal darüber nach, was passieren wird, wenn Sie Ihrem Zorn
freien Lauf lassen. Ihr Partner wird denken: ›Brauch' ich das?‹
Mit Ihnen »reden« wird er künftig mit »angeschrien werden«
gleichsetzen. Infolgedessen will er nicht mehr mit Ihnen reden.

Sie haben also die Wahl: Sie können toben und schimpfen
und sich dann vielleicht kurzfristig besser fühlen. Damit nehmen Sie ihm aber jede Lust, mit Ihnen zu reden. Oder Sie können sich bemühen, ihm begreiflich zu machen, was *Sie* für *sich*
erreichen möchten, indem Sie miteinander reden: sich sicher
zu fühlen.

Es ist nur die Frage, was Sie sich mehr wünschen: sich Luft
zu machen oder sich die Chance auf ein echtes Gespräch zu erhalten?

Der andere Grund, weshalb manche Menschen Gespräche
über ihre Beziehung scheuen: Sie glauben, keine Chance zu haben, selbst zu Wort zu kommen. Zu oft bedeutet: »Wir müssen reden« im Klartext: »*Ich* muss reden«. Was tun wir, wenn
wir uns alles von der Seele reden? Wir legen unsere Bedürfnisse dar. Wir offenbaren unsere Gefühle. Wir definieren unsere Wirklichkeit.

Und was geschieht, wenn der Partner glaubt, dass er einfach
nur dazusitzen und sich das alles anzuhören hat? Er glaubt,

dass für seine Gefühle, seine Bedürfnisse, seine Wirklichkeit kein Platz ist. Er fühlt sich übergangen.

Warum also sollte er dabei mitmachen? Um einen Verdienstorden für den weltbesten Zuhörer zu ergattern? Wenn Sie wieder zueinanderfinden wollen, werden Sie ihn dafür belohnen müssen, dass er Ihnen zuhört, indem Sie ihm zuhören.

Ich weiß, dass Sie jetzt bestimmt denken: *Moment mal! Schauen Sie sich doch an, was er mir angetan hat! Er sollte wohl verdammt nochmal eher mir zuhören!*

Zugegeben, in gewisser Weise stimmt das: Sie sind die Leidtragende, also sind Sie moralisch im Vorteil. Ihnen steht tatsächlich mehr Redezeit zu. Statt auf 50 Prozent mögen Sie ein Anrecht auf 60 oder sogar 70 Prozent haben. Aber nicht auf die gesamte Zeit. Er muss das Gefühl haben, dass auch er etwas sagen kann.

Richtlinie 5: Sie möchten herausfinden, ob der andere willens und fähig zur Beziehungsarbeit ist? Dann probieren Sie mal aus, was geschieht, wenn Sie weniger angreifen und mehr zuhören. Zeigt der andere daraufhin mehr Bereitschaft, die Probleme mit Ihnen anzugehen, dann sind das gute Voraussetzungen. Ändert sich aber nichts, oder schaffen Sie es nicht, sich zurückzuhalten und besser zuzuhören, dann wird es Ihnen vielleicht auch nicht gelingen, wieder Vertrauen zueinander aufzubauen.

Übrigens: Wenn Sie zur Bewältigung des Vertrauensbruchs eine Paartherapie machten, würden Sie gutes Geld dafür bezahlen, dass jemand Sie an Angriffen hindert und zum Zuhören bringt, obwohl Sie der verletzte Part sind. Oder wie haben Sie sich das vorgestellt? Dass Sie in einer Therapie freie Bahn haben, um Attacken zu reiten und den anderen nicht zu Wort kommen zu lassen? Warum es also nicht in Eigenregie machen und sich das Geld sparen?

Ist es nicht einen Versuch wert?

Joey und Cathy. Letztlich verloren Joey und Cathy ihr Haus doch nicht. Aber sie waren nah dran. Sehr nah. Jahrelang hatte Joeys Spielsucht ihnen das Leben zur Hölle gemacht. Es dauerte lange, bis Cathy es kapierte. Ständig schien Ebbe in der Kasse, doch Joey, der für ihre Finanzen verantwortlich war, redete immer davon, wie teuer alles sei oder dass er sich eine Gratifikation hatte entgehen lassen.

Trotzdem wurde Cathy das Gefühl nicht los, dass etwas nicht stimmte. Eines Tages kam Joey in einem üblen Zustand nach Hause: Er sah aus, als hätte er sich geprügelt, und die Autoscheinwerfer waren eingeschlagen.

Joey beichtete nun die ganze Geschichte. Das Geld, das er beim Spielen verloren hatte. Seine ständigen Versuche, wieder in die schwarzen Zahlen zu kommen. Die fragwürdigen Kredite, die er aufgenommen hatte. Den immer tieferen Schuldenstrudel, in den er geraten war.

Cathys Vertrauen war dahin. Es war nicht nur dieses unglaubliche Entsetzen darüber, dass er das Familienvermögen verschleudert und sie alle in ein tiefes Loch gestürzt hatte – jetzt wusste sie auch noch, dass ihn eine furchtbar destruktive Krankheit in den Klauen hielt.

Doch Joey flehte sie an, ihn nicht fallenzulassen. Er sank auf die Knie wie damals bei seinem Heiratsantrag und bat sie inständig um eine Chance, sich ihr Vertrauen wieder zu verdienen.

»Warum sollte ich dir vertrauen, Joey?«, fragte Cathy. Doch Joey überraschte sie damit, dass er versprach, er werde jeden Abend zu einem Treffen der Anonymen Spieler gehen. Sie könne ihn hinbringen, wenn sie wollte. Sie könne dabeisitzen. Und er würde ihr die vollständige Kontrolle über die Finanzen geben.

In diesem Augenblick kam Cathy ein seltsamer Gedanke: ›Warum nicht? Was habe ich zu verlieren?‹

Offensichtlich hatten sie ihr gesamtes Geld verloren. Nichts wäre also leichter oder verständlicher gewesen, als ihn zu verlassen. Doch die Erkenntnis, dass die Kosten des Bleibens minimal waren, änderte alles in ihren Augen. *Du kannst jederzeit gehen. Doch sobald du gehst, ist ein Ver- und Durchstehen des Problems keine Option mehr.*

Cathy dachte darüber nach, was sie bereute. Im Moment ziemlich viel. Das ganze verlorene Geld. Der zerstörte Seelenfrieden. Doch wenn sie ihre Ehe beenden und diese damit auch noch verlieren würde, dann wollte sie sichergehen, dass sie diese Entscheidung nicht ebenfalls irgendwann bereuen würde.

Und was wäre der einzige Anlass zur Reue, wenn sie ginge? Wenn Joey von seiner Sucht loskäme. Was, wenn sie ging und sich herausstellte, dass sie genau in dem Augenblick ausgestiegen war, als sich bessere Zeiten ankündigten?

Außerdem konnte sie das Handtuch später immer noch werfen.

So erklärte sie ihm: »Joey, solange du zu den Treffen gehst und nicht mehr spielst, werde ich dir eine Chance geben, mein Vertrauen wieder zu verdienen. Ich erwarte nicht von dir, dass du perfekt bist, aber du hast keinen Grund, nicht jeden Abend zu diesen Treffen zu gehen. Du hast es gerade versprochen. Also vergiss die Vergangenheit. Aber ich vertraue jetzt darauf, dass du dieses Versprechen hältst. Wenn du es tust, haben wir eine Zukunft. Wenn nicht, ist es aus.«

Das war die beste Entscheidung, die Cathy je gefällt hatte. Joey ging zu den Treffen. Er schaffte es, dem Spielen aus dem Weg zu gehen.

Sie müssen sich also Folgendes fragen:

→ *Was habe ich zu verlieren, wenn ich unserer Beziehung eine Chance gebe?* Eigentlich fragen Sie damit: Was kostet es mich, falls ich mich irre? Zu bleiben bedeutet nicht, eine lebenslange Verpflichtung einzugehen. Cathy hätte einen Fehler gemacht, hätte sie sich ihr ganzes Leben lang an einen zwanghaften Spieler (oder einen Menschen, der ihr Vertrauen missbrauchte) gebunden. Doch das tat sie nicht. Sie verpflichtete sich nur zu einem bestimmten Vorgehen. Sie machte Joey klar, dass ihre Ehe Geschichte war, sollte es schiefgehen.

Cathys Idee war genial. Ja, wenn Vertrauen missbraucht wird, ist das verheerend. Ja, ein Leben lang misstrauisch zu sein ist unmöglich. Doch trotz des Scherbenhaufens können die Kosten für den Versuch, das Vertrauen wiederherzustellen, erstaunlich gering sein.

Überlegen Sie mal: Was könnte schlimmstenfalls passieren? Derjenige, der Sie hintergangen hat, ändert sich nicht. Er trifft sich immer noch mit seiner Angeblich-Ex-Geliebten. Er vergisst immer noch, das Versprochene zu erledigen. Er setzt wieder bei Sportwetten.

Okay. Jetzt wissen Sie Bescheid. Er kann oder will nicht tun, was er tun müsste, um Ihr Vertrauen zu verdienen. Fassen Sie das als seine Art auf, Sie loszulassen. Und jetzt können Sie gehen, ohne Gefahr zu laufen, es vielleicht irgendwann zu bereuen, dass Sie dem Vertrauen keine Chance gegeben haben.

Aber es könnte auch genauso gut funktionieren. Wenn Sie es richtig anstellen und er sich Ihr Vertrauen wirklich verdienen will, wird es funktionieren.

Und dann werden Sie froh sein, es probiert zu haben.

Richtlinie 6: Gelingt es Ihnen, an den Punkt zu kommen, an dem Sie sich sagen: ›Ich habe nichts zu verlieren, wenn ich ihm / ihr eine Chance gebe‹, dann lohnt es sich, zu bleiben und am Wiederaufbau des Vertrauens zu arbeiten. Diese sechs Fragen und Richtlinien sollten Ihnen nun die gesuchte Klarheit verschafft haben. Sollten Sie an der Entscheidung zu gehen irgendwelche Zweifel hegen, sich dabei irgendwie unsicher sein, dann hoffe ich ganz stark, dass Sie der Liebe und Ihrer Beziehung noch eine Chance geben werden. Bemühen Sie sich, das Vertrauen wieder aufzubauen. Es funktioniert. Und wenn Sie das erst einmal gemerkt haben, wird Ihnen die andere Person in einem ganz neuen Licht erscheinen.

4 Ja, Sie können wieder vertrauen. Erfolgsgeschichten

Sie lesen noch weiter? Gut! Das heißt nämlich, Sie glauben noch daran, dass sich das Ruder vielleicht doch noch herumreißen lässt, sich ein Rettungsversuch noch lohnen könnte. Die meisten Betroffenen tun das. Und Sie sind wahrscheinlich immer noch wütend und traurig. Aber das ist in Ordnung. Im Augenblick benötigen Sie nicht mehr als den Hauch einer Ahnung, dass ein Rettungsversuch der Mühe wert sein könnte.

Ich kenne all die Zweifel, die Sie gegenwärtig plagen. Sie befürchten, dass Sie nie wieder Vertrauen fassen, nachdem es einmal so enttäuscht wurde. Wenn ein Mensch, der Ihnen am Herzen liegt, Sie hintergangen hat – so glauben Sie –, wird die Wunde nie wieder verheilen, mag er sich künftig auch als wahrer Heiliger entpuppen …

Oder Sie können sich zwar vorstellen, dass das Vertrauen sich irgendwie wieder aufbauen lässt, glauben aber, dass das bestimmt eine Ewigkeit dauert. Ich erinnere mich an einen Mann, den das Verhalten seiner Frau tief verletzt hatte und der daraufhin zu ihr sagte:»Weißt du, wann ich dir wieder werde vertrauen können? Wenn du auf dem Sterbebett liegst und ich gemerkt habe, dass du mir zwischen jetzt und dann nie wieder wehgetan hast.« Seine Wunde war damals noch ganz frisch, und dann sagen Menschen solche Dinge.

Und selbst wenn Sie glauben, das Vertrauen ließe sich in endlicher Zeit wieder aufbauen, ist Ihnen vielleicht schleierhaft, wie das gehen soll. Sie haben nicht die geringste Idee davon, wie Sie das hinkriegen sollen. Und dieses Gefühl völliger Hilflosigkeit raubt Ihnen jeden Mut.

Aha, Vertrauen wiederaufbauen?, sagen Sie sich. *Warum sich die Mühe machen? Das ist sehr schwer, und wer schafft das schon?*

Ein Vertrauensbruch kann heilen

Einigen von uns scheint es ebenso sinnlos, auf die Wiedergeburt des Vertrauens zu hoffen wie auf die Wiederauferstehung Verstorbener. Warum sollte es auch anders sein? Wir haben alle erlebt, wie Beziehungen durch Misstrauen zerstört werden. Der Zerstörungsprozess scheint einer ganz eigenen Dynamik zu folgen, so wie man weiß, dass ein lichterloh brennendes Haus bald zu einem Haufen verkohlter Balken zusammenfallen wird.

Doch ist ein Vertrauensbruch in einer Beziehung wirklich vergleichbar?

Nein. Was verbrannt ist, ist verbrannt, aber was angeknackst ist, kann heilen. Angeknackstes Vertrauen ähnelt deshalb eher einem gebrochenen Arm. Ja, es tut weh. Und ja, es kann einem vorkommen, als dauerte es ewig. Aber das stimmt absolut nicht.

Ein Vertrauensbruch kann ebenso heilen wie ein Armbruch. Ich habe das immer wieder erlebt.

Stacy und Ed. Sie waren etwa ein Jahr verheiratet, als Stacy Ed dabei überraschte, wie er mit seiner Ex telefonierte. Er stritt jegliche Gefühle für sie ab und behauptete, sie sei nur eine gute Freundin. Ed hatte sich von ihr getrennt, als er ihren Betrug herausgefunden hatte. Davor war ihre Beziehung jedoch sehr leidenschaftlich gewesen. Stacy hatte sich mit Ed eingelassen, als er noch an der Trennung zu knabbern hatte, und fühlte sich immer sehr unsicher, was seine Ex betraf. Jetzt befürchtete sie, dass die Ex ihn sich wieder krallen wollte, und fühlte sich fürchterlich hintergangen. Ed merkte, wie tief verletzt Stacy war, und versprach, nie wieder mit seiner Ex zu reden. Doch Stacy dachte: ›Welchen Sinn soll das haben? Vielleicht sage ich, oh ja, ich vertraue ihm wieder – aber es wird doch nie wieder so sein wie früher, als ich noch wusste, ich kann ihm bedenkenlos vertrauen.‹

Ed mochte Stacy mit dem Kontakt zu seiner Ex wehgetan haben, doch der springende Punkt war: Ed und Stacy liebten sich wirklich. Nichts kann wahre Liebe zwischen zwei Menschen in einer guten Beziehung zerstören … Und während sie ihre Vertrauensprobleme aufarbeiteten, spürte Stacy, dass die Liebe zwischen ihnen so stark war wie eh und je. Schließlich merkte sie sogar, dass sie ihn sogar noch mehr liebte, weil seine Bereitschaft, am Wiederaufbau ihres Vertrauens mitzuwirken, sie tief beeindruckte. Und Ed liebte Stacy tiefer, weil er erkannte, wie großherzig sie verzeihen konnte.

Ich weiß, dass ich weggelassen habe, wie sie das geschafft haben. Darum dreht sich der Rest dieses Buches. Und ich weiß auch, dass das alles im Moment eher wie ein Märchen klingt. Aber es ist Realität, und ich habe es unzählige Male miterlebt.

Maria und Sean. Als Sean herausbekam, dass Maria die Unwahrheit über ihr Alter gesagt hatte, war es außer sich. Sean war 30, als sie sich kennengelernt hatten, und Maria angeblich 27. In seinen Augen schien das prima zu passen, ebenso wie vieles andere an Maria zu passen schien.

Doch einige Jahre nach ihrer Heirat beantragten sie Reisepässe, und dabei erfuhr Sean, dass Maria fünf Jahre *älter* war als er. Sean war empört. Er hatte nur noch einen Gedanken: dass Maria ihn hatte in die Falle locken, sich einen Ehemann angeln wollen. Welche anderen Lügen gab es noch, die er noch nicht entdeckt hatte?

Maria weinte und flehte ihn an, ihr zu verzeihen. Doch beiden schien es, als könnte nichts und niemand Seans Wut besänftigen. Würde er in ihrer Ehe nicht immer nur eine Falle sehen?

Maria hielt allerdings durch und seine Wut aus, auch wenn es sehr schwer war. Schließlich wurde Sean nach und nach klar, welche Unsicherheit Maria zu der Lüge getrieben hatte. Wie sehr ihr die Angst im Nacken saß, diesen Mann, in den sie sich so unsterblich verliebt hatte, zu verlieren. Ganz langsam, fast unmerklich schmolz sein Ärger dahin. Und er begriff, was für ein grundehrlicher Mensch Maria war. Der Vertrauensbruch heilte vollständig.

Tanya und Keith. Vor einigen Jahren entbrannte zwischen Tanya und Keith ein furchtbarer Streit wegen Tanyas Schwiegereltern. Tanya hatte sich gewünscht, dass Keith seinen Eltern endlich Paroli bot, damit diese sich nicht ständig in ihr Leben einmischten. Doch Keith saß zwischen allen Stühlen. Tanya war tief enttäuscht und begann, Keith zu traktieren: »Sei ein Mann. Setz dich durch.« Einmal fühlte sich Keith davon so gedemütigt, dass er Tanya packte, sie schüttelte und dann grob wegstieß. Sie knallte gegen die Wand.

Wegen dieser Gewalttätigkeit glaubte Tanya, Keith nie wieder trauen zu können. Sie sagte zu mir:»Sehen Sie, vielleicht komme ich so weit, dass ich so tun kann, als wäre alles in Ordnung, aber er hat mir sehr wehgetan, eher seelisch als körperlich. Wenn er so was einmal fertigbringt, dann bringt er es bestimmt wieder fertig. Ich werde mich ihm gegenüber nie mehr sicher fühlen.« *Aber das stimmte nicht.* Weder Tanya noch Keith ahnten etwas von der erstaunlichen Selbstheilungskraft des Vertrauens. Folgendes geschah: Keith suchte Hilfe und konnte ihr beweisen, dass er dazugelernt und sich geändert hatte. Und Tanya konnte ihm das glauben. Auch Tanya suchte Hilfe, um mit ihrer Wut, die den Streit ausgelöst hatte, fertigzuwerden. Das beschädigte Vertrauen erstand neu und stärker denn je.

Warum Sie darauf bauen können, dass Vertrauen wieder heilt

Das sind keine Geschichten, die nur einmal im Leben passieren. Solche Geschichten erleben Menschen wie Sie und ich. Aber es gibt noch mehr Anzeichen für die begründete Hoffnung, dass sich Vertrauen neu aufbauen lässt.

Eines besteht darin, dass der Mensch, der Ihr Vertrauen missbraucht hat, sehr wahrscheinlich nicht so schlecht ist wie er jetzt erscheint. Menschen sind wunderbar kompliziert und bergen allerlei unerforschte Tiefen. Menschen können Sie enttäuschen – wie Sie gemerkt haben. Doch dieselben Menschen können auch voller bewegender Überraschungen stecken.

Eine Frau war überzeugt, ihr Mann sei inzwischen ein fauler, übellauniger Mistkerl. Aber war er das wirklich? Nein. Eines Tages bekam er die Arbeitsstelle, die er sich gewünscht hatte und die ihn glücklich machte – und er verwandelte sich in einen begeisterten Malocher mit sonnigem Gemüt.

Ein Mann fand heraus, dass seine Frau ihn jahrelang mit zwei verschiedenen Männern betrogen hatte. Dieser Tiefschlag machte ihrer Ehe beinahe den Garaus. Doch mangelte es ihr deswegen als Person an Vertrauenswürdigkeit? Nein. Es gab Beziehungsprobleme, die ausgeräumt werden mussten, und bald darauf versprach sie, nie wieder fremdzugehen – und hielt ihr Versprechen. Ich weiß das, weil ich ihre Therapeutin war.

Nur eine Wahrheit. Es gibt eine Menge Gründe für die Überzeugung, dass Vertrauen wieder wachsen kann. Betrachten wir jedoch einen Grund etwas genauer:

Wenn wir hintergangen wurden, glauben wir, die Wahrheit über jemanden herausgefunden zu haben. In Wirklichkeit jedoch haben wir lediglich *eine* Wahrheit über ihn herausgefunden, nämlich, dass er zu so etwas Schlimmem fähig ist. Gut. Jetzt wissen wir es. Und natürlich ist das verheerend.

Aber was haben wir damit gewonnen? Diese negative Wahrheit über jemanden zu kennen bedeutet nicht, dass es nicht auch eine positive Wahrheit über ihn gäbe. Überhaupt nicht. Der Mensch, der uns hintergangen hat, kann sich sehr wohl als jemand entpuppen, dem es ehrlich leid tut und der über die Voraussetzungen verfügt, unser Vertrauen wiederzugewinnen.

Ich weiß, was Sie jetzt denken. *Aber er hat doch diese schlimme Sache gemacht! Besagt das nicht etwas?*

Ich verstehe. Wir alle denken so: Wenn sich herausstellt, dass jemand etwas Schlimmes gemacht hat, dann zeigt sich sein wahrer Charakter.

Doch außer einem schlechten Charakter gibt es noch viele andere Gründe, weshalb jemand etwas tut, das einen anderen Menschen verletzt.

Vielleicht hatte er keine Ahnung, welche Wirkung es auf Sie haben würde.

Vielleicht hat er mit offenen Augen geschlafen.

Vielleicht hat er sich von der Laune eines Augenblicks mit-reißen lassen.

Vielleicht hat er nicht begriffen, in was er sich da hineinrei-tet.

Sie dürfen nicht zulassen, dass ein Fehltritt eines Menschen Sie blind macht für seine guten Eigenschaften. Es kann uns al-len passieren, dass wir etwas aus Dummheit, Schwäche, Unwis-senheit oder Selbstsucht tun. Das Wichtigste an uns – an Ihnen und mir und der gesamten Menschheit – ist aber, dass unsere guten Eigenschaften unsere Fehler wettmachen können.

Und die guten Eigenschaften eines Menschen sind so leicht zu übersehen.

Sara und Tom. Erinnern Sie sich noch an Sara, die ihren Mann für einen nichtsnutzigen, übellaunigen Faulpelz hielt? Sie hatte völlig vergessen, dass Tom nicht immer so gewesen war. Als sie sich kennenlernten, war er ein heiterer, arbeitsamer Kerl ge-wesen. Diesen Fehler begehen wir alle: anzunehmen, dass *jetzt* gleichbedeutend ist mit *immer*. Wenn ich mir beispielsweise eine Erkältung einfange, dann schlägt das deshalb so mächtig auf meine Stimmung, weil ich mir nicht vorstellen kann, dass es jemals wieder anders wird. Husten und Niesen ist meine neue ewige Realität.

Wenn uns also jemand hintergeht, glauben wir, dass die-ses neue schlimme Verhalten ewig andauert. Manchmal ist das auch so. Doch sehr, sehr oft auch nicht. Sehr oft gibt es einen Grund für das miese Verhalten, und wenn der Grund wegfällt, fällt auch das Verhalten weg. Sara hatte so viel Glück oder Ver-stand, dass sie lange genug durchhielt, bis sich Toms Lage än-derte und in der Folge auch er selbst.

Hoffnung ist keine Vorbedingung. Sara harrte aus, obwohl sie keine große Hoffnung hatte. Und das ist etwas, das Sie unbedingt verstehen müssen. Hoffnung ist nicht die Voraussetzung, wenn Sie wichtige Dinge erreichen wollen. In Bezug auf Hoffnung begehen wir häufig einen Fehler: Wir betrachten Hoffnung als so etwas wie ein Geschenk, das wir zu einem besonderen Anlass mitbringen müssen, wie eine Flasche Wein oder eine Schachtel Pralinen zu einem Besuch. Doch genau anders herum kann ein Schuh draus werden. Nicht Sie müssen Hoffnung investieren, um die richtigen Ereignisse in Gang zu bringen, sondern die richtigen Ereignisse können Ihnen Hoffnung bringen. Hoffnung kann das Zeichen sein, an dem Sie erkennen, dass Sie das Richtige getan haben.

Im Moment brauchen Sie also gar nicht zu hoffen, dass Sie beide das Vertrauen zueinander wieder aufbauen können. Sie brauchen nur überzeugt davon zu sein, dass sich der Versuch lohnt. Und sei es nur, damit Sie nachher sagen können, Sie hätten es versucht.

Das Leben steckt voller Überraschungen. Und viele der besten bahnen sich an, nachdem wir alle Hoffnung verloren haben.

Jedenfalls besteht genau hierin ein entscheidender Grund dafür, vertrauensbildenden Maßnahmen eine Chance zu geben: dass der andere Sie mit seinen guten Eigenschaften ebenso überraschen kann, wie er Sie mit seinen schlechten überrascht hat.

Rebecca. Ich möchte Ihnen von einer Frau erzählen, die einen enormen Sinneswandel durchmachte, und davon, wie sich dieser für sie auszahlte.

Rebecca suchte mich auf, weil sie gehört hatte, dass ich viel mit Menschen arbeite, die sich Klarheit darüber verschaffen möchten, ob sie in ihrer Beziehung bleiben oder gehen wollen. Sie war sich allerdings schon ziemlich sicher, dass sie gehen wollte. Und zwar, weil sie ihren Mann Daniel bei einem Seitensprung ertappt hatte.

Rebecca war eine vielbeschäftigte Anwältin und arbeitete oft bis in die Abendstunden. Daniel war Musiker und Komponist, der sich seine Arbeitszeit weitgehend frei einteilen konnte. Deshalb verbrachte er oft viel Zeit allein zu Hause, fühlte sich einsam und vermisste Rebecca. Diese Einsamkeit führte dazu, dass er sich mit einer Gitarrenschülerin einließ. Einmal in der Woche kam die junge Frau ins Haus, nahm eine Stunde Unterricht, und danach machten sie weiter, wenn Sie verstehen, was ich meine. Eines Tages kam Rebecca wegen Unwohlseins früher von der Arbeit nach Hause und überraschte Daniel mit dieser Frau im Ehebett.

Wie kommt man über so etwas hinweg?

Ich bat Rebecca, Daniel zu unserem nächsten Termin mitzubringen. So erfuhr ich bald eine Menge. Daniel war sehr zerknirscht, wie ich feststellte. Eigentlich sogar untröstlich. Und er war ziemlich naiv. Die Erkenntnis, dass sein Seitensprung für Rebecca so verheerend war, traf ihn völlig unerwartet und schlug bei ihm ein wie eine Bombe. Natürlich verstand er, dass sie sich aufregte. Aber er hatte geglaubt, dass eine betrogene Ehefrau eine Zeitlang tobt und schreit, ihren Mann für ein paar Nächte auf die Couch verbannt und die Sache dann gegessen ist. Dass Rebecca seinen Ehebruch jedoch erleben würde wie die Ermordung eines ihr nahestehenden Menschen, darauf war er nicht gefasst gewesen.

Wie ich herausfand, hatten sie eine richtig gute Beziehung gelebt. Sie waren wirklich gerne zusammen. Sie hatten tollen Sex. Sie liebten beide die Natur, Musik und Salsatanzen. Natürlich war Rebecca auch deshalb so verzweifelt. Wie konnte Daniel so etwas Wunderbares einfach wegwerfen?

Darauf entgegnete ich, dass Daniel sie zwar betrogen haben mochte, und das sei entsetzlich, dass er aber nicht derjenige sei, der ihre Beziehung wegwarf. Er hatte einen Riesenfehler gemacht, doch er wollte ihn jetzt wiedergutmachen. Er wollte um ihre Ehe kämpfen. Rebecca war diejenige, die davon sprach, sie wegzuwerfen. Im Grunde waren sie bereits dabei, das erschütterte Vertrauen wieder aufzubauen. Daniel begriff allmählich, dass für Rebecca eine Welt zusammengebrochen war und warum. Sie wiederum erkannte, was ihn zu dem Seitensprung getrieben hatte. Sicher, ihre Situation erschien ihnen immer noch schrecklich, aber der Wiederaufbau des Vertrauens hatte begonnen.

Rebecca sah dennoch keinen Ausweg. Trotz all der Ansätze zu Austausch und Verständnis war sie sich nicht sicher, ob sie ihm je wieder würde vertrauen können.

Und da kam ihr ein verrückter Gedanke. Sie hatten beide je ein Kind aus erster Ehe. Daniel hatte sich immer klipp und klar gegen weitere Kinder ausgesprochen. Doch Rebecca wollte noch ein Kind, und die Zeit lief ihr davon. Jetzt schien es ihr, als würde es alles ändern, wenn er zu einem gemeinsamen Kind bereit wäre – nicht, weil er es wollte, sondern weil er wusste, dass es ihr wichtig war. Dann würde sie wissen, dass sie ihm wirklich etwas bedeutete.

»Aber warum möchten Sie ein Kind in die Welt setzen, dessen Vater es nicht will?«, fragte ich.

»Oh, Sie kennen Daniel nicht«, erwiderte Rebecca. »Wenn es erst da ist, wird er es lieben und ihm ein wunderbarer Vater sein.«

Als sie sich diese Worte aussprechen hörte, durchfuhr es sie wie ein Blitz. Endlich konnte sie wieder an ihre Erinnerung von Daniel als dem guten und nicht mehr nur als dem schlechten Menschen anknüpfen.

Also eröffnete sie ihm: »Ich kann dir nichts versprechen, aber wenn du bereit bist, ein Kind mit mir zu bekommen, weil mir so viel daran liegt, dann käme ich vermutlich viel schneller über meine Wut und mein Verletztsein hinweg.«

Daniel hatte viele Bedenken und Fragen. Doch das war in Ordnung. Es ging schließlich nicht um eine Kleinigkeit. Kurz darauf willigte er ein, und Rebecca wusste, dass er es ernst meinte.

Kürzlich hörte ich von den beiden. Das Baby, das damals nur ein Gedanke von Rebecca gewesen war, kommt demnächst in den Kindergarten. Daniel ist ein liebevoller Vater. Sie haben wieder eine gute Beziehung. Und Rebecca vertraut ihm wieder.

Noch mehr gute Gründe zur Hoffnung

Dafür, dass sich Vertrauen wieder aufbauen lässt, spricht auch die Macht des Guten. Das vergessen wir nur allzu leicht.

Wir alle sehnen uns danach, dass uns Gutes widerfährt, und eine gute Tat kann große Kraft entfalten. Wir alle kennen die Werbespots, in denen ein einziges Papierküchentuch eine große Lache wegwischt. So ähnlich ist das mit guten Taten. Vertrauen kann wieder wachsen, weil die Menschen, die es sich wieder verdienen möchten, sehr oft etwas so wunderbar Gutes tun, dass es die Beziehung auf eine ganz neue Ebene hebt.

Genau das haben wir bei Rebecca und Daniel erlebt. Seine Bereitschaft zu einem gemeinsamen Kind, um Rebecca glücklich und seinen Fehltritt wiedergutzumachen, war eine gute Tat, die sein Bild in ihren Augen veränderte (oder wiederherstellte!). Er wurde von einem Vertreter der Sorte Mensch, die Schlechtes tut, zu einem der Sorte, die Gutes tut.

Doch Sie brauchen glücklicherweise nicht erst ein Baby in

die Welt zu setzen, um eine verfahrene Situation zu retten. Eine andere Frau beschloss, ihrem Mann aus einem eigentlich ganz simplen Grund wieder zu vertrauen: Er hatte ihr, während sie sich wochenlang ihren Kummer von der Seele geredet und ihm immer wieder erklärt hatte, wie er sie verletzt habe, einfach nur zugehört, ohne jede Widerrede. Es war schwer für ihn, ständig heruntergeputzt zu werden, doch er schenkte ihr die Aufmerksamkeit, die sie brauchte, bis sie alles ausgesprochen hatte, was ihr auf der Seele lag.

Solche guten Dinge geschehen vielleicht nicht gleich am Anfang. Normalerweise läuft der Prozess eher so ab: Wir sind verletzt und wütend. Die andere Person entschuldigt sich, gerät aber oft ihrerseits in Zorn. In aller Regel ringen sich die Betroffenen erst später dazu durch, etwas Gutes zu tun. Doch wenn das geschieht, kann es alles verändern und berechtigten Anlass zu Hoffnung geben.

Und wenn es Ihnen gelingt, den Großteil der Fehler, die fast jeder nach einem Vertrauensbruch begeht, zu umschiffen, lässt sich das Vertrauen viel schneller wieder aufbauen, wie Sie gleich sehen werden.

Weise Dummheit. Wie sehr unsere seelischen Wunden auch schmerzen mögen, immer kann und will ein Teil von uns sich nicht mit dem Tod einer Beziehung abfinden. Schließlich war sie einmal gut. Vielleicht sogar sehr gut – bis Sie erfuhren, dass Sie hintergangen wurden. Viele von uns sind psychologisch nicht so gestrickt, dass sie auf dem Absatz kehrtmachen und sagen: Es ist vorbei.

Das ist nicht etwa Dummheit; das ist Weisheit. Irgendwo im Hinterkopf wissen wir, auch wenn wir es häufig vergessen: Nichts ist so grandios, wie es in seinen besten Zeiten erscheint, und nichts ist so schrecklich, wie es in seinen schlimmsten Zeiten erscheint. Also selbst wenn wir heftig zwischen Hoffnung und Enttäuschung schwanken, so gibt es doch einen Teil in uns, der weiß, dass wir das nicht sollten.

Sie können immer noch gehen, wenn Sie zu dem Schluss kommen, dass in Ihrem speziellen Fall das Misstrauen irreparabel ist. Und es gibt eine Fülle von Situationen, in denen klar wird, dass der Vertrauensmissbrauch etwas kaputt gemacht hat, das bereits beschädigt war. Nicht jeder Mensch, nicht jede Beziehung kann über einen Vertrauensbruch hinwegkommen. Das verstehe ich vollkommen.

Doch wenn die Wut und Verzweiflung des Hintergangenen Sie überfallen, dürfen Sie nicht vergessen, dass Ihnen die Option zu gehen jederzeit offen steht. Sie sollten nur Ausschau halten nach der Möglichkeit, das Bleiben könne sich als sinnvoll erweisen, denn es ist öfter sinnvoll, als die Betroffenen in der Hitze und dem Schmerz des Gefechts denken.

Natürliche Heilung von Vertrauen

Abschließend der vielleicht wichtigste Grund, warum Hoffnung angebracht ist: Der Prozess, den eine Beziehung nach einem Vertrauensbruch naturgemäß durchläuft, ist ein *Heilungs*prozess, sofern er nicht gestört wird.

Die Natur hat uns als vertrauensbildende Wesen geschaffen. Das ausgeprägte Sozialleben des Menschen beruht nicht auf Zufall. Da wir im Vergleich mit den Beutetieren unserer Vorfahren körperlich schwach und langsam waren, konnten wir nur überleben, wenn wir zusammenarbeiteten. Und wir konnten nur zusammenarbeiten, wenn wir einander vertrauten. Menschen ohne die grundlegende Fähigkeit, zu vertrauen und sich Vertrauen zu verdienen, starben aus.

Auf dem Weg von der Jäger- und Sammlergesellschaft zu einem Volk sesshafter Ackerbauern wurde Vertrauen noch bedeutsamer, weil die Zusammenarbeit eine noch wichtigere Rolle spielte. Sogar der Aufstieg des Kapitalismus wäre unmöglich gewesen ohne die Bereitschaft zu vertrauen und ohne die Fähigkeit, sich Vertrauen zu erwerben.

Sie können sich das so vorstellen: Jede Ihrer Freundschaften, jede Ihrer Beziehungen, die etwas taugt, kam zustande, weil Sie es riskiert haben, jemandem zu vertrauen. Natürlich lassen wir uns zuweilen von Argwohn und Misstrauen leiten. Aber wir wissen auch, dass mangelndes Vertrauen letztlich in die Sackgasse von Einsamkeit und Isolation führt. Und dahin will keiner von uns.

An diesem uns eigenen vertrauensbildendem Wesen liegt es zu einem Großteil, dass wir es so fürchterlich finden, getäuscht und betrogen zu werden. Es liegt nicht nur daran, dass wir uns dann nicht mehr sicher fühlen, so schlimm das allein schon ist. Es liegt daran, dass der Vertrauensbruch und das darauf folgende Misstrauen uns wie ein Verbrechen wider die Natur vorkommen. So soll das Leben einfach nicht sein, denken wir.

Deshalb rappeln wir uns, sofern wir irgend die Hoffnung und Kraft aufbringen können, wieder auf, klopfen uns den Staub ab und machen uns, so gut es geht, an den Wiederaufbau des Vertrauens.

Ja, der Prozess ist schmerzvoll, doch wenn Sie es richtig anpacken, kann er sehr viel weniger schmerzvoll werden. Und ja, oft scheint er schiefzugehen. Doch in Wirklichkeit stecken hinter den schmerzverlängernden Schwierigkeiten die Fehler, die wir unterwegs begehen. Wenn Sie aber wissen,

- welche Fehler das sind,
- warum Sie sie begehen,
- wie Sie sie vermeiden und

• was Sie anders machen müssen, damit es doch klappt,
dann wird auch Ihr angeknackstes Vertrauen wieder heilen.

5 Das Geheimnis des Wiederaufbaus von Vertrauen

Es ist verwirrend: Wir wollen vertrauen. Wir müssen vertrauen.
Wir sind von Natur aus darauf angelegt zu vertrauen. Der Wiederaufbau von Vertrauen geschieht ganz natürlich. Und trotzdem vermasseln wir es immer wieder. Woher kommt dieses rätselhafte katastrophale Scheitern der Versuche, einen Vertrauensbruch zu heilen?

Und was wäre, wenn sich diese Misserfolge leicht verhindern ließen, sobald ihre Ursachen offensichtlich sind?

Wie Sie wissen, schadet uns nicht das am meisten, was wir nicht wissen. Sondern das, was wir zu wissen *glauben*, in Wirklichkeit aber falsch ist, richtet den eigentlichen Schaden an. Und das passiert ständig und überall, nicht nur, wenn es um den Wiederaufbau von Vertrauen geht.

Vor 150 Jahren starben in Krankenhäusern zahlreiche Frauen bei und kurz nach der Geburt. Das war furchtbar, und viele Menschen glaubten, eine mächtige dunkle Kraft müsse dafür verantwortlich sein. Wie sich herausstellte, gab es in Wien ein Krankenhaus, das ausschließlich der Geburtshilfe diente und in dem nur Hebammen arbeiteten. Dort war die Sterberate viel, viel geringer.

Worin bestand der Unterschied zwischen diesem Krankenhaus und den anderen? Einem gewissen Dr. Semmelweis fiel auf, dass es dort keine Kranken, keine Unfallopfer, keine Leichen gab. Und da man damals noch nichts von Keimen wusste, wuschen sich die Ärzte zwischen den einzelnen Behandlungen nicht die Hände. Semmelweis überlegte, es müsse einen Zusammenhang geben zwischen dem Tod der Frauen und dem Umstand, dass die Ärzte erst Kranke oder Leichen berührten und dann Geburtshilfe leisteten, wenn in dem rein geburtshilflichen Krankenhaus viel weniger Frauen starben.

Semmelweis kämpfte also dafür, dass sich die Ärzte in seinem Krankenhaus die Hände wuschen, bevor sie eine Frau in den Wehen berührten. Anfangs traf er auf heftigen Widerstand. Doch schließlich probierten die Ärzte es aus, und die Sterberate sank dramatisch, zunächst in seinem Krankenhaus, dann weltweit. Die Entbindung im Krankenhaus wurde sicher – und nebenbei machte unser Wissen über Infektionen einen Riesenfortschritt.

Welch schreckliches Problem: So viele Frauen, die im Kindbett sterben. Welch primitiver, dummer Fehler: sich nicht die Hände zu waschen. Welch einfache Lösung: Händewaschen.

Damals wurde die Geburt eines Kindes ungefährlicher, weil man einen simplen Fehler zu vermeiden wusste. Heute ist es die Neugeburt von Vertrauen, auf die wir uns freuen können, wenn wir wissen, welche Fehler es zu vermeiden gilt.

Aber was machen wir denn nun falsch in dem irrigen Glauben, es sei richtig, wenn es darum geht, einen Vertrauensbruch zu heilen?

Vertrauen versus Sicherheit

Oh, dieses Schlangengezücht, das sich in unserem Kopf windet, wenn wir hintergangen wurden! Ganz ehrlich, es macht mich tief betroffen, wenn ich nur daran denke, wie ich mich in den Wochen nach der Affäre meines Mannes aufführte. Ich hatte wirklich nicht mehr alle Tassen im Schrank. Ich fühlte mich von Feinden umzingelt. Das ist das Komische an Misstrauen:

Wer massiv getäuscht und betrogen wurde, dem erscheint die ganze Welt brüchig und trügerisch.

Unser Denken läuft dann etwa so: Wenn *er* mich so verletzen konnte, dann kann *alles* schiefgehen, mir kann *alles* um die Ohren fliegen. Ich kann nicht mal *mir selbst* trauen. Und damit fangen die Probleme an. Angeknackstes Vertrauen heilt von allein, ganz natürlich. Vertrauen selbst ist natürlich. Warum also geraten wir so sehr aus der Fassung, dass wir die Heilung des Vertrauens aktiv *verhindern*?

Der innere Kampf. Menschen funktionieren auf eine bestimmte Weise. Ich funktioniere so. Alle meine Freundinnen und Freunde funktionieren so. Meine Klienten funktionieren so. Ehrlich gesagt kenne ich niemanden, der nicht so funktioniert.

Und wahrscheinlich funktionieren auch Sie so.

Zwei Seelen wohnen, ach, in unserer Brust. Die eine hungert förmlich nach Vertrauen; das ist die »vertrauensselige«. Die andere kann durch Täuschung oder Verrat verletzt werden; das ist die »täuschungsanfällige«. Die vertrauensselige leitet uns mühelos, ja automatisch, solange die täuschungsanfällige nicht erwacht.

Weil wir vertrauen wollen, weil uns eine vertrauensvolle Atmosphäre von Natur aus am besten bekommt, ist Vertrauen unser Standardbetriebsmodus. Wenn wir keinen Grund haben, nicht zu vertrauen, dann vertrauen wir.

Und selbst wenn unser Vertrauen missbraucht wurde, möchten wir noch vertrauen. Unser Bestreben, unser Bedürfnis zu vertrauen ist so stark, dass wir überraschend bald wieder vertrauen werden, wenn wir nicht auf einen Grund stoßen zu misstrauen. Und an dieser Stelle kommt unsere täuschungsanfällige Seite ins Spiel. Wenn etwas geschieht, das auch nur im Geringsten als Kränkung wahrgenommen werden kann, wird die täuschungsanfällige Seite aktiviert, erhebt ihr hässliches Haupt und richtet alle möglichen Schäden an.

Greifen wir nochmals auf die Armbruchanalogie zurück: Wenn wir uns den Arm brechen, wird er eingegipst. Der Arm möchte heilen, und er heilt auch, sofern wir nicht damit herumfuchteln oder jemand dagegenstößt. Also schonen und schützen wir ihn. Damit Vertrauen rasch und leicht heilt, sollte nichts unsere täuschungsanfällige Seite aktivieren. Wir müssen sie schützen. Klingt nach einem Plan!

Leider sind die Menschen nicht perfekt. Sie nicht. Und nicht der Mensch, der Ihnen wehgetan hat. Auch wenn es ihm fast unerträglich leid tut, werden seine Unvollkommenheiten ihn zu Verhaltensweisen bringen, die Ihre täuschungsanfällige Seite anrempeln und Ihnen Angst einjagen. Er fährt aus der Haut. Er vergisst, Sie anzurufen. Und weil Sie so außer sich waren, hat er nun Manschetten und verschweigt ihnen etwas, von dem er weiß, dass es Sie auf die Palme bringt. Kommen Sie dann dahinter, regen Sie sich vermutlich nur noch mehr auf.

Unter normalen Umständen sind solche Fehler kein Beinbruch. Aber halten Sie sich vor Augen: Wir sind täuschungsanfällig. Diese geringfügigen Ereignisse wecken unser Misstrauen.

Und wir selbst sind eben auch nicht perfekt. Oh Mann, was sind wir unvollkommen. Wir reagieren mit Zorn und Empörung auf ein Friedensangebot. Wir verschmähen sein Bemühen, sich in uns hineinzuversetzen. Wir stoßen ihn weg, wenn er Anstalten zu einem Heilungsversuch macht. Diese Fehler bremsen den Heilungsprozess, wenn sie ihn nicht gar völlig abwürgen. Sie mögen sehr verbreitet und verständlich sein – und glauben Sie mir, ich verstehe Sie –, aber dieses Verhalten ist destruktiv, weil es den Heilungsprozess verlangsamt oder verhindert.

Werfen wir einen Blick darauf, wie das in der Realität abläuft.

Cindy und Jeff. Cindy ist eine Frau mittleren Alters, die bereits viel erreicht hat und sich beruflich gerade neu orientiert. Sie ist sehr intelligent und schön. Mit ihrem wilden, über jedes Färbemittel erhabenen grauen Lockenschopf und ihrem ländlichen Kleidungsstil ist sie der Inbegriff dessen, was sich Arrivierte unter einer flippigen, frauenbewegten Intellektuellen vorstellen würden.

Ihr Mann Jeff ist ein schlanker, cooler, leicht ergrauter Maler von internationalem Ruf, der bei einer Vernissage im Künstlerviertel genauso am Platz wäre wie bei einem Thekengespräch unter Männern in einem Landgasthof.

Und jetzt fühlt sich Cindy furchtbar getäuscht und hintergangen. Nein, Jeff hat sie nicht betrogen. Er hat ihr eröffnet, dass er eine Hütte an einem See in Maine gekauft hat, wo er eine Zeitlang malen will. Das sollte eine Art Zweitatelier werden, weit weg von jeder Ablenkung. »Nimm es nicht persönlich«, sagte er. Ha! Wie sollte sie das denn nicht persönlich nehmen? Sie sah darin kein neues Atelier, das zufällig weit entfernt lag. Sie sah darin eine Trennung auf Probe, mit der er sie aus heiterem Himmel überfiel.

Wie sie mir erklärte, hätte sie sich nicht heftiger weggestoßen fühlen können, wenn er sie mit jeder Frau der Welt betrogen hätte.

Sie ist verletzt, wütend, verzweifelt. Ihre Welt kommt ihr plötzlich völlig sinnlos vor. Sie ist immer noch derselbe Mensch wie eh und je. Ein besserer sogar. Doch jetzt will Jeff sie nicht mehr. Sie denkt an ihre Lieblingsrestaurants, aber jetzt kann sie sich nicht mehr auf gemeinsame Abende dort freuen. Sie erinnert sich an ihre guten Zeiten und fragt verbittert:»Wie kann er das alles nur wegwerfen?« Selbst wenn Jeff ihr etwas Gutes tun möchte, sieht sie darin ein Zeichen von Verrat. Sogar ein einstmals so willkommenes kleines Kompliment erscheint ihr jetzt wie der Versuch eines Mannes, eine abgelegte Frau zu beschwichtigen.

Und in ihrer Verletztheit, ihrem Schmerz und ihrer Furcht feuert sie heftige Maschinengewehrsalven der Wut auf ihn ab. Manchmal wechselt sie zu einem Scharfschützengewehr und versucht, ihn ganz gezielt mit den denkbar verletzendsten Bemerkungen zu treffen, etwa:»Du legst es ja nur deswegen darauf an, dass ich mich fühle wie der letzte Arsch, weil du weißt, was für ein mittelmäßiger Künstler du in Wirklichkeit bist. Das haben übrigens schon alle gemerkt.« Sie geht in die Offensive; manchmal duckt er sich weg, manchmal schlägt er zurück.

Das Ganze ist unglaublich traurig, weil diese beiden Menschen sich aufeinander verlassen, sich geliebt und sich ein gutes gemeinsames Leben aufgebaut haben. Sie merken, dass sie ihre angeschlagene Ehe langsam vollends zerfetzen, doch sie wissen nicht, was sie sonst tun sollen.

Jeff schiebt die ganze Angelegenheit auf sein Bedürfnis, sich neue Inspiration für seine Kunst zu holen.

Cindy hält dagegen, diese Erklärung sei nicht ausreichend.

Dieses arme Paar saß völlig aufgelöst vor mir. Jeff schaute mich mit feuchten Augen an und seufzte:»Was soll ich dazu noch sagen?«

Ich blickte Cindy fragend an, doch natürlich wusste sie keine Antwort. Wie auch? Alles, was man in einer solchen Lage weiß, ist, dass man einem Menschen, den man liebt und auf den man sich verlässt, nicht mehr trauen kann. Oder sollte es heißen:»den man geliebt und auf den man sich verlassen hat«?

Das ist die reinste Folter. Der Schmerz einer emotionalen Wunde, die noch nicht verheilt ist. Wenn Sie sich den Zeh anstoßen, wissen Sie, dass der Schmerz bald nachlassen wird. Der Schmerz nach einem Vertrauensbruch scheint ewig anzuhalten, denn der Vertrauensbruch selbst hat allem Anschein nach Ihre Welt auf immer zerstört. Er lässt sich niemals mehr ungeschehen machen, wieso also sollten Sie hoffen können, dass der Schmerz jemals nachlässt?

Wenn Sie getäuscht und betrogen wurden, fühlen Sie sich wie gestrandet auf einer winzigen, öden Insel. Sie schaffen es vielleicht zu überleben. Aber Sie werden dort nie heimisch.

Und wer so sehr leidet, der schlägt heftig um sich. Also schlug Cindy um sich. Das war völlig verständlich. Ich hatte das auch getan. Wir alle machen das.

Ist Misstrauen eine tödliche Beziehungskrankheit?

Angenommen, nur einmal angenommen: Das, was wir aus unserem seelischen Schmerz heraus tun, sei … wie soll ich mich ausdrücken? Ich will es so sagen: Wir könnten es besser machen. Ja, vor dem Hintergrund Ihres seelischen Schmerzes sind Ihre Aktionen verständlich, doch gemessen an dem Ziel der Wiederherstellung des Vertrauens sind die Aktionen nicht so klug. Eigentlich sind es Fehler. Als kratze man an Windpockenpusteln herum. Verständlich, ja. Klug, eher nicht.

Schauen wir uns an, wie es mit Jeff und Cindy weiterging.

Der eigentliche Grund für ihren Besuch bei mir war nicht Jeffs Entschluss, sich eine Hütte nur für sich allein zu kaufen. Es waren vielmehr dessen Folgen: die immer wieder aufflammende und nicht nachlassende Wut bei beiden. Jeff fand das beunruhigend, denn wie alle, die dem liebsten Menschen sehr wehgetan haben, hoffte er, dass Cindy rasch darüber hinwegkommen würde. Cindy hingegen war beunruhigt, weil ihr, je länger die Wut in ihr kochte, der Gedanke an eine Scheidung immer vernünftiger erschien. Warum auch mit jemandem verheiratet bleiben, wenn man so wütend auf ihn ist und es so schwerfällt, darüber hinwegzukommen?

Sie tappten in die Falle: Je länger es dauert, das Vertrauen wieder aufzubauen, desto mehr Wut ist im Spiel. Und je mehr Wut im Spiel ist, desto schwerer ist es, das Vertrauen wiederherzustellen, und desto weniger scheint für ein Ausharren in der Beziehung zu sprechen. Aus *diesem* Grund machen so viele von uns die Erfahrung, dass Misstrauen eine Beziehungskrankheit mit tödlichem Ausgang ist.

Doch das ist nicht so. **Misstrauen kann verheilen – es ist die Wut, die das verhindert.**

Ich weiß, was Sie jetzt sagen wollen. Cindy sagte es auch: »Habe ich nicht das Recht, wütend zu sein?«

Aber sicher. Natürlich dürfen Sie wütend sein. Glauben Sie mir, ich bin der letzte Mensch auf der Welt, der Ihnen das Recht auf Ihre Wut absprechen würde. Wenn jemand Sie verletzt oder enttäuscht, ist sonnenklar, dass Sie wütend werden. Manchmal ist unsere Wut das beste Zeichen, dass wir stark und lebendig sind und auf uns selbst aufpassen können. Wut kann, wie Sie bald sehen werden, sogar ein gesundes Element im Prozess des Vertrauenswiederaufbaus sein.

Problematisch wird es, wenn die Wut ein Eigenleben entwickelt. Wut ist wie die böse Hexe in *Der Zauberer von Oz*. Sie hat ihre Rolle zu spielen, und sie hat ein Recht darauf. Der Film wäre ein anderer ohne sie. Doch die Geschichte handelt nicht von ihr. Sie soll nicht auftrumpfen oder die Hauptrolle an sich reißen. Sonst erginge es der armen Dorothee schlecht. Erginge es uns Armen schlecht!

Unter Beschuss. Jeff ist ein Mensch, der es, wie Sie sich vorstellen können, ganz furchtbar findet, wenn jemand auf ihn böse ist. Den meisten Menschen geht es so. Die Wut der anderen Person ist wie ein Gefängnis, und sie wollen raus! Wenn jemand lange ernsthaft böse auf Sie ist, kommt Ihnen das wie ein endloser, quälender Albtraum vor. Es scheint Ihnen zudem völlig unangebracht, weil Sie natürlich auf Ihre Absichten abheben, die fast immer gut waren. Ihrem »Opfer« aber sind Ihre Absichten egal, jedenfalls zu Anfang; ihm geht es nur um das, was Sie getan haben.

Einmal wollte Jeff wissen: »Aber woher kommt denn diese ganze Wut?« Das war eine gute Frage. Manchmal überrascht es mich, dass die Wut nicht noch größer ist. Wie ich Jeff und Cindy erklärte, ist es nicht bloß so, dass jemand Sie mit seinem Verhalten verletzt hat, obwohl er das natürlich getan hat; es ist nicht bloß so, als hätte Ihnen jemand auf die Zehen getreten und damit wehgetan. Es geht viel tiefer. Ein Vertrauensbruch wirkt wie ein verheerender, demütigender Angriff.

Selbst wenn es sich um einen relativ geringfügigen Vorfall handelt. Nehmen wir an, Joe vergisst Sallys Geburtstag. Das ist allgemein betrachtet nichts Weltbewegendes, anders als der Umstand, dass er ihre Lebensersparnisse verspielt hat. Aber es ist eben auch nicht nichts. Also wird sich Sally natürlich ärgern. Nicht nur, dass sie den ganzen Tag lang darauf wartet, dass Joe sie überrascht – und dann überhaupt nichts kommt und sie wie ein begossener Pudel dasteht. Es ist auch demütigend. Denn was soll sie jetzt sagen, wenn alle Welt sie fragt, was Joe ihr zum Geburtstag geschenkt hat?

Joe wird sagen, dass er es verschwitzt hat, dass er sie nicht hatte kränken wollen. Und wahrscheinlich hat er es auch nicht absichtlich gemacht. Aber was nützt das? Auf Sally wirkt es wahrscheinlich, als würde Joe sagen: »Mein Leben ist viel wich-

84

tiger als deines. Du bist nicht wichtig. Ich schon.« Und das ist zutiefst verletzend.

Wenn der Vorfall also einem vergessenen Geburtstag entspricht, was jedem mal passieren kann (Memo an meinen Mann: Nein, das gibt dir keine Erlaubnis, meinen Geburtstag zu vergessen!), dann denken Sie daran, wie viel schlimmer es ist, wenn jemand Sie wirklich hintergeht. Er hat Ihre Vergangenheit und Ihre Zukunftshoffnungen kaputt gemacht. Und er hat Ihren Seelenfrieden in einer Weise zerstört, wie Sie es sich nie hätten vorstellen können. Cindy und Jeff litten so lange unter ihrer immer weiter schwelenden Wut, bis sie schließlich einsahen, dass sie Hilfe brauchten. Gab es noch irgendeine Möglichkeit, dass Cindys natürlicher und verständlicher Zorn ihre Beziehung nicht vollends ruinierte?

Dazu müssen wir verstehen, was hinter dieser Wut steckt. Denken Sie einmal genau nach. Wenn Sie hintergangen wurden, ob mit einer großen Sache oder vielen Kleinigkeiten, werden Sie dieses schreckliche Gefühl haben, dass Sie in Ihrer Welt nicht mehr sicher sind. Und das wiegt schwer, denn wir haben kein größeres Bedürfnis als das nach Sicherheit. Mutter Natur hat es uns einprogrammiert. Wenn Sie sich ein Tier, ein x-beliebiges Tier anschauen, fallen Ihnen sofort die Merkmale ins Auge, die für seine Sicherheit sorgen: Die Tarnstreifen des Zebras und seine Schnelligkeit. Die seitlich am Kopf sitzenden Augen des Eichhörnchens, die es Gefahr früh erkennen lassen, und seine Fähigkeit, blitzschnell einen Baum zu erklettern. Die Stacheln des Stachelschweins. Der Stachel der Biene.

Für ein Tier ist Sicherheit alles. Für uns ebenfalls. Wir können also nicht einfach weiterleben, ohne uns sicher zu fühlen.

Und damit sind wir bei der Kernfrage, wie Vertrauensprobleme Beziehungen unterhöhlen.

Was geschieht, wenn jemand Sie in irgendeiner Weise enttäuscht oder hintergeht? Ein kleines Beispiel: Nehmen wir an, Sie haben zugesagt, um halb acht zu mir zum Abendessen zu kommen. Doch Sie trudeln erst um halb neun ein und haben auch nicht angerufen. Jetzt hat mein Vertrauen einen Knacks. *Und weil ich Ihnen nicht vertrauen kann, fühle ich mich nicht sicher.* Wenn Sie mich in dieser Weise verletzt haben, wer weiß, wie Sie es sonst noch tun würden? Wenn Sie zu unserer Verabredung eine Stunde zu spät kommen, würden Sie dann rechtzeitig eintreffen, um mich zum Flughafen zu bringen? Würden Sie auftauchen, um bei meinem Umzug mit anzupacken? Stünden Sie bereit, um mich zu unterstützen, wenn mir etwas Schlimmes zustößt?

Wäre ich eine Heilige, würde ich sofort herauszufinden versuchen, wie wir unser Vertrauensverhältnis reparieren können. Doch ich bin nur ein kleines Sünderlein wie alle anderen auch, überwältigt von Verunsicherung, und deshalb habe ich nur eines im Sinn: etwas zu unternehmen, um mich sicherer zu fühlen. Das mag nicht unbedingt etwas Kluges sein, und es funktioniert vielleicht auch nicht, aber wenn wir Angst haben, handeln wir impulsiv.

Ich würde Sie beispielsweise anschreien: »Ich hab die Nase voll davon, dass du immer zu spät kommst, dass du weder anrufst noch meine SMS beantwortest!!« Oft fühlt man sich nach einem solchen Ausraster tatsächlich sicherer. Gibt es eine bessere Methode, der anderen Person *rasch* klarzumachen, dass mir ihr Verhalten ziemlich viel ausmacht? Eine bessere Methode, ihr einen gehörigen Schreck einzujagen? Wenn ich gebrüllt habe, fühle ich mich stärker. Weil ich mich sicherer fühle.

Die Tragödie wie die Falle bestehen jedoch darin, dass das, was wir tun, um uns mehr Sicherheit zu verschaffen, das Vertrauen nicht wiederherstellt. Es schädigt die Beziehung, statt sie zu heilen.

Wie die Katzen. Wenn Sie sich hintergangen fühlen, ist es, als hätte man Ihnen alle Kraft geraubt. Sie fühlen sich hilflos. Da gab es jemanden, auf den Sie meinten, zählen zu können, und der hat Sie jetzt irgendwie im Stich gelassen. Da müssen Sie doch glauben, dass dieser Mensch noch zu ganz anderen Schandtaten imstande ist und dass Sie nicht viel dagegen unternehmen können. Wie hindern Sie jemanden daran, Sie anzulügen? Wie hindern Sie jemanden daran, ein Versprechen nicht einzulösen? Wie hindern Sie jemanden daran, Sie zu betrügen? Sie fühlen sich machtlos.

Infolgedessen ist die einzige Möglichkeit, uns in einer solchen Lage subjektiv Sicherheit zu verschaffen, uns den Anstrich von größtmöglicher Stärke zu geben. Von Bärenstärke. Von Übermacht. Von erschreckender Übermacht.

Genau das tun Katzen. Wenn mein Kater eine Bedrohung wahrnimmt – in seiner sicheren kleinen Welt üblicherweise eine eingebildete –, dann dreht er sich zur Seite und beginnt mit gesträubtem Fell zu fauchen, so dass er möglichst groß und furchterregend wirkt.

Menschen machen es genauso. Wir brüllen, drohen, greifen an. Wir tun das in der Hoffnung, dem Übeltäter damit derartig Angst einzujagen, dass er sich künftig vor weiteren Täuschungsmanövern hüten wird. *Darum* empfindet die getäuschte Person so viel Wut. Es wäre naiv zu behaupten, wir seien wütend, weil »ich das eben spüre«. Wir sind wütend, weil es eine instinktive Reaktion ist, etwas zu unternehmen, damit wir uns wieder sicher fühlen.

Glauben Sie mir, wenn wir uns aufregen, weil uns jemand wehgetan hat, haben wir in dem Moment viel mehr gemein mit einer Katze als mit einem Philosophen.

Und tatsächlich *funktioniert* dieses Sicherheits»denken«, sofern unser Ziel darin besteht, einen Schutzwall um uns zu errichten. Wenn Ihnen ein Treffen mit einer einschüchternden Person bevorsteht, könnten Sie auch in eine Rüstung steigen! Wenn Sie von niemandem verletzt werden wollen, dann lassen Sie niemanden in Ihr Leben. Einen Eremiten zu hintergehen ist unmöglich.

Und das ist das Problem. *Nur nach Sicherheit zu streben erweist sich als Eigentor, wenn Sie eigentlich vorhaben, das Vertrauen wiederaufzubauen und die Beziehung zu retten.* Der Kampf gegen Verunsicherung schädigt Beziehungen in aller Regel. Wut erzeugt noch mehr Wut. Distanz erzeugt noch mehr Distanz. Rufen Sie sich einmal jeden wirklich schrecklichen Streit zwischen Ihnen und Ihrem Partner ins Gedächtnis. Einer von Ihnen sagt oder tut etwas Schlimmes. Der andere tut etwas noch Schlimmeres. Und dann eskaliert die Sache weiter und mündet in eine Katastrophe auf ganzer Linie. Doch jede einzelne schlimme Aktion stellt einen Akt der Aggression dar, der dem Urheber mehr Sicherheit verschaffen soll. Und am Ende sind wir sicher. Aber allein. Alles, was wir erreicht haben, ist die Blockierung des Heilungsprozesses.

Denken Sie an etwas so scheinbar Einfaches wie daran, eine neue Freundschaft zu schließen. Anfangs haben Sie keine Beziehung. Sie stehen sich einfach nur als Fremde gegenüber. Falls Ihr Sicherheitsbedürfnis an erster Stelle rangiert, wollen Sie mit diesem Menschen nichts zu tun haben. Warum auch? Er könnte sich als Irrer entpuppen oder als Schwindler, also bleiben Sie auf Abstand und in Sicherheit.

Sondieren Sie aber die Möglichkeit einer Beziehung und sind offen dafür, müssen Sie vertrauen. Ihr Beziehungswunsch muss über Ihr Sicherheitsbedürfnis siegen. So geben Sie zunächst wenigstens ein paar Informationen preis, etwa Ihren Namen und Ihren Beruf. Vielleicht reden Sie auch über ein paar persönliche Dinge. Es ist erstaunlich, was wir in einer zwanglosen Unterhaltung von einem fremden Menschen so alles erfahren können. Doch das ist nur möglich, wenn wir unser Sicherheitsbedürfnis hintanstellen. Manchmal holen wir uns dabei eine blutige Nase. Doch meistens lohnt es sich.

Der unromantische Höhlenmensch. Längst wird Ihnen die Frage durch den Kopf gegangen sein: Warum hat die Natur es zugelassen, dass sich etwas so Nachteiliges wie der Vorrang von Sicherheit vor Vertrauen entwickeln konnte?

In grauer Vorzeit, als wir uns gerade erst auf unsere Hinterbeine erhoben hatten, ging es nur ums Überleben, und das war alles andere als garantiert. Männer und Frauen gingen wahrscheinlich monogame Bindungen ein, doch diese ähnelten eher Geschäftsbeziehungen. Sie dienten dem Zweck, sich fortzupflanzen und am Leben zu bleiben. Keinerlei romantische Erwartungen bei den Höhlenmenschen!

Und sie starben sehr viel früher. Frauen bei der Entbindung. Männer im Kampf mit den Raubtieren. Krankheiten rafften die Menschen dahin.

Angesichts der niedrigen Lebens- und sonstigen Erwartungen waren die Kosten unseres Sicherheitsstrebens viel geringer. Das Leben drehte sich ohnehin vorwiegend um Sicherheit. Es ist also nicht so, dass die Natur irgendwann die Entwicklung eines starken Sicherheitsbedürfnisses zuließ. Es war schon immer vorhanden, schon bei unseren echsenartigen Vorfahren.

Das Neue war das Vertrauen. Wie schon angedeutet, entwickelten sich allmählich unser Gehirn und unsere Fähigkeit, komplexe Informationen auszutauschen; die Menschen konnten zusammenarbeiten und Dinge tun, von denen unsere äffischen Urahnen nicht einmal geträumt hatten. Die Nutzeffekte der Kooperation waren gigantisch. Sie führten zum Ackerbau, zu Städten, zur Schrift, zur Technik und zu unserer ganzen auf Vertrauen beruhenden Welt. Ohne Zusammenarbeit hätten wir diese Welt nicht. Ohne Vertrauen hätten wir keine Zusammenarbeit.

Fallen wir also in unser Sicherheitsbedürfnis zurück, fallen wir in Reaktionen zurück, die einer völlig anderen Welt als unserer heutigen entstammen.

Im Bett eines Nazis

Gut, nun wissen Sie also, warum es Ihnen und mir und jedem anderen so schwerfällt, angeknackstes Vertrauen neu aufzubauen. Nicht, dass das als solches schwierig wäre. Vielmehr verhindern unsere Versuche, in einer von Misstrauen geprägten Situation unsere Sicherheit zu gewährleisten, dass der Vertrauensbruch heilt. Mit anderen Worten – und das ist eine sehr gute Nachricht –, ein Vertrauensbruch ist deshalb schwer zu heilen, weil wir nicht einmal den Versuch unternehmen. Wir versuchen nur, uns Sicherheit zu verschaffen.

Noch während diese Worte in meinem Kopf nachhallen, denke ich an meine Kindheit und Jugend zurück, eine wahre Schule des Misstrauens. Wir waren Überlebende des Holocaust, Vertriebene, Flüchtlinge. Wenn meine Mutter es schaffte, mich und meinen Bruder lebend durch das Chaos im Nachkriegseuropa zu bringen, dann nicht, weil sie eine gute, vertrauensvolle Seele gewesen wäre, das können Sie mir glauben. Sie war so misstrauisch, so sehr auf die Sicherheit von Leib und Leben fixiert, wie es nur ging.

Ich wäre wahrscheinlich geworden wie sie. Aber ich möchte Ihnen eine Geschichte erzählen. Es war eines der Ereignisse, die mir zeigten, dass Vertrauen unter Umständen sinnvoll, sogar unverzichtbar ist.

Der Mann im Zug. Ich war 17, also ebenso viele Jahre am Leben, wie seit Kriegsende verstrichen waren. Da saß ich nun, eine blonde, blauäugige amerikanische Jüdin, die nach ihrem ersten Jahr auf dem College allein durch Europa reiste, in einem Abteil eines deutschen Zuges Richtung München. Mir gegenüber saß ein Deutscher, der mir etwas erzählte, das ich in den letzten Tagen schon oft gehört hatte: Er sei während des Krieges nur ein dummer kleiner Landser gewesen. Er habe nichts von der Ermordung von sechs Millionen Juden gewusst, ganz zu schweigen von den Millionen anderer Mordopfer der Nazis. Was geschehen sei, tue ihm sehr leid, doch selbst wenn er davon gewusst hätte, hätte er nichts dagegen tun können.

Ich glaubte ihm kein Wort. Ich hatte diese Leier schon zu oft gehört. Niemand hatte etwas gewusst. Niemand war verantwortlich. Manche verstiegen sich sogar zu der Behauptung, es sei überhaupt nichts dergleichen vorgefallen.

Ich entgegnete dem Mann, dass ich Jüdin sei und ihm bei allem gebotenen Respekt nicht glaubte. Hitler hatte sein Vorhaben ganz klar angekündigt. Die Juden waren in aller Öffentlichkeit zusammengetrieben und abtransportiert worden. Die Soldaten hatten über Gräueltaten an der Front berichtet. Wie sollte da keiner Bescheid gewusst haben?

Der Mann fuhr auf. Nicht aus Schuldgefühl. Sondern weil ich mir erlaubte, sein bequemes kleines Weltbild zu erschüttern.

»Sie wissen doch gar nicht, wie das war während des Krieges«, blaffte er und begann, es mir zu schildern. Je länger er sprach, desto mehr redete er sich in Rage. Und je wütender er wurde, desto mehr hörte er sich wie ein Nazi an. In Kinofilmen klangen die Nazis auch immer wütend.

Ich fragte ihn, ob er Nazi gewesen sei. »Natürlich«, knurrte er aggressiv. »Ich hatte keine Wahl. Jeder musste mitmachen.«

Eine Frau neben ihm, vermutlich seine Ehefrau, verdrehte die Augen. Das Ganze war ihr unangenehm. Ich zwang beide, sich an etwas zu erinnern, das sie vergessen wollten. Doch ich wollte mich erinnern. Für mich war das in gewisser Weise eine Heimkehr. Ich war auf dem Weg nach Leipheim bei München, wo ich nach dem Krieg in einem Vertriebenenlager gewesen war. In der ehemaligen deutschen Kaserne hatte ich von meinem sechsten Lebensmonat bis zu meinem vierten Lebensjahr gelebt.

Also war ich dort untergebracht gewesen, wo einmal Nazis geschlafen hatten, und das sollte sich, wie Sie gleich sehen werden, wiederholen.

... und dann wurde ich ohnmächtig. In Leipheim stieg ich aus dem Zug, das Paar ebenfalls. Da passierte es. Ich hatte mich schon im Zug benommen gefühlt, und als ich mich von ihnen verabschiedete, schwanden mir die Sinne. Ich muss blitzartig zusammengeklappt sein, denn als ich wieder zu mir kam, lag ich auf dem Bahnsteig. Die Frau fragte mich, was los sei. Ich erwiderte, ich sei nur müde und hätte länger nichts mehr gegessen. Ich stand auf und fiel prompt wieder in Ohnmacht. Sie fragten mich, ob ich ins Krankenhaus wolle. Ich verneinte. Da sagte der Mann: »Dann müssen Sie mit uns nach Hause kommen.« Es war ein Befehl, keine Einladung.

Ich war zu schwach und benommen, um mich zu wehren. Und ich hatte große Angst. Ich meine, ich hätte nein sagen können, aber wo sollte ich schlafen? Ich fühlte mich nicht einmal stark genug, um ein Hotel zu suchen.

Das war ein Wendepunkt in meinem Leben. Die beiden Menschen waren Nazis gewesen. In meinem Kopf schwirrten alte Wochenschaubilder von Deutschen, die Hitler mit frenetischer Begeisterung zujubelten. Warum sollten diese beiden anders gewesen sein? Und jetzt nahmen sie mich mit zu sich nach Hause, wo sie mich sogar hätten umbringen können, wenn sie gewollt hätten.

Doch es war ein Wendepunkt in meinem Leben, weil ich beschloss, ihnen zu vertrauen. Nicht, dass ich keine Wahl gehabt hätte. Ich hätte ja ein Krankenhaus aufsuchen können. Ich hätte mir ein belegtes Brot holen und im Bahnhof warten können, bis mir wieder wohler war.

Aber ich hatte das deutliche Empfinden, dass eine unbekannte Mischung aus Schuldgefühlen, Verantwortlichkeit und Anteilnahme die beiden dazu brachte, mir helfen zu wollen. Ja, rein theoretisch hätten sie Mordpläne hegen können, aber das war unwahrscheinlich.

Ich war selbst völlig verblüfft über meinen Impuls, ihnen zu vertrauen. Wenn Sie mich vorher gefragt hätten, ob ich so etwas jemals tun würde, hätte ich nein gesagt.

Aber ich sagte ja, und das änderte mein Leben.

Ich werde aufgepäppelt. Sie nahmen mich mit zu sich. Und als gute deutsche Hausfrau brachte mir die Frau Suppe und Wurst und Brot und Tee mit Honig und Apfelstrudel und alles, was ihr in den Sinn kam, damit ich wieder zu Kräften käme.

Der Mann, vielleicht weil ihm nichts Besseres einfiel oder weil er glaubte, es würde mich beruhigen, zeigte mir Fotos von sich während des Krieges in deutscher Uniform, mit seinen Kameraden, die Arme einander um die Schultern gelegt, grinsend; sie versuchten, tapfer auszusehen, wirkten aber hauptsächlich erschöpft. Merkwürdigerweise beruhigten mich die Bilder tatsächlich. Er war nur ein junger Kerl gewesen, der wie alle anderen auch von dem Krieg überrollt worden war.

Ich wollte mich gerade bedanken und gehen, als mir wieder blümerant wurde. Die Frau legte mir ihre kühle Hand auf die Stirn und verkündete, ich hätte Fieber. »Sie müssen über Nacht hier bleiben«, sagte sie. »Ich richte Ihnen ein Bett auf dem Sofa.«

Bald gingen sie schlafen, und da lag ich nun, schwach und immer noch ängstlich, wenn auch schon viel weniger. Und während ich mich mit meiner Verwunderung über mein Vertrauen zu ihnen herumschlug, traf mich blitzartig die Erkenntnis, dass *sie mir* vertrauten. Okay, vielleicht würden sie sich doch mitten in der Nacht anschleichen und mich abmurksen; vielleicht dachten auch sie, *ich* würde mich mitten in der Nacht anschleichen und *sie* abmurksen. Nur ein paar Meter entfernt lag die Küche, in der es jede Menge Messer gab. Schließlich war es nicht undenkbar, dass eine rachedurstige junge Jüdin sich Einlass in Häuser von Nazis verschaffte, um sie umzubringen.

Der Morgen kam, und niemand war gestorben, was uns in gute Stimmung versetzte. Obendrein hatte ich mich vollkommen von dem, was auch immer es gewesen sein mochte, erholt. Ich erinnere mich noch an das tolle Frühstück, das die Frau auftischte. Eier, Schinken, frisches Brot, ein riesiger, dampfender Pott Kaffee. Noch mehr Apfelstrudel. Die Sonne schien durch das Küchenfenster. Das Vertrauen hatte gewirkt. Es schenkte mir eine Erinnerung, und es schenkte mir Hoffnung.

Misstrauen war meine Schule gewesen. Und Misstrauen wäre am Abend zuvor sicherlich der einfachste Weg für uns alle gewesen. Doch dieser Abend und diese Nacht hatten mir gezeigt, dass Vertrauen funktionieren kann und dass es, wenn es funktioniert, enorme Heilkraft entfaltet.

Ich weiß nicht, ob meine Ehe ohne diese Nacht überlebt hätte, nachdem ich hinter die Affäre meines Mannes gekommen war. Obwohl ich so oft die Lektion gelernt hatte, dass Vertrauen töricht ist, bestärkte dieses eine Erlebnis heilsamen Vertrauens mich in der Überzeugung, dass unsere Ehe zu retten war.

Und ich lernte damals noch etwas. Diesen beiden Menschen hatte man eingetrichtert, Juden zu hassen, und ich war mit dem Hass auf die Nazis aufgewachsen. Als junges Mädchen hatte ich mir jahrelang ausgemalt, ich sei im Widerstand und würde überall Nazis töten. Hätte das Paar befürchtet, dass ich Mordabsichten hegte, hätte es also nicht völlig falsch gelegen. Doch so wie es eine Kehrseite des Misstrauens gibt, so gibt es auch eine Kehrseite des Hasses. Wir brauchen nur die Chance, auf diese andere Seite zu gelangen.

Vertrauen neu aufbauen *und* sich sicher fühlen

All dies führt uns zu der großen Frage: Wie geht es weiter, wenn wir getäuscht und hintergangen wurden? Schließlich sind wir darauf angewiesen, uns sicher zu fühlen. Wie also können wir neues Vertrauen aufbauen und uns zugleich sicher fühlen? Das scheint nahezu unmöglich.

Trotzdem tun es die Menschen tagtäglich.

Kurz nachdem eine meiner Töchter den Führerschein gemacht hatte, baute sie einen Unfall. Es schneite. Weil sie unvorsichtig und unerfahren war, war sie viel zu schnell, rutschte gegen eine Böschung und fuhr den Wagen beinahe zu Schrott. Danach hatte ich nur noch meine Angst im Kopf. Niemand war verletzt worden, doch sie hätte umkommen können. Andere Menschen hätten umkommen können. Ich fühlte mich nicht sicher, und ich vertraute ihr nicht.

Ich wollte nicht, dass sie je wieder fuhr. Jedenfalls wollte ich nicht, dass sie fuhr, solange sie noch so jung war. Vielleicht konnten wir es in acht oder neun Jahren noch mal probieren …

Aber so geht das nicht. Sie musste sich wieder hinters Steuer setzen, und ein Teil von mir wusste das auch. Aber was sollte ich machen? Wie sollte ich damit umgehen?

Ich war mir dessen nicht bewusst, aber ich steckte in der klassischen Sicherheit-versus-Vertrauen-Zwickmühle. Die einzige Möglichkeit, mich vollkommen sicher zu fühlen, war, sie nie wieder fahren zu lassen. Doch dann dämmerte es mir allmählich: Die einzige Möglichkeit, ihr wieder zu vertrauen, bestand darin, sie wieder fahren zu lassen. Paradoxerweise musste ich mehr Unsicherheit in Kauf nehmen, zumindest kurzzeitig, wenn ich mehr Vertrauen haben wollte.

Das ist es, was Vertrauen ausmacht. Es ist nicht nur ein Gefühl. *Vertrauen schenken Sie dann, wenn Sie Ihr Sicherheitsbedürfnis loslassen.*

Nehmen wir beispielsweise an, ich besuche ein Restaurant, in dem ich noch nie zuvor war. Wenn ich mir nun hinsichtlich der Hygiene dort nicht sicher wäre, wäre ich dumm, die Küche *nicht* zu überprüfen und nach der letzten Inspektion des Lebensmittelkontrolldienstes zu fragen. Natürlich machen das die wenigsten von uns. Weil wir einem Restaurant so weit vertrauen, dass wir unser Sicherheitsbedürfnis hintanstellen. Man kann nicht von Vertrauen sprechen, wenn Sie Ihr Bedürfnis nach Sicherheit nicht loslassen.

Das gilt auch für Beziehungen in den Nachwehen eines Vertrauensbruchs.

Stabiles Vertrauen. Jede Hoffnung auf die Wiedergeburt des Vertrauens, auf das Überleben Ihrer für Sie wichtigsten Beziehung hängt von einer Einsicht ab: Sie können das Vertrauen nur wiedergewinnen, wenn Sie sich von einem Teil Ihres Sicherheitsbedürfnisses lösen. Möglicherweise müssen Sie dies in kleinen Schritten tun. Möglicherweise können Sie Ihr Sicherheitsbedürfnis nur ganz allmählich loslassen. Ich werde Ihnen helfen, all das im Einzelnen herauszufinden. Doch das Geheimnis des Wiederaufbaus von Vertrauen – stabilem Vertrauen, das Sie nachts ruhig und sorgenfrei schlafen lässt – besteht darin zu lernen, Risiken einzugehen und behutsam, peu à peu, weniger auf Sicherheit zu setzen. Das kann mehr als nur ein bisschen angsteinflößend sein. Aber es ist der einzige Weg. Ich möchte Ihnen das beweisen.

Melissa. Nur gut, dass Melissa keiner Fliege etwas zuleide tun kann. Sonst hätte sie James bestimmt schon öfter umbringen können. Bestimmt hatte sie oft Mordgelüste. Und wer hätte ihr das zum Vorwurf machen wollen? Der Blödmann hatte dreimal ihre Verlobung gelöst. Und vor der ersten Verlobung hatte er mehrmals mit ihr Schluss gemacht.

Es war zum Verrücktwerden. Warum schickte Melissa den Volltrottel nicht einfach in die Wüste? Nun, im Grunde war er ein lustiger, liebevoller Mann, und abgesehen von den Augenblicken, in denen sie ihm am liebsten an die Gurgel gegangen wäre, hatten sie eine gute Beziehung. Das Problem war, dass James, bevor er Melissa kennenlernte, von drei Frauen tief enttäuscht worden war. Sie hatten ihn entweder aus heiterem Himmel verlassen oder betrogen. Er war außerstande, darauf zu vertrauen, dass Melissa nicht dasselbe tun würde.

Überdies unterschied sich Melissa von den Frauen, mit denen er vorher zusammen gewesen war. Sie waren alle liebe, anpassungsbereite Geschöpfe gewesen (bis sie ihm den Dolch in den Rücken gestoßen hatten). Doch Melissa ließ ihn etwas tun »für sein Geld«. Sie ließ sich nicht auf der Nase rumtanzen. Ihn reizte die Herausforderung, doch ihre Resolutheit schüchterte ihn auch ein.

Wenn sie deshalb ab und zu in raues Fahrwasser gerieten

oder James sich besonders unsicher fühlte, beschwerte er sich, all das sei zu verwirrend für ihn, ihm werde das alles zu viel, und er brauchte mehr Zeit. Es ging eigentlich nicht um eine Trennung. Ihre Beziehung stand nicht auf der Kippe. Er wollte einfach nur jede weitere Entwicklung eine Zeit lang aufschieben.

Als er wieder einmal diese Nummer abzog, gingen Melissa die Nerven durch. Wie ein Schlag traf sie der Gedanke, dass er nicht mehr bloß Spielchen spielte. Vielleicht wollte er sie wirklich nicht. Wie sollte sie noch einem Mann vertrauen, der sie so umstandslos und so oft gehen ließ? Melissa konnte es nicht. Sie konnte ihm keinen Funken Vertrauen mehr schenken.

Da Melissa ihm nicht mehr vertraute, fühlte sie sich auch nicht mehr sicher. Und natürlich geht es um Sicherheit, wenn wir bereit sind, unsere Beziehungsbedürfnisse zugunsten unserer persönlichen Bedürfnisse über Bord zu werfen. Oder um es mit Melissas Worten auszudrücken:»Du kannst mich mal.«

Sie sagte James klipp und klar, sie habe die Nase voll von seinem Quatsch. Keine Entschuldigungen mehr, erklärte sie kategorisch. Kein Betteln um Versöhnung mehr. Er dürfe nur noch einmal bei ihr aufkreuzen: mit einem Ehering und einem Standesamtstermin.

Die einsamen Siege der Sicherheit. Melissas Freundin lobte sie für ihre Standhaftigkeit. Es war ein Sieg für die Sicherheit. Doch diese Siege können einsam machen. Sie können sich auch als Rohrkrepierer erweisen. Manche Leute hielten James' Verhalten für verrückt, aber in Wirklichkeit war er zutiefst unsicher. Dass Melissa sich in dieser Weise zurückzog, bestätigte nur seine schlimmsten Befürchtungen: dass sie nicht *ihn* heiraten wollte, sondern nur *heiraten* wollte. Also zog er sich seinerseits noch weiter zurück.

Genauso läuft es ab, wenn Menschen nur aus ihrem Sicherheitsbedürfnis heraus handeln. Daraus entsteht ein Teufelskreis: Das, was ich um meiner Sicherheit willen tue, verunsichert meinen Partner, und dann unternimmt er seinerseits etwas zugunsten seiner Sicherheit, was wiederum mich noch mehr verunsichert.

Könnte jedoch einer genügend Mut – genügend Vertrauen – aufbringen, um den Kreis zu durchbrechen, dann erscheint die Auflösung des Musters nicht mehr ganz so unmöglich. James schickte Melissa ständig E-Mails. Sein Verhalten tue ihm leid, er wolle sie aber auch nicht mit vorgehaltener Pistole heiraten. Melissa wurde stinksauer. Doch je länger sie darüber nachdachte, desto mehr sah sie ein, dass der verdammte Kerl recht hatte. Wenn James genau das tat, was sie wollte, und mit einem Ehering an ihrer Türschwelle aufkreuzte, was für eine Ehe würde das werden?

Eine Zwangsehe, sonst nichts. Er würde sich nie wirklich sicher sein, dass sie ihn liebte. Sie würde sich nie wirklich sicher sein, dass er sie liebte. Sie hätte einen vergänglichen Sieg in einem Machtkampf errungen, der sehr gut ewig dauern konnte.

Also entschied sich Melissa wie durch ein Wunder für einen völlig anderen Weg. Was wäre, wenn sie – schrecklicher Gedanke! – so handelte, als vertraute sie ihm? Was, wenn sie sagte: »Ich weiß, dass du Angst hast. Also werde ich auf das vertrauen, was du von Anfang an gesagt hast, dass du mich wirklich liebst und dass du wirklich willst, dass wir heiraten. Mir geht es nämlich genauso. Also vergiss das Ultimatum. Wenn du mir sagen kannst, dass du bereit bist, dann ist das toll. Und ich warte, bis du so weit bist, dich zu binden. Nur eines ist noch – und jetzt bin ich einfach nur ehrlich –, ich kann nicht ewig warten. Das ist weder eine Drohung noch ein Ultimatum. Aber es ist eine schlichte Tatsache, dass ich 33 bin und, wie du weißt, die Familiengründung nicht ewig aufschieben kann.«

Nicht, dass sich Melissa einfach so über ihr Sicherheitsbedürfnis hinwegsetzte. Sie *konnte* nun mal nicht ewig auf James warten. Das wäre zum einen zu demütigend gewesen, und zum anderen hätte sie riskiert, nie eine Familie zu haben, wie sie sie sich vorstellte. Doch sie konnte ihrem legitimen Sicherheitsbedürfnis leicht gerecht werden, indem sie *sich selbst* – und nicht ihm – eine Frist setzte. Bis dahin jedoch konnte sie nur darauf vertrauen, dass er sie wirklich heiraten wollte, obwohl er so oft mit ihr Schluss gemacht hatte.

Es funktionierte. Wunderbar. Als James merkte, dass sie ihm vertraute, wagte auch er, ihr zu vertrauen. Vielleicht wollte sie ja wirklich ihn und nicht nur eine Ehe! Der Druck war raus, doch dafür empfand er echte Verantwortung ihr gegenüber. Nach sechs Monaten fuhren sie nach Barbados und feierten eine schöne Hochzeit am Strand mit anschließenden Flitterwochen.

Das ist der springende Punkt: *James zu vertrauen konnte gar nicht schiefgehen.* Natürlich hätte sich herausstellen können, dass seine kalten Füße ihn davon abhielten, den nächsten Schritt in der Beziehung zu tun. Doch dann hätte Melissa erfahren, woran sie war: dass er angesichts der Chance, es auf einen Versuch ankommen zu lassen, kniff. Zumindest wäre es dann seine Entscheidung gewesen. Alles weitaus besser, als ihn zu einer eigentlich ungewollten Ehe zu drängen oder von einer eigentlich gewollten Ehe abzuschrecken.

Nachdem Melissa in ihrem Heiratswunsch so oft von James enttäuscht worden war, hatte sie ihren Weg zu stabilem Vertrauen gefunden.

Vertrauen *und* Sicherheit

Wenn Sie jetzt glauben, ich wolle damit sagen, dass wir unser Sicherheitsbedürfnis aufgeben müssen, um stabiles Vertrauen aufzubauen, ist das ein Irrtum. Denn das will ich ganz und gar nicht sagen.

Erstens können wir das überhaupt nicht. Wenn Sie dahinterkommen, dass Ihr Mann Sie betrogen hat, und nun seine Kleidung aus dem Schlafzimmerfenster werfen und ihn aussperren, dann ist das kein gründlich überlegter strategischer Schachzug. Es ist ein ehrlicher emotionaler Impuls, den jeder nachfühlen kann. In Momenten wie diesem müssen wir einfach unbedingt etwas gegen unsere Verunsicherung unternehmen, und solche Bedürfnisse sind zu respektieren.

Manches von dem, was wir unternehmen, um wieder Sicherheit zu gewinnen, ist auch wirklich eine gute Idee. Ich meine, nun kommen Sie schon: Wenn man Ihnen übel mitgespielt hat, ist es nicht so schrecklich verkehrt, dem Übeltäter ordentlich Angst vor einer Wiederholung zu machen. Darum lassen wir im Restaurant den Geschäftsführer antanzen und beschweren uns nachdrücklich, wenn wir an dem Umgang mit uns als Gast etwas auszusetzen haben. Denn auch das ist ein Vertrauensbruch, und wir wollen dem Geschäftsführer klarmachen, dass er so etwas lieber nicht noch einmal vorkommen lassen sollte.

Das Entscheidende ist also, dass wir nicht einfach nur unser Mütchen kühlen möchten, wenn wir den Geschäftsführer zur Schnecke machen. Wir erwarten auch, dass das Problem beseitigt wird. Darüber hinaus möchten wir, sofern wir Stammgäste werden wollen, eine gute, freundschaftliche Beziehung zum Chef. Das ist angenehmer und nützlicher.

Insofern müssen wir unser Sicherheitsbedürfnis und unser Vertrauensbedürfnis gegeneinander abwägen. Und wie

Sie gleich sehen werden, kann der Prozess des Vertrauenswiederaufbaus Sie in ein solches Gleichgewicht bringen, vorausgesetzt, es gelingt Ihnen, einige Kardinalfehler zu vermeiden.

Reparieren oder vergessen?

Wenn wir uns verletzt und hintergangen fühlen, fragen wir uns unterschwellig: Warum sich noch die Mühe der Beziehungsarbeit machen? Wir sind wütend und entmutigt, und wir vertrauen der anderen Person nicht: Hat Bleiben da noch einen Sinn? Wir fürchten, zu bleiben bedeute Perlen vor die Säue zu werfen.

Solche Empfindungen sind normal. Aber Sie sollten wissen: Dass Sie entmutigt sind, ist *kein* Zeichen dafür, dass die Beziehung irreparabel ist. Es ist nur ein Zeichen dafür, wie verletzt Sie sind, und das ist ein großer Unterschied.

Die beste Methode herauszufinden, ob Bleiben sinnvoll ist – der Goldstandard –, besteht darin, den Prozess des Vertrauenswiederaufbaus, den ich Ihnen im Folgenden erklären werde, zu durchlaufen. Dann wissen Sie Bescheid, so oder so. Ich lege Ihnen dringend ans Herz, es auszuprobieren.

Aber vielleicht sind Sie zu erschöpft oder zu argwöhnisch, um den Prozess ohne weiteres, ohne so etwas wie die Versicherung, dass er in Ihrem speziellen Fall Sinn hat, in Angriff zu nehmen. Wenn dem so ist, blättern Sie zurück zu Kapitel 3 »Lohnt es sich, diese Beziehung zu reparieren?«. Dort finden Sie ein einfaches diagnostisches Verfahren mit sechs Fragen. Damit können Sie herausfinden, ob der Versuch, das Vertrauen in Ihrer Beziehung wiederherzustellen, sinnvoll ist.

Wiederaufbau von Vertrauen nach einem schweren Vertrauensbruch

1 Nein, Sie sind nicht verrückt

In diesem Buch geht es um die Heilung von Vertrauensbrüchen. Misstrauen kann auf verschiedenen Nährböden wachsen – von der Schusseligkeit und Unzuverlässigkeit Ihres Partners bis hin zu Wunden, die Ihnen frühere Partner geschlagen haben. Spricht man jedoch Menschen auf gebrochenes Vertrauen an, dann fallen ihnen als erstes Untreue und andere schwerwiegende Formen von Lug und Trug ein.

Es mag Sie überraschen, wie häufig solche Fälle vorkommen. Ich habe einmal mehr als 250 Personen zwischen 22 und 55 Jahren befragt, und über *90 Prozent* von ihnen hatten in einer wichtigen Beziehung einen schwerwiegenden Vertrauensbruch erlebt.

Um das zu verdeutlichen, fragte ich neulich bei einem Seminar einen Saal voller Männer und Frauen, wie viele von ihnen schon hintergangen worden seien. Alle bis auf einen Mann hoben die Hand.

»Sie sind also noch nie hintergangen worden?«, fragte ich ihn.

»Nein«, erwiderte er, »aber ich habe jemanden hintergangen.«

Da haben Sie's.

Täuschung und Verrat sind nur allzu verbreitet, aber nicht,

weil wir schlechte Menschen wären. Sondern weil wir Grenzen und Fehler haben und ein stressiges Leben führen. Manchmal bleiben eben einfach Dinge auf der Strecke. Manchmal sind diese »Dinge« Menschen, an denen uns liegt. Was also meine ich genau mit dem Ausdruck »schwerer Vertrauensbruch«?

Ein schwerer Vertrauensbruch liegt vor, wenn jemand etwas tut, das einem grundlegenden Versprechen oder einer grundlegenden Erwartung zuwiderläuft, und zwar so, dass Ihr Seelenfrieden tief erschüttert wird.

Nehmen wir an, ich leihe mir fünf Euro von Ihnen und verspreche, sie Ihnen morgen wiederzugeben. Doch der nächste Tag verstreicht, und ich bringe Ihnen das Geld nicht. Das ist ärgerlich, sicher. Sie halten mich vielleicht für blöde. Sie beschließen, mir nie wieder Geld zu borgen. Doch was bedeutet es gemessen am großen Ganzen? Also nehmen Sie einfach an, dass ich es vergessen habe, und lassen es gut sein, ohne viel Aufhebens davon zu machen.

Aber angenommen, ich erzähle Ihrem neuen Verehrer, Sie seien mal echt fett gewesen und hätten es mit jedem getrieben, weil Sie sich selbst nicht leiden konnten. Und angenommen, dass Sie sich diese Beziehung sehnlichst wünschen.

Das ist ein schwerer Vertrauensbruch. Nicht nur, dass ich hinter Ihrem Rücken etwas über Sie gesagt habe, das Sie in dieser Form oder überhaupt nicht weitererzählt wissen wollten, sondern ich habe auch in Ihr Leben eingegriffen. Ich habe vielleicht Ihre Chance auf Liebe zunichte gemacht. Und dann haben Sie nicht nur einen Liebhaber verloren, sondern auch eine Freundin, und vielleicht sogar die Möglichkeit, künftig anderen Freunden oder Freundinnen zu vertrauen. In einer seltsamen, aber ganz realen Weise habe ich mit meinem Verhalten Ihre ganze Welt beschädigt.

Das ist ein schwerer Vertrauensbruch.

Es gibt ihn in vielen Variationen. Sexuelle Untreue ist nur eine davon. Gewalt gegenüber dem Ehepartner ist ein schwerer Vertrauensbruch. Hinter dem Rücken Ihres Ehepartners dem verantwortungslosen Tunichtgut von Bruder einen Großteil Ihrer gemeinsamen Ersparnisse zu leihen, ist ein schwerer Vertrauensbruch. Die Ehe mit einer Frau einzugehen, die sich in dem Glauben wiegt, Sie seien reich und mächtig, während Sie in Wirklichkeit ein armer Schlucker sind, ist ein schwerer Vertrauensbruch. Plötzlich nicht mehr für Ihre beste Freundin da zu sein, wenn sie an Krebs erkrankt, ist ein schwerer Vertrauensbruch.

Er muss nicht einmal absichtlich passieren. Wenn jemand zum Alkoholiker wird, bankrottgeht und sein Haus verliert oder auch nur stark zunimmt, wird das häufig als schwerer Vertrauensbruch erlebt, obwohl es nicht vorsätzlich geschieht. Zu sagen »Ich hab das nicht mit Absicht gemacht«, selbst wenn das die reine Wahrheit ist, macht es keineswegs besser. Sie haben immer noch ein grundlegendes Versprechen gebrochen oder gegen eine grundlegende Erwartung verstoßen, und das immer noch in einer Weise, die den Seelenfrieden der anderen Person zutiefst erschüttert.

Wenn es für Sie gravierend ist, wenn es Ihr Bild von der anderen Person ändert, wenn es Sie verunsichert, wenn es mit Ihrer Lebensqualität plötzlich bergab geht, dann handelt es sich um einen schweren Vertrauensbruch.

Und was ist Vertrauen? Tja, was ist Vertrauen? Vertrauen ist ein Gefühl, das auf einer Tatsache gründet. Meist sind wir uns dieses Gefühls nicht einmal bewusst. Ich bin sicher, Sie vertrauen darauf, dass der Stuhl, auf dem Sie gerade sitzen, nicht unter Ihnen zusammenbrechen wird. Aber ich bin auch sicher, dass Ihnen das kein großartiges, wunderbares Gefühl von Wohlbefinden verschafft. Meist besteht das Gefühl von Vertrauen in kaum mehr als der Abwesenheit von Angst.

Es sei denn, jemand hat uns verletzt. Dann wird eben dieses Gefühl von Sicherheit, das wir für selbstverständlich gehalten haben, plötzlich zu etwas schmerzlich Vermisstem. Gelingt es Ihnen, dieses Sicherheitsgefühl wiederzugewinnen, dann kann es förmlich mit Händen zu greifen sein. Nehmen wir an, der Stuhl ist doch unter Ihnen zusammengebrochen, und Sie haben ihn reparieren lassen. Jetzt wissen Sie, dass er wieder stabil ist. Das Sicherheitsgefühl wird in der nächsten Zeit viel deutlicher spürbar sein. Aaahhh, das fühlt sich gut an; das fühlt sich sicher an. Es ist ein wunderbares, behagliches, angenehmes Gefühl.

Aber es muss ein Gefühl sein, das auf einer Tatsache gründet. Es muss eine reale Basis für dieses Gefühl geben. Es kann nicht aus einem Sprung ins Ungewisse hervorgehen. So gesehen entspricht Vertrauen immer einer Aussage wie »Ich vertraue dem und dem, weil …«. Ich vertraue meiner neuen Ärztin, weil sie sehr gute Referenzen hat. Ich vertraue diesem Restaurant, weil es schon lange besteht und offenbar viele zufriedene Gäste hat. Ich vertraue dem Mann, mit dem ich mich treffe, weil er bislang einen aufrechten, ehrlichen Eindruck macht.

Es ist schon spannend. Das Gefühl von Vertrauen beruht zwar auf Tatsachen, nicht aber auf Sicherheit. Wir können nicht behaupten, dass die neue Ärztin nie einen Fehler machen wird und kann. Wir können nicht behaupten, dass in der Küche dieses Restaurants nie etwas schiefgehen wird. Und wir können bestimmt nicht behaupten, dass dieser ehrlich und solide wirkende Mann uns nie wehtun wird.

Das ist das Komische an Vertrauen. Es muss auf Tatsachen gründen, kann jedoch niemals auf Sicherheit beruhen. Denn diese Sicherheit gibt es nicht. Ich weiß, dass das vielleicht furchtbar schwer auseinanderzuklamüsern ist, insbesondere in Beziehungen. Das Prinzip ist jedoch ganz klar. Wenn Sie sagen, Sie vertrauen jemandem, müssen Sie auf etwas verweisen können, das Ihr Vertrauen plausibel wirken lässt, und es sollte nichts geben, das gegen Ihr Vertrauen spricht. Wenn Sie sich mit einem Mann einlassen, der aus einer guten Familie stammt und einen achtbaren Beruf hat, so deuten diese Indizien auf seine Vertrauenswürdigkeit hin. Das ist zumindest ein Anfang. Diese Anhaltspunkte stellen nicht sicher, dass Sie ihm vertrauen können, aber sie lassen Ihr Vertrauen mit Sicherheit nicht blauäugig erscheinen, wie es der Fall wäre, wenn er die Frau, mit der er zuvor zusammen war, schlecht behandelt hätte.

Es bleibt Ihnen also nur, sowohl nach Tatsachen Ausschau zu halten, die Vertrauen zu rechtfertigen scheinen, als auch auf Tatsachen zu achten, die Vertrauen ungerechtfertigt erscheinen lassen. Dann wissen Sie, dass Sie nicht ganz und gar ins kalte Wasser springen. Aber Garantien gibt es trotzdem nicht.

Wenn jemand Sie hintergeht oder enttäuscht, werden Sie mehr oder weniger rasch zu der Überzeugung gelangen, dass diese Person Fehler hat, die immer wieder zu solchen Enttäuschungen führen werden. Je gravierender, je ungewöhnlicher die Enttäuschung, desto schneller werden Sie zu diesem Urteil gelangen.

Misstrauen ist demnach ebenfalls ein Gefühl, das auf Tatsachen gründet: Beklemmung, gar Angst aufgrund erwiesener Unzuverlässigkeit. Und an dieser Stelle brechen Beziehungskonflikte auf. Nehmen wir an, ich hätte Sie mit meinem Verhalten verletzt. Sie haben mir vertraut, und jetzt tun Sie es nicht mehr. Sie haben mich für verlässlich gehalten, und jetzt halten Sie mich für unzuverlässig. *Aber ich halte mich nicht für unzuverlässig.* Ich weiß, dass ich Mist gebaut habe. Aber ich glaube nicht, dass ich Mist *bin*.

Und das ist es, worüber wir streiten. Sie sind wütend auf mich, weil ich unzuverlässig war. Und wenn ich mich entschuldigt und gezeigt habe, wie leid es mir tut, Sie aber immer noch wütend auf mich sind, werde auch ich wütend auf Sie, weil Sie es einfach nicht gut sein lassen können.

Der Kern des Streits. Damit sind wir bei dem eigentlichen Kern des Streits zwischen der hintergangenen Person und derjenigen, die das Vertrauen missbraucht hat. Sie glauben, Sie gewinnen, wenn Sie mich zu der Einsicht bewegen können, dass ich unzuverlässig bin. Ich glaube, ich gewinne, wenn ich Sie zu der Einsicht bewegen kann, dass Sie eine übernervöse Trulla sind. Ich verlange von Ihnen, keinen solchen Wirbel mehr um die ganze Sache zu veranstalten. Und Sie versuchen, mir klarzumachen, dass »die ganze Sache« eben doch ein Aufreger ist. Wir errichten Fronten, und die Dinge laufen aus dem Ruder. Bald reden Sie so mit mir, als hielten Sie mich für durch und durch böse. Und ich rede mit Ihnen, als hielte ich Sie für völlig bescheuert.

In Wirklichkeit dreht sich der Streit darum, was wirklich feststeht. Steht fest, dass ich unzuverlässig bin? Oder steht fest, dass Sie aus einer Mücke einen Elefanten machen? Wie wir miteinander leben, was wir einander bedeuten, ob wir eine gemeinsame Zukunft haben – all das hängt davon ab, was davon real ist.

Wir sind so wütend geworden und haben uns so weit voneinander entfernt, dass jede Möglichkeit, wieder Vertrauen zueinander zu fassen, zerstört wird – ebenso wie unsere Beziehung.

Mit diesem Mechanismus haben wir es nach einem Vertrauensbruch zu tun.

Wie sich eine Beziehung nach einem schweren Vertrauensbruch heilen lässt

Denken wir uns einen armen Einfaltspinsel, der friedlich in seinem Bett schläft. Plötzlich dringt jemand in sein Zimmer ein, schnappt ihn sich, zieht ihm einen Sack über den Kopf und verschleppt ihn in eine unbekannte Stadt, wo er ihn einfach auf der Straße aussetzt. Was für ein verstörender Albtraum. Da hatte er nichts ahnend und sicher in seinem Bett geschlafen, genau wissend, wo er war, und jetzt findet er sich an einem völlig fremden Ort wieder.

Ich weiß ja nicht, wie es Ihnen ginge, aber wenn ich in einer mir völlig fremden Stadt erwachen würde, würden mir tausend Fragen im Kopf herumwirbeln. Ist mit mir alles in Ordnung? Wo bin ich? Wo kriege ich was zu essen her? Wo soll ich schlafen? Wie kann ich meinen Leuten mitteilen, wo ich bin? Wie komme ich zurück nach Hause?

Das sind Schlüsselfragen. Und sie kennzeichnen den Unterschied zwischen einer albtraumhaften Situation und Geborgenheit. Wenn ich diese Fragen positiv beantworten kann, ist alles in Ordnung.

Die sechs Fragen. Die Situation nach einem schweren Vertrauensbruch ist vergleichbar: Plötzlich stehen wir völlig im Wald. Wir müssen bestimmte Dinge klären, wenn es uns wieder gut gehen soll. Und wie sich zeigt, stellen sich auch hier sechs Schlüsselfragen.

Hat ein Mensch, der Ihnen viel bedeutet, Sie in gravierender Weise hintergangen, sollten Sie diese Fragen kennen und wissen, wo und wie Sie die Antworten darauf bekommen. Das entscheidet darüber, ob sich das Vertrauen wiederherstellen und die Beziehung neu aufbauen lassen oder nicht.
1. Wie soll ich das je verkraften?

2. Liegt der anderen Person wirklich etwas an mir?
3. Nimmt mich die andere Person wirklich wahr, und kann sie verstehen, wie tief mich ihr Vertrauensbruch verletzt hat?
4. Hat unsere Beziehung eine Überlebenschance?
5. Können wir unser Verhältnis sicherer und besser machen?
6. Kann ich ihm verzeihen?

Höchstwahrscheinlich werden Sie, wenn Sie die Tat gerade erst entdeckt haben, völlig außer sich und total von der Rolle sind, ernsthaft bezweifeln, dass Sie das jemals verkraften können. Verzeihen gar dürfte nicht einmal im Entferntesten in Betracht kommen. Später jedoch, nachdem Sie eine Menge Probleme abgearbeitet haben, wird eine mögliche Versöhnung als sehr wichtige Frage am Horizont auftauchen.

Machen Sie sich aber bitte klar, dass es für diesen Prozess keinen Zeitplan gibt. Die Menschen wie ihre Lebensumstände sind verschieden.

Der springende Punkt ist jedoch: Nur wenn Sie zu Antworten auf diese Fragen gelangen, können Sie neues Vertrauen aufbauen. Die Fragen weisen Ihnen den Weg. Und ich zeige Ihnen, wie Sie zu aussagekräftigen Antworten gelangen.

Beginnen wir also mit der ersten Frage: *Wie soll ich das je verkraften?* Sollten Sie das gerade am eigenen Leibe erfahren, ist das, wovon ich hier spreche, Ihr Gefühl, gleich durchzudrehen.

Wie soll ich das je verkraften?

Wie bereits erwähnt, kann ein schwerer Vertrauensbruch in diversen Formen auftreten. Wenige von uns mag die folgende betreffen, doch sie ist mit Sicherheit schwerwiegend. Am 23. Juni 1993 kam ein Ehemann von einer Sauftour mit seinen Kumpels sturzbetrunken nach Hause zurück und zwang seine Frau, mit ihm zu schlafen. Ich bin sicher, er sah darin keine Vergewaltigung, wohl aber die Frau, ebenso wie inzwischen, Gott sei Dank, das Gesetz. Und auch wenn Ihnen – hoffentlich – nie etwas Ähnliches widerfahren ist, können vermutlich die meisten von uns nachfühlen, wie es ist, wenn wir gegen unseren Willen zu etwas gezwungen wurden oder der Druck und der Verlust so groß waren, dass wir uns hintergangen fühlten.

Nun, diese Frau fühlte sich ganz bestimmt in schlimmster Form hintergangen. Und es war nicht das erste Mal, dass ihr Mann sie gegen ihren Willen genommen hatte. In ihr zerbrach etwas. Als er in seinem Vollrausch einschlief, stand sie auf, ging in die Küche, griff sich ein Messer, kam zurück und schnitt ihm den Penis ab. Das abgetrennte Glied umklammernd stieg sie in ihr Auto und fuhr eine Zeit lang ziellos umher. Schließlich ließ sie das Autofenster herunter und warf den Penis auf ein unbebautes Grundstück.

Das brachte sie zur Besinnung. Sie rief die Notrufnummer an und ging in die Geschichtsbücher ein.

Es handelte sich natürlich um Lorena Bobbitt. Sie wurde festgenommen, inhaftiert, vor Gericht gestellt und schließlich wegen Unzurechungsfähigkeit freigesprochen. John Wayne Bobbitt bekam seinen Penis zurück, doch mit ihrer Ehe war es selbstverständlich vorbei. (John Wayne Bobbitt wurde in späteren Beziehungen mehrmals wegen Missbrauchs angeklagt, was der Vorstellung, Menschen würden aus Erfahrung lernen, einen gehörigen Dämpfer versetzt.)

Als Lorenas Tat an die Öffentlichkeit gelangte, zollten ihr viele Menschen Beifall. Endlich einmal ein Opfer, das die Rache selbst in die Hand nahm. Die Polizei machte sich auf eine Welle von Nachahmungstaten gefasst, doch die blieb aus.

111

Das Unvorstellbare. Als Lorena seinen Pimmel absäbelte, kämpfte sie mit einem Geisteszustand, in den die meisten Betroffenen eines schweren Vertrauensbruchs unmittelbar danach verfallen: *blanker Wahnsinn.* In diesem Stadium ist es normal, verrückt zu empfinden und zu handeln. Warum auch nicht? In gewisser Weise ist nichts schlimmer als Lug und Trug. Wenn Sie eine dunkle Straße entlanggehen und jemand raubt Sie mit vorgehaltener Waffe aus, dann ist das furchtbar, aber sicher kein Vertrauensbruch. Der Vorfall bestätigt sogar Ihre Meinung von der Welt: Es gibt schlechte Menschen, vor denen Sie sich in Acht nehmen müssen. Doch angenommen, ein Freund veruntreut Ihr Geld. Das ist deshalb besonders schrecklich, weil so etwas nicht passieren dürfte. Banditen berauben Sie. Freunde nicht.

Mit einem Vertrauensbruch geschieht das Unvorstellbare. Jemand, bei dem wir darauf vertraut haben, dass er auf unserer Seite steht oder für uns da ist, hat uns verletzt oder im Stich gelassen. *Die Welt ist plötzlich sinnlos geworden.* Etwas völlig Verrücktes ist geschehen. Und so ist verständlich, dass Sie sich jetzt auch verrückt vorkommen. So fühlt es sich an, hintergangen worden zu sein.

Was ist normal? Eines aber muss ich dazu noch anmerken. Sie glauben vielleicht, den Verstand zu verlieren, mir jedenfalls ging es so. Sie handeln vielleicht verrückt, auch wenn ich das nicht hoffe. Aber Sie sind nicht verrückt. Was Sie empfinden, was Sie durchmachen, ist normal. Sie sind normal. Nur ist Ihr Leben verrückt geworden, und Sie reagieren auf diesen Wahnwitz, wie es jeder täte.

Ein Vertrauensmissbrauch kann Sie so erschüttern, dass Sie glauben, sich auf nichts mehr verlassen zu können. Deshalb berichten die meisten Betroffenen, sie hätten sich nie in ihrem

Leben so unsicher oder hilflos gefühlt. Das geht vorüber, doch dieses Gefühl, dass alles und alle verrückt geworden sind, kann viele, viele Tage, sogar Wochen anhalten.

Ja, dieses Stadium des Wahnsinns gehört zum natürlichen Heilungsprozess dazu. Ich habe Menschen erlebt, die sich dem Durchlaufen dieses Stadiums verweigern wollten. Sie glaubten, über solchen Gefühlen stehen zu müssen. Doch es scheint fast, als gäbe es ein bestimmtes Quantum Irrsinn, das man einfach rauslassen muss, und wenn es jetzt nicht rauskommt, dann später, wenn der Wiederaufbau des Vertrauens eigentlich längst weiter gediehen sein sollte. Jetzt hingegen sind ohnehin alle auf Verrücktheiten gefasst, also können Sie diese Erwartung auch genausogut erfüllen.

Bevor es zu spät ist. In dieser Phase ertappen Sie sich vielleicht bei Handlungen, die Sie sich nicht in einer Million Jahren zugetraut hätten. Es gibt viele Formen dieser Art geistiger Umnachtung. Dazu gehören auch Schock und Erstarrung. Manche wollen in dieser Verfassung mit niemandem mehr sprechen.

Zwar handeln einige Menschen regelrecht verrückt, doch das charakteristische Merkmal ist Verwirrung, wilde Gedankenwirbel im Kopf ohne zu denken, ein übermächtiges Gefühl, in ein schwindelerregendes Alternativuniversum geraten zu sein.

Sich verrückt fühlen? Okay. Verrückt handeln? Nicht okay!

Wenn Ihre Welt plötzlich auf dem Kopf steht und Sie das Gefühl haben, den Verstand zu verlieren, dann lautet verständlicherweise die große Frage: Wie soll ich das je verkraften?

Natürlich haben Sie in diesem Augenblick das Gefühl, nicht

113

damit fertig zu werden. Darum bedarf die nächste Frage auch unbedingt einer Antwort.

Was auf dem Spiel steht: Wenn Sie diese Frage nicht befriedigend beantworten können, besteht ernsthaft die Gefahr, dass dieser Vertrauensbruch Sie endlos stresst und verrückt macht. Ich habe das schon erlebt. Die Betroffenen bilden sich ein, sie würden nicht damit fertig, und dann drehen sie jedes Mal durch, wenn etwas wie Misstrauen sie packt. Wenn Sie jedoch merken, dass Sie es im Griff haben, auch wenn Sie sich immer noch aufregen, dann können Sie konstruktiv handeln.

Wie also sollen Sie das je verkraften? Die Antwort liegt auf der Hand: Sie sind schon dabei. Genau so fühlt sich der Bewältigungsprozess unmittelbar nach einem schweren Vertrauensbruch nämlich an. Sie sind tief getroffen, und das sieht man Ihnen an. In der darauffolgenden kurzen Zeitspanne gehört es zum Bewältigungsprozess, dass Sie konfus sind und glauben, Ihre Welt sei völlig aus den Fugen.

Eines kann ich Ihnen versprechen: Wenn Sie in dieser Phase einfach nur durchhalten, werden Sie schon bald deutlicher spüren, dass Sie dabei sind, das Geschehene zu verarbeiten.

Doch es besteht eine reale Gefahr. Manche Menschen verkraften es eben nicht. Nicht, weil sie sich so aufregen. Nicht einmal, weil sie eine Phase durchmachen, in der es ihnen schwerfällt, ihren täglichen Pflichten nachzukommen. Denn natürlich wird es auch Ihnen schwerfallen, Ihr normales Leben weiterzuführen. Aber die Betroffenen können einen gravierenden Fehler begehen. Dieser Fehler, den Lorena Bobbitt beging und den Sie nie begehen sollten, besteht darin, etwas zu tun, das Sie nicht rückgängig machen können.

Nehmen wir an, Sie erwischen Ihren Mann beim Fremdgehen und werfen ihn aus dem Haus, so dass er ein paar Nächte in einem Motel schlafen muss. Das ist zwar heftig, aber nicht unwiderruflich. Es richtet keinen dauerhaften Schaden an.

Vergleichen Sie das nun mit dem Verhalten von Lorena Bobbitt oder dem von einer Frau, deren Mann sie betrogen hat und die umgehend seinen Chef anruft, um ihm in allen Einzelheiten zu berichten, dass ihr Mann auch seine Firma betrogen hat. Das kostet ihren Mann nicht nur seine Stelle, sondern seine ganze berufliche Zukunft. Das fügt ihm Schaden zu, aber auch ihr selbst und ihren Kindern.

Weshalb, so mögen Sie jetzt fragen, soll sich der oder die Betrogene *nicht* mit allen Mitteln für den erlittenen Schmerz rächen? Warum soll man es dem Übeltäter nicht mit gleicher Münze heimzahlen?

Natürlich, in dieser Situation ist uns danach. Diese Gefühle sind völlig normal. Doch es gibt einen ausgezeichneten Grund, sich zu bremsen.

Es überrascht Sie vielleicht – und wenn Sie das alles gerade selbst durchmachen, werden Sie es vermutlich nicht glauben –, aber Ihr innerer Aufruhr hat nichts damit zu tun, ob Ihre Beziehung heilen kann oder heilen sollte oder eben nicht. *Es trifft einfach nicht zu, dass das Ausmaß Ihres Schmerzes darüber entscheidet, ob Sie Ihre Beziehung sterben lassen sollten.* Ich habe oft erlebt, dass der anfängliche Schmerz überwiegend der ungläubigen Frage entsprang: »Wie konntest du das nur tun, obwohl es doch so gut mit uns lief?«

Sie haben also einen guten Grund, alles zu unterlassen, was Sie bereuen könnten: Hat sich der Sturm erst gelegt, ist es sehr wahrscheinlich, dass Sie in dieser Beziehung bleiben möchten. Nicht in der Beziehung, wie sie war, natürlich. Nicht ohne sicherzustellen, dass die Ursache des Vertrauensbruchs abgestellt ist. Nicht ohne hart am Wiederaufbau des Vertrauens zu arbeiten. Doch die Beziehung als solche könnte durchaus rettenswert sein.

Nicht das Ausmaß eines Vertrauensbruchs macht einer Beziehung den Garaus. Vielmehr offenbart ein Vertrauensbruch deren Verletzbarkeit. Und aus diesem Grund ist es umso wichtiger, in diesem ersten irrwitzigen Stadium nichts zu tun, das Sie bereuen werden. Das ist der einzige Fehler, über den Sie sich an dieser Stelle Gedanken machen müssen. Es wird verrückt und unerfreulich und schrecklich werden, aber es passiert tagtäglich. Menschen und Beziehungen erholen sich wieder. Tun Sie nur nichts, das Sie bereuen werden.

Ihre klügste Freundin. Um alles besser zu verkraften und sicherzustellen, dass Sie nichts tun, was Sie bereuen werden, machen Sie Folgendes. Es ist die wichtigste Einzelmaßnahme, die Ihnen zur Verfügung steht, während Sie so durch den Wind sind. Überlegen Sie, welche Ihrer Freundinnen die vernünftigste, ausgeglichenste ist, und reden Sie mit ihr. Das muss nicht Ihre beste Freundin sein. Seien wir mal ehrlich, viele von uns haben beste Freundinnen, die ziemlich durchgeknallt sind. Das kann sehr lustig sein, wenn Sie nicht gerade eine Krise durchmachen. Aber jetzt machen Sie eine Krise durch, und das ist eine ganz andere Sache.

Reden Sie also mit Ihrer vernünftigsten Freundin, und erzählen Sie zuerst ihr, was auch immer Sie vorhaben. »Ich spiele mit dem Gedanken, sein Auto abzufackeln. Was meinst du dazu?« Ihre vernünftigste Freundin wird hoffentlich erkennen, dass das eine schlechte Idee ist, und sie Ihnen ausreden.

Manchmal gehört es zum Bewältigungsprozess dazu herauszufinden, wo Sie Schwierigkeiten haben, und sich jemanden zu suchen, der Ihnen bei deren Überwindung helfen kann.

Haben Sie zu dem Zeitpunkt, wenn Sie der Wahnsinn allmählich aus den Klauen lässt, immer noch so etwas wie eine Beziehung, dann sind Sie gut dran. Gab es keinen Leim, der Sie beide zusammengehalten hat, dann hat der Wahnsinn dieser Phase Sie auseinandergerissen. Das bedeutet im Umkehrschluss: Hat der Wahnsinn Sie nicht auseinandergerissen, dann gibt es einen Leim, ein gewisses Maß an Wertschätzung. Und das ist der entscheidende Unterschied. Ob Sie es glauben oder nicht, der Wiederaufbau des Vertrauens hat begonnen.

Sie haben Ihre erste Frage beantwortet. Sie haben gezeigt, dass Sie es verkraften können.

2 Bedeute ich dem anderen wirklich etwas?

Es gibt etwas, das jene, die das Vertrauen des anderen missbraucht haben, gewöhnlich nicht begreifen. Sie glauben – reines Wunschdenken –, dass sich nach dem Platzen der Bombe die erhitzten Gemüter langsam, aber sicher wieder abkühlen werden. Ach, wenn es nur so einfach wäre. In Wirklichkeit jedoch empfinden ihre Opfer nach dem Abflauen des Wahnsinns eines mehr als alles andere: Wut. Und diese Wut kann immer rasender und unbändiger werden. Schockartig kommt dann die Erkenntnis, dass das Ende des Wahnsinns nicht identisch ist mit dem Ende der Wut. Oft ist der Irrwitz eher das Vorspiel zur Wut.

Zunächst scheint sich die Lage sogar noch zu verschlimmern. Doch es wäre ein Fehler zu glauben, dass nur heiß lodernde Wut Wut sei. Die Wut mancher Menschen kann kalt wie Eis sein. Wut explodiert nicht immer wie ein Feuerwerk, das knallt und kracht, aber schließlich ausbrennt. Manchmal ähnelt sie vielmehr einer Eiszeit. Ein Riesengletscher der Wut, der kein bisschen abzuschmelzen scheint.

Doch, ob nun heiß oder kalt, Wut gehört zu den Folgewirkungen eines Vertrauensmissbrauchs, mit denen die meisten rechnen, aber am schlechtesten umgehen können. Wut kann aber, wie Sie sehen werden, ein wichtiger Teil des Wiederaufbaus von Vertrauen sein.

Lily und Boris. Seit langem hatten sie gespart. Das Geld war als Anzahlung für ein Haus gedacht. Zumindest glaubte das Lily, und daher war es für sie heilig und unantastbar. Doch offenbar hatte ihr Mann Boris das nicht mitbekommen oder nahm es vielleicht auch nicht so ernst. Eines Tages jedenfalls überprüfte sie das Konto und entdeckte zu ihrem Entsetzen, dass die Hälfte der Ersparnisse verschwunden war. Er erklärte ihr, er habe das Geld für seine Band und ein paar Probeaufnahmen ausgegeben. Es war eine beträchtliche Summe.

Das Wahnsinnsstadium haute Lily um wie eine Krankheit. Sie legte sich ins Bett, als hätte sie die Pest. In ihrem Kopf hallte es ständig wider: »Jetzt werden wir nie ein Haus besitzen.« Doch dass das Geld weg war, war nicht das Einzige. Das Geld war als Beitrag zu etwas gedacht gewesen, worauf sie beide hinarbeiteten. Jetzt aber schien es ihr klar, dass sie und Boris sich gar nicht mehr nahestanden, ja, nicht einmal mehr ein Paar waren.

Schließlich legte sich ihre Verwirrung und wich heftiger Wut. Wie konnte er das nur *wagen*, dachte Lily. Sie empfand einen Zorn, wie er ihrer Meinung nach nur Frauen überkam, die ihre Kinder verteidigten. Und in gewissem Sinn ging es hier um etwas Ähnliches – es war etwas Verletzliches, Unschuldiges und Kostbares an ihrer beider Hoffnungen und Pläne und an ihrem Vertrauen darauf, dass das, was ihr wichtig war, auch ihm etwas bedeutete. Und jetzt war all das kaputt.

Liegt dir überhaupt etwas an mir?

Für uns ist es so normal, dass ein hintergangener oder getäuschter Mensch wütend wird, dass wir nicht fragen warum. Ist ja eh klar, oder?

Überhaupt nicht. Das Gefühl, das sich einstellt, wenn sich der anfängliche Aufruhr gelegt hat, könnte beispielsweise – und ich weiß, dass sich das für Sie verrückt anhören mag – Dankbarkeit sein. Denken Sie mal einen Augenblick darüber nach. Vielleicht war die Beziehung vor dem Vertrauensbruch nicht so besonders toll. Vielleicht ist Ihnen auch gelegentlich schon der Gedanke gekommen zu gehen. Dann tut die andere Person, was auch immer sie tut, und Sie denken: *Prima, jetzt kenne ich dein wahres Gesicht. Ich weiß, wie du wirklich bist. Danke. Du hast mir viel Zeit erspart.*

Und wissen Sie was? Ich habe Menschen erlebt, die genau so reagierten. Aber natürlich ist das eine ungewöhnliche Reaktion. Warum also ist Wut die vorherrschende Reaktion?

Weil Wut nicht nur ein Gefühl ist. Sie ist eine Taktik. Die Natur ist zu sparsam, um uns Lebewesen Gefühle ohne einen Nutzen zu geben. Wir haben unsere Gefühle, weil sie etwas erreichen.

Und im Zusammenhang mit Vertrauensmissbrauch erreicht Wut etwas Riesiges. Sie befähigt uns zu einer Antwort auf die nächste große Frage, die uns quält, während wir uns mit dem Vertrauensbruch herumschlagen: *Liegt dir überhaupt etwas an mir?*

Das ist eine äußerst gewichtige Frage. Sie hat mit dem Kern des Vertrauensbruchs zu tun – und von ihr hängt ab, ob der Wiederaufbau des Vertrauens möglich ist oder nicht.

Was auf dem Spiel steht: Wenn Sie nicht an einen Punkt kommen, an dem Sie das Gefühl haben, dass dem anderen wirklich etwas an Ihnen liegt, dann werden Sie diese Beziehung wahrscheinlich nicht wieder anknüpfen können. Warum sollten Sie eine Beziehung mit jemandem aufrechterhalten, von dem Sie wissen, dass Sie ihm nichts bedeuten? Bleiben Sie dennoch in der Beziehung, werden Sie sich nie geliebt fühlen. Erkennen Sie jedoch, dass Sie ihm etwas bedeuten, und mag er noch so ahnungslos, verwirrt und unbeholfen sein, dann haben Sie den nötigen Antrieb, um wieder Vertrauen aufzubauen.

Nach allgemeiner Meinung ist ein Vertrauensbruch ein Zeichen, dass man dem anderen ziemlich egal ist. Wenn Sie ihm etwas bedeuten würden, hätte er doch nicht getan, was er getan hat ...

In diesem Zusammenhang gibt es aber noch einen ganz anderen Aspekt, den ich in meiner Arbeit mit zahllosen Paaren nach einem Vertrauensmissbrauch kennengelernt habe. Ja, wenn diesem Mensch mehr an Ihnen gelegen wäre, hätte er Sie nicht hintergangen. Doch seltsamerweise heißt das nicht unbedingt, dass er gar nichts für Sie übrig hat. Manchmal liegt ihm durchaus etwas an Ihnen, aber er ist wütend. Manchmal liegt ihm etwas an Ihnen, aber er ist verwirrt oder innerlich mit etwas anderem beschäftigt. Manchmal liegt ihm etwas an Ihnen, aber er hat seinen Verstand an der Garderobe abgegeben.

Es ist also eine *Tatsache*, dass das Verhalten eines Menschen so wirken kann, als läge ihm nichts an Ihnen – und ganz bestimmt war das der Fall, als er seine Missetat beging –, trotzdem bedeuten Sie ihm prinzipiell viel.

In der Tat war das auch das Allererste, was Boris ansprach, als Lily seine Tat entdeckt hatte. Er erklärte, dass es ihm furchtbar leid tue, dass er ihr niemals hatte wehtun wollen, dass er alles tun würde, um es wieder gutzumachen. »Ich bin eben ein Schwachkopf«, gab er zu, »aber du bist alles für mich, und ich werde das wieder in Ordnung bringen. Versprochen.«

Natürlich entgegnete Lily in diesem Moment, dass sie ihm nicht glaube, und meinte das auch ernst. »Du bist ein selbstsüchtiger Dreckskerl! Der einzige Mensch, der dich interessiert, bist du selbst!«

Das schleuderte ihm Lily ins Gesicht. Damit ließ ihre Wut sie eines der Dinge zustandebringen, wofür die Natur sie uns gegeben hat: Lily jagte Boris eine Heidenangst ein, damit er künftig scharf nachdachte, bevor er ihr noch einmal wehtat.

Lily tat jedoch noch etwas, das langfristig viel bedeutsamer war: Sie versuchte herauszufinden, wer recht hatte. Sagte Boris die Wahrheit, wenn er behauptete, ihm läge an ihr? Oder war ihr Eindruck richtig, dass sie ihm egal war?

Jetzt frage ich Sie: Was würden Sie unternehmen, um das herauszufinden?

Der Lackmustest der Liebe

Natürlich ist Liebe einfach, wenn sie keine Mühe erfordert. Jedes Tierheim quillt über von Welpen und Kätzchen, die abgegeben wurden, weil Menschen sie liebten. Sie liebten sie nur nicht genug. Sie wollten ein süßes kleines Schmusetier, doch echte Tiere kacken und kotzen und erfordern Zeit und Aufmerksamkeit. Wenn ein Mensch dem Tier nicht das geben konnte, was es braucht, dann ist das ein Zeichen, dass ihm nicht wirklich etwas daran lag. Jedenfalls nicht in ausreichendem Maße.

Etwas Ähnliches geschieht nach einem Vertrauensbruch. Plötzlich ist der Teufel los, weil die hintergangene Person nur noch eine bebende Masse aus Sicherheitsbedürfnissen ist. Mit einem solchen Menschen zusammenzuleben macht keinen Spaß. Die meisten Betroffenen zeigen sich von ihrer schlimmsten Seite – was natürlich verständlich ist –, und das Geschrei und Getobe und Forderungenstellen kann sich ziemlich lange hinziehen.

Hält jedoch derjenige, der Sie hintergangen hat, durch, während Sie sich austoben, hat er den Lackmustest der Liebe bestanden. Denken Sie darüber nach. Sie waren unglaublich schwierig – wochenlang! monatelang! – und dennoch ist er nicht gegangen. Nach dergleichen suchen wir, nach solchen Zeichen der Bindung und Einsatzbereitschaft für uns, die Beziehung und den Heilungsprozess. Wenn der Missetäter durchhält, wissen Sie, dass eine Basis der Liebe besteht, auf die Sie vertrauen können. Sie haben die Antwort auf Ihre Frage gefunden: Ihm liegt wirklich etwas an Ihnen.

Und wenn er nicht durchhält, haben Sie ebenfalls eine Antwort auf Ihre Frage erhalten. Ihm liegt nichts an Ihnen. Das ist traurig, aber nicht überraschend, und zumindest wissen Sie jetzt, woran Sie sind. Sie bedeuten ihm wirklich nichts, Sie sind also frei und ungebunden, um sich anderen zuzuwenden.

Wenn wir eine lange Phase der Wut als Prüfstein benutzen, ob der anderen Person an uns liegt oder nicht, unterziehen wir sie im Grunde einer Feuerprobe. Das ist nur allzu verständlich. Wenn Sie mir das Leben zur Hölle machen, Ihrerseits aber nicht bereit sind, durch die Hölle zu gehen, bedeute ich Ihnen im Grunde nichts.

Ich will damit nicht sagen, dass wir diesen Test bewusst, absichtlich und in manipulativer Weise durchziehen. (Manche von uns allerdings schon!) Meistens passiert es einfach so. Wir sind eben wütend. Unsere Wut entspringt keinem Plan, sie ist lediglich eine Reaktion auf unseren Schmerz. Sie erzeugt jedoch auch eine Situation, die uns eine wirklich gute, eine *verlässliche* Antwort auf die Frage liefert: Liegt dir wirklich etwas an mir?

Wut ist mehr als Aufruhr und Lärm

Wut als Lackmustest der Liebe hat allerdings einen möglicherweise irreführenden Aspekt. Wut kann sich in einer Weise äußern, die ihre wahre Natur verschleiert. Dann geben Sie Ihrer Wut Ausdruck, ohne sich bewusst zu sein, dass Sie den anderen testen, und ohne dass er sich des Getestetwerdens bewusst ist. Das sieht beispielsweise so aus: Statt in Form von Schreien und Toben kann sich die Wut als Kälte und Distanziertheit äußern. In Ihnen schwelt die Wut weiter, doch der andere könnte glauben, Sie beruhigten sich. Und Ihre Worte sind vielleicht nicht laut und heftig, dafür messerscharf und grausam.

Lily war so verzweifelt über Boris' Verhalten, dass sie ihm ins Gesicht schleuderte:»Als Musiker hast du doch gar nichts mehr drauf. Niemand findet dich noch gut. Hinter deinem Rücken lachen deine Freunde nur noch über dich. Du bist bestenfalls mittelmäßig, und ich habe keinen Respekt mehr vor dir.« In ihren Worten schwang genug Wahrheit mit, dass er sie ihr abnahm. Nun fühlte er sich in ihrer Gegenwart nicht mehr sicher. Darüber hinaus konnte er auch seinen Freunden nicht mehr vertrauen. Das war in höchstem Maße zerstörerisch.

Durch die Mangel drehen und sich Luft machen. Wut kann sich auch in einer Form äußern, die ich als Ausquetschen-und-Dampfablassen bezeichne. Dieses»Verfahren« ist einer der häufigsten Bestandteile des Wuttests. Der»Verräter« wird mit scheinbar unendlichen Fragen überschüttet, und jede Antwort, die er gibt, ist falsch und zieht eine Tirade sowie weitere Fragen nach sich. Dem Ausquetschen-und-Dampfablassen unterzogen zu werden ist eine wahre Folter.

Ganz unter uns: Ich unterwarf meinen Mann dieser Folter mindestens ein paar Monate lang. Und ich darf ehrlicherweise nicht behaupten, ich hätte nicht gemerkt, dass es eine war. Wir wollen unseren Peiniger auch ein bisschen quälen. Schließlich quälte er *mich* mit dem Geständnis seiner emotionalen Untreue. Also wollte ich ihn natürlich auch auf der Folterbank sehen. Ich bin nicht stolz darauf, aber so sind wir eben – und wenn wir wollen, dass ein Vertrauensbruch heilt, dann müssen wir verstehen, was sich wirklich abspielt.

Ein anderer Aspekt bei dem Ganzen ist ebenfalls ganz authentisch. Uns treiben tatsächlich eine Million Fragen um, und die Antworten, die wir kriegen, kommen uns ziemlich lahm vor. Wir benötigen viel mehr, und deshalb stellen wir immer und immer wieder dieselben Fragen.

Ich habe mich oft selbst gefragt, warum wir das tun. Seien wir mal ehrlich, entweder kennen wir die Antwort meistens schon, oder wir wissen, dass sie im Grunde keine Rolle spielt oder der andere sie nicht weiß.

Beispielsweise muss Lily Boris wohl 832-mal gelöchert haben, *warum* er ihr Geld ausgegeben hatte, ohne sie zu fragen. Und was ihnen widerfuhr, ist aufschlussreich, weil es den meisten von uns widerfährt, wenn wir die Phase des Ausquetschens-und-Dampfablassens durchmachen.

Zuerst sagte Boris, er wisse es nicht. Lily ging an die Decke. Diese Antwort wirkte idiotisch und ausweichend. Natürlich gab sie zurück, er wisse es sehr wohl. Boris wusste es subjektiv wirklich nicht, aber sie war so aufgebracht, dass er sie nur noch beschwichtigen wollte. Also sagte er das Erstbeste, was ihm in den Sinn kam: »Ich habe nicht gedacht, dass du was dagegen hättest.« Diese Antwort wirkte noch idiotischer. Das konnte doch einfach nicht wahr sein. Sie drehte fast durch, weil sie mit einem solchen Idioten verheiratet war. Also explodierte sie noch heftiger. Je mehr sie sich aufregte, desto verzweifelter mühte sich Boris, auf die Antwort zu kommen, die sie vermutlich hören wollte. Also verflüchtigte sich jeder Anklang von Wahrheit in seinen Antworten; obendrein wurden sie jetzt schlichtweg seltsam.

Einmal sagte Boris in dem Glauben, das sei die Art psychologischer Antwort, die sie zufriedenstellen würde:»Äh, vielleicht wollte ich mich einfach an dir rächen.«
»Wofür?«, schrie Lily.
»*Mist*«, dachte Boris.»*So weit habe ich nicht gedacht. Ich habe keine Ahnung, warum ich mich an ihr rächen will. Ich denk mir besser was aus.*« Also sprach Boris wiederum das Erste aus, das ihm einfiel:»Vielleicht hab ich es getan, um es dir heimzuzahlen, dass du zugenommen hast.«

Das lief ganz und gar nicht in die richtige Richtung! Boris' »Ehrlichkeit«, auch wenn sie nur aus dem Stegreif erfolgte, beeindruckte sie nicht. Sie fühlte sich nur noch mehr gedemütigt, noch ungerechter behandelt. Sie ging wieder an die Decke. Eine Mitschrift dieses Schlagabtauschs – Boris sagt in seiner Verzweiflung etwas Dummes, Lily explodiert, hält ihm eine Standpauke und treibt ihn damit in die Enge, so dass er etwas noch Dümmeres äußert – könnte leicht das ganze Buch füllen. Ich erspare Ihnen das.

Warum verhalten wir uns so? Ich glaube, dafür gibt es viele Gründe. Zum einen: *Wir kochen vor Wut!* Selbst wenn wir wüssten, dass das Ausquetschen-und-Dampfablassen Zeitverschwendung ist, erschiene es uns trotzdem lohnend, nur damit wir spüren können, dass wir mit gleicher Münze heimzahlen. Das mag weder anziehend noch nobel sein, aber so sind wir Menschen gestrickt.

Zum anderen haben wir durch den Vertrauensbruch immerhin die verwirrendste, erschütterndste Erfahrung gemacht, die ein Mensch nur machen kann. Unsere ganze Welt ist zu Wackelpudding geworden. Eine der ersten Fragen, mit der sich ertappte Übeltäter immer wieder konfrontiert sehen, lautet: »Was verheimlichst du mir noch?« Als Betroffene dehnen wir diese Unsicherheit sogar noch weiter aus. Wir fragen uns, welche finsteren Geheimnisse wohl *andere* Menschen in unserem Leben für uns auf Lager halten.

Mit unserem letzten Funken Hoffnung glauben wir, dass alles wieder gut wird, wenn wir nur Antworten erhalten. Und dieser Gedanke ist nicht ganz und gar abwegig. So ist auch den meisten Menschen wohler, wenn sie endlich eine Diagnose für ihre rätselhaften Beschwerden haben, selbst wenn diese Diagnose nicht besonders günstig ist. Irgendwie fühlen wir uns einfach besser, wenn wir Bescheid wissen.

Wenn wir jemanden ausfragen, der uns hintergangen hat, erhalten wir natürlich nicht die begehrte Sicherheit. Wir bekommen allem Anschein nach Lügen oder Ausflüchte aufgetischt. Doch statt die Suche nach Antworten einzustellen, fragen wir nur noch eindringlicher. Wir sind so darauf fixiert, dass wir an die Decke gehen, wenn wir nicht die Wahrheit erfahren, hinter der wir auf Teufel komm raus her sind.

Irgendetwas in der menschlichen Psyche zwingt uns, das *Warum* herauszufinden, wenn uns etwas Schlimmes widerfährt. Ich werde nie die Bandaufzeichnung des telefonischen Notrufs einer Frau vergessen, die von einem Mann mit einem Messer angegriffen wurde. Die Aufzeichnung dauerte mehrere Minuten. Er stach immer wieder auf sie ein, sie versuchte zu entkommen. Und die ganze Zeit über schrie sie wieder und wieder: »Warum? Warum? Warum?« Hunderte Male, bis sie tot war.

Wir müssen *verstehen*, selbst mit unserem allerletzten Atemzug. Und wissen Sie was? Es gibt Antworten auf Ihre Fragen. Mit genügend Zeit und Geduld und guter Zusammenarbeit kann es Ihnen beiden gelingen, sich einen Reim auf das zu machen, was zu dem Vertrauensmissbrauch führte. Doch dieses Verständnis stellt sich niemals während des Wutstadiums ein. Wut vergiftet die Atmosphäre. Die gute Nachricht aber lautet, dass Sie, sofern Sie beide durchhalten und die Wut Ihre Beziehung nicht zerreißt, sich immerhin gut genug miteinander austauschen können, dass Sie die Wahrheit herausfinden.

Klagen und jammern. Sehr, sehr oft äußert sich Wut in Form von Klagen. Auch das ist verständlich. Wird jemand hintergangen, widerfährt ihm schließlich Unrecht. Und das bedeutet, er wird wie ein Nichts behandelt. Wenn Ihnen jemand eine Pistole unter die Nase hält und Ihre Brieftasche klaut, vermittelt er Ihnen, dass Ihr Leben, Ihre Gefühle, Ihr Eigentum, Ihr künftiges Glück ihm völlig egal sind. Sie sind bloß eine Sache. Und es ist für jeden von uns ein furchtbarer Schock, wie eine Sache behandelt zu werden. Wir mögen in dem Augenblick wie gelähmt sein, doch danach treibt uns das Bedürfnis, als Mensch behandelt zu werden.

Darum beklagen wir uns. Das ist unsere Art zu sagen: »Wenn du an mich gedacht hättest, hättest du nicht getan, was du getan hast. Aber du hast es getan. Also hast du mich ganz eindeutig nicht bedacht. Ich war für dich nur ein Nichts. Schluss damit. Jetzt werde ich dir zeigen, dass ich auch ein Mensch bin.« Und die Worte strömen heraus, immerzu, scheinbar endlos.

Aber wenn der andere durchhalten und zuhören kann, dann, so glauben wir, liegt ihm vielleicht doch etwas an mir.

Eintritt in die Gefahrenzone
Also verhalten wir uns folgendermaßen: Lässt der Wahnsinn nach, macht sich die Wut breit, und gewöhnlich siedet diese Wut lange. Vom Standpunkt des Sicherheitsbedürfnisses aus

ist das eine sehr kluge Taktik. Wütende Menschen sind furcht-erregende Menschen. Mit einem wütenden Menschen möchte man sich nicht anlegen. Man möchte sich wegducken und ihm nicht in die Quere kommen. Wenn Sie mit jemandem zusammen sind, den die Wut so richtig gepackt hat, dann möchten Sie möglichst weit auf Abstand gehen. Sie möchten vielleicht so weit von ihm weg, dass Sie gar nichts mehr mit ihm zu tun haben.

So macht Wut Beziehungen kaputt. Und zudem verhindert sie, dass wieder Vertrauen wächst. Jetzt wenden Sie vielleicht ein: Ist mir doch egal, ob der, der mich hintergangen hat, mir vertraut. Ich will, dass er Angst vor mir hat, damit er mir nie wieder wehtut.

Ich verstehe. Als ich betrogen wurde, war bestimmt keine Frau auf der Welt wütender als ich, und irgendwo hatte ich das Gefühl, dass das gar nicht so schlecht war. Doch genauso wenig, wie Sie einem wütenden Menschen trauen können, können Sie jemandem trauen, der versucht, mit einem wütenden Menschen zurechtzukommen. Wenn jemand wirklich wütend ist oder jederzeit wütend werden könnte, dann lügen wir ihn eher an oder enthalten ihm etwas vor. Warum auch nicht? Wir wollen uns schließlich seiner Wut nicht aussetzen!

Wir müssen also der Möglichkeit, sogar der Tatsache ins Auge sehen, dass Wut vom Standpunkt des Vertrauenswieder-aufbaus ein schwerer Fehler ist. Ja, Wut verschafft Ihnen subjektiv mehr Sicherheit, doch sie führt auch zu Entfremdung, Unaufrichtigkeit und Verbitterung, und sie untergräbt die Loyalität, und all das ist das Letzte, was Sie wollen, wenn Sie in absehbarer Zeit einander wieder vertrauen können möchten.

Ja, Wut ist normal und verständlich. In gewissem Maße ist sie unvermeidlich. Doch ich bitte Sie dringend, sich anzuhören, was ich sagen will: Ich habe mit meiner Wut unglaublichen Schaden in meiner Beziehung angerichtet, sowohl mit ihrer Heftigkeit als auch mit ihrer langen Dauer. Und seither fand ich das bei allen Paaren und Familien, mit denen ich gearbeitet habe, bestätigt. Je weniger wir unserer Wut die Zügel schießen lassen, desto schneller verläuft der Heilungsprozess. Wut in gewissem Maß ist also normal und unvermeidlich. Darüber hinaus gilt: Je weniger Wut, desto besser. Zu viel Wut kann zu einer schädlichen Zerreißprobe werden. Wut ist ein Test, den man zu weit treiben kann.

Zu weit getriebene Wut

Wenn Sie als Hintergangene einen Weg zurück zum Vertrauen finden möchten, dann lauert eine weitere Gefahr. Es trifft zwar zu, dass Ihre Wut ein Test für die Liebe des anderen ist. Aber sie ist auch ein Test für die Fähigkeit des anderen, sich nicht entmutigen zu lassen. Und seien wir, Sie und ich, ehrlich, denn wir haben beide einen Vertrauensbruch durchgemacht: Unsere Wut – ihre Heftigkeit, ihre schier endlose Dauer – kann den anderen komplett entmutigen.

Wir alle haben schon mal Dinge gesagt wie:»Ich weiß nicht, ob ich dir je wieder vertrauen kann.« Jetzt aber sprechen wir es teilweise als eine flehentliche Bitte um Hoffnung aus: Bitte gib mir etwas, das es mir möglich macht, dir wieder zu vertrauen. Unser Partner jedoch hört wahrscheinlich etwas ganz anderes, nämlich eine Art langfristiger Wetterworhersage: So wie ich es sehe, glaube ich eher nicht, dass ich dir je wieder vertrauen kann.

Sie laufen also Gefahr, dass Ihr Partner an einen Punkt wie den folgenden kommt (und das ist wörtlich mit einigen Änderungen zum Schutz der Privatsphäre aus einer E-Mail eines Mannes an seine Frau übernommen):

Ich liebe dich, und ich werde dich immer lieben. Es tut mir sehr leid, was ich getan habe. Wenn ich die Uhr zurückdrehen und es damit ungeschehen machen könnte, dass ich mir den Arm abhacke, würde ich es tun. Trotzdem sehe ich keine Möglichkeit, mit dir weiterzuleben. Du gibst mir andauernd überdeutlich zu verstehen, dass du nie darüber hinwegkommen wirst. Ich weiß, dass du unglaublich verletzt und wütend bist, aber ich dachte, das würde sich jetzt allmählich legen. Tut es nicht. Ich weiß nicht, was du von mir willst. Ich weiß schon, dass du mir immer wieder gesagt hast, dass du mir nie wieder wirst vertrauen können. Deshalb muss ich dich jetzt wohl beim Wort nehmen. Ich würde alles darum geben, wenn wir nicht in dieser Lage wären, aber ich sehe einfach keinen Sinn mehr darin, das weiter auszuhalten. Du hast mir erklärt, es hätte keinen Sinn.

Eines war diesem Mann jedoch nicht klar. Seine Frau handelte immer noch sehr aus dem Bauch heraus. Sie war immer noch völlig beherrscht von ihrer Wut. Sie gierte förmlich danach zu wissen, dass sie ihm etwas bedeutete.

Und deshalb beging sie einen furchtbaren Fehler. Sie glaubte, aufgrund ihrer Verletztheit und seines Vergehens ihrer Wut gefahrlos die Zügel schießen lassen zu dürfen, so lange sie wollte und wie sie wollte. Doch sie irrte sich, und als sie ihren Fehler einsah, war es zu spät.

Sie haben das Recht herauszufinden, ob dem anderen an Ihnen liegt. Doch Sie werden es nicht herausfinden, wenn Sie den Bogen überspannen und den Test über sein Durchhaltevermögen hinaus weitertreiben.

Wie viel ist zu viel?

Wo müssen Sie einen Strich ziehen und sagen, das ist zu viel Wut? Eine schwierige Frage. Ich bin sehr vorsichtig damit, einem zutiefst verletzten Menschen vorzuhalten, er sei zu weit gegangen.

Ich selbst wäre alles andere als erfreut gewesen, hätte jemand das zu mir gesagt, als mich die Wut auf meinen Mann fest in den Klauen hielt. Aber ich fühle mich hin und her gerissen. Ich weiß, dass wir nicht ermahnt werden wollen, unsere Wut zu zügeln, vor allem dann nicht, wenn sie so überaus berechtigt erscheint. Und dass es nicht funktioniert, jemanden einfach anzuweisen:»Sei nicht wütend.«

Aber ich weiß auch, und zwar hieb- und stichfest, dass zu viel Wut schädlich ist. Sie vergiftet die Beziehung und verhindert, dass wieder Vertrauen wächst.

Ich will Ihnen also nicht vorschreiben, was zu tun ist, sondern Ihnen einen Zeitplan vorstellen, dessen Anwendung ich angehenden Therapeuten beibringe. An diesem Zeitplan können Sie ermessen, ob Ihre Wut über die normalen Grenzen hinausgeht. Natürlich ist»normal« ein sehr umstrittenes Wort. Ich gebrauche es hier jedoch ausschließlich in statistischem Sinne. Ich möchte nur so viel sagen: Falls Sie von diesem Zeitplan abweichen, so kommt bei Ihnen weitaus mehr Wut zum Vorschein als bei den meisten anderen Menschen, die sich mit der gleichen schlimmen Situation herumschlagen wie Sie. Wenn also Ihre Wut die Skala sprengt, sollten Sie bereit sein, zumindest einen Versuch, sie zurückzufahren, in Betracht zu ziehen. Ich werde Ihnen dann zeigen, wie das geht.

Hier aber erst mal der Zeitplan für normale Wut nach einem Vertrauensbruch:

- *Nach dem ersten Monat:* Es herrscht immer noch grenzenlose Wut. *Aber* daneben sollten noch zwei andere Dinge vorhanden sein. Wenigstens gelegentlich sollte sich ein Hauch Abkühlung bemerkbar machen. Sie sollten nicht den gesamten Monat lang in Weißglut verbringen. Und Ihre Wut sollte nicht so heftig sein, dass Sie verrückte Sachen machen, um sich selbst oder die andere Person zu verletzen.

- *Nach den ersten drei Monaten:* Sie sollten an den Punkt gelangt sein, dass Sie mit Ihrem Partner ein vernünftiges, fruchtbares Gespräch führen können, um ein gemeinsames Ziel zu erreichen. Sie sollten beispielsweise dazu imstande sein, gemeinsam zu kochen, mit den Kindern auf den Spielplatz zu gehen, Freunde zu Ihnen einzuladen oder finanziellen Verbindlichkeiten nachzukommen, und zwar ohne sich zu streiten und ohne dass Sie das als Martyrium empfinden. Es mag Ihnen immer noch so vorkommen, als schwebe eine schwarze Wolke der Wut über Ihnen, doch sie zieht nicht mehr alles in Mitleidenschaft.
- *Nach den ersten sechs Monaten:* Sie haben vielleicht immer noch den Eindruck, dass Wut in Ihrer Beziehung ein Problem ist. Sie könnten ohne weiteres immer noch Wutanfälle bekommen, manchmal wie aus heiterem Himmel. Sie mögen untergründig immer noch das Gefühl haben, auf Eiern zu laufen. Doch Wut sollte nicht mehr Ihr üblicher Betriebszustand sein. Es sollte Ihnen so vorkommen, als empfänden Sie innerlich nicht häufiger Wut, als Sie nach außen hin zeigen.
- *Nach dem ersten Jahr:* Hie und da mag noch ein Wutausbruch vorkommen, insbesondere wenn jemand Ihre Gefühle im Zusammenhang mit dem Vertrauensbruch wieder wachruft. Doch im Allgemeinen müssten Sie wohl zugeben, dass Sie nicht mehr wütend sind. Was die Beziehung anbelangt, glauben Sie vielleicht noch nicht ganz, dass das Vertrauen wiederhergestellt ist, haben aber das Gefühl, auf dem Weg dorthin zu sein.

- *Nach den ersten beiden Jahren:* Die Wut ist praktisch verschwunden, das Vertrauen wiederhergestellt (zumindest können Sie so handeln, als vertrauten Sie einander), und Ihre Beziehung ist so gut wie vor dem Verrat, wenn nicht besser. Sie können jetzt darüber reden, ohne wütend und konfus zu werden.

Ich muss noch hinzufügen, dass der skizzierte Zeitplan nach meiner Erfahrung mit stärkerer und länger anhaltender Wut rechnet, als vielleicht gesund ist. Das sollten Sie wissen. Doch das ist immer noch okay und innerhalb der normalen Bandbreite. Wenn Sie jedoch über diesen Zeitplan hinausgehen, dann wird die Wut wirklich ungesund.

Es ist Ihre Entscheidung. Wenn Sie keine Heilung wollen, dann lassen Sie die Sau raus. Vergessen Sie, was gesund ist. Vergessen Sie den Zeitplan. Glauben Sie mir, nichts wird heilen. Und vielleicht wollen Sie ja auch die Beziehung so beenden. Viele Leute machen das so. Ihnen ist nicht nach: Du hast mich hintergangen, es ist aus. Ihnen ist nach: Du hast mich hintergangen, ich mach dir die Hölle heiß, und dann ist es aus.

Doch wenn das ein Test sein soll, um herauszufinden, ob Sie dem anderen etwas bedeuten, müssen Sie sich fragen: War es, von dem Vertrauensbruch einmal abgesehen, eine gute Beziehung oder zumindest eine hinlänglich gute? Falls ja, warum sollten Sie ihr nicht eine Chance geben und versuchen, sie zu heilen? Falls nein, warum sich dann die Mühe machen? Denken Sie daran, die Hölle, durch die sie den anderen gehen lassen, ist auch für Sie eine Hölle.

Grace und Wendy. Als bei Grace Brustkrebs festgestellt wurde, ließ ihre beste und älteste Freundin Wendy sie im Stich. Sie reagierte einfach nicht mehr auf Graces Anrufe und SMS. Das mag Ihnen unbegreiflich vorkommen, und auch für Grace war es unbegreiflich. Das machte es ja so erschütternd. Als Grace Wendy zufällig im Supermarkt über den Weg lief und sie sie zur Rede stellte, erwiderte diese, sie habe eine regelrechte Krebsphobie. Schon wenn sie jemanden davon reden höre, mache ihr das Angst, selbst zu erkranken. Wendy kehrte Grace den Rücken zu und ging davon.

Grace wurde schließlich wieder gesund. Wendy erfuhr davon und versuchte, den Kontakt wieder aufzunehmen. Doch Grace war zu wütend, um sich auch nur im Entferntesten darauf einzulassen.

Nun stellte sie mir eine Frage, die ich aus dem Mund zahlloser Menschen gehört habe. »Sie sagen, meine Wut schädigt meine Beziehung. Aber wie zum Teufel soll ich sie abstellen? Ich spüre sie doch.« Grace wurde sogar wütend auf mich, weil ich auch nur zart andeutete, sie solle ihre Wut vielleicht ein wenig zügeln. Die Betroffenen empfinden ihre Wut so deutlich als Selbstschutz, dass sie bei dem Gedanken, sie könnte ihnen genommen werden, oft an die Decke gehen.

Es ist tatsächlich verzwickt. Wir erkennen, dass Wut normal ist. Wir glauben, ein Recht auf unsere Wut zu haben. In gewisser Weise tröstet uns unsere Wut sogar. Und dennoch merken wir, dass unsere Wut uns schadet.

Was also können wir tun? Unsere Gefühle einfach abschalten, geht doch nicht.

Aber ich verlange auch gar nicht von Ihnen, nicht mehr wütend zu sein. Wenn Sie diesen nichtsnutzigen, hinterhältigen, miesen Dreckskerl mit den lodernden Flammen Ihrer Wut in ein Aschehäufchen verwandeln wollen, dann nur zu. Wut ist sowohl natürlich als auch unausweichlich. Doch Sie müssen sich bewusst sein, dass Sie sich mit Ihrer Wut auch ins eigene Fleisch schneiden können.

Nehmen Sie sich vor dem Teufelskreis der Wut in Acht. Die andere Person, nehmen wir an Ihr Ehemann, kapiert, dass die Wut Sie packen wird. Er weiß, dass er Sie tief verletzt und stinksauer gemacht hat. Er stellt sich auf eine Phase mit Blitz und Donner ein. Das ist Ihr Zeitfenster. Doch es ist schmaler, als Sie vielleicht denken oder es gern hätten. Schließlich möchte niemand lange als Zielscheibe von Wutanfällen herumlaufen. Während er also einerseits Ihr Bedürfnis nach Wut anerkennt, ist er andererseits nicht sehr scharf darauf, sie über einen längeren Zeitraum abzukriegen.

Ihr Mann wird Ihre Wut also eine Zeit lang hinnehmen, und zwar nicht nur bis zu dem Punkt, wo er sie nicht mehr erträgt, sondern noch eine Weile länger, weil er sich schuldig fühlt. Mit anderen Worten: Er hat von Ihrem Zorn die Nase voll, bevor er Ihnen das sagt. Kurzum, Sie basteln gerade eine wandelnde Zeitbombe. Irgendwann und früher, als Sie vermuten, wird er seinerseits hochgehen. Nicht weil er das Recht dazu hätte, sondern weil er ein ganz normaler Mensch ist.

In der schwächsten Form könnte sich das so ausdrücken, dass Ihr Mann Sie gereizt anfährt:»Wann gedenkst du, endlich darüber wegzukommen?« Es ist, als wollte er sagen: Du bist jetzt weit über den Punkt hinaus, dass du dich zu Recht verletzt fühlen kannst. Jetzt schlachtest du es nur noch aus. Und natürlich reagieren Sie darauf mit … noch heftigerer Wut!

Das ist der Teufelskreis der Wut, und Sie müssen sich seiner bewusst sein, denn er ist sehr gefährlich. Wut gebiert Wut. Und meiner Erfahrung nach kommt er in Gang, *bevor* die meisten Menschen den Punkt erreichen, bis zu welchem Wut dem Zeitplan zufolge als normale Wut gelten kann.

In einer vollkommenen Welt hätte Wut lediglich eine Informationsfunktion. Wut ist ein Geschenk der Natur an viele Lebewesen, damit wir einander signalisieren können:»Siehst du?

Das ist für mich eine ernste Angelegenheit.« Eine Art »Wutometer«, um anderen zu zeigen, dass uns etwas viel ausmacht. Dann nämlich äußern wir Wut.

Wenn wir jedoch diejenigen sind, welche die Prügel einstecken müssen, erleben wir Wut als Machtausübung und Misshandlung. Niemand lässt sich gern anschreien, selbst wenn er erkennt, dass die Wut berechtigt ist. Wird Ihr Partner also nun seinerseits wütend auf Sie, reagiert er nicht mehr auf Ihr berechtigtes Bedürfnis, ihm klarzumachen, dass er Sie mit einem gravierenden »Vergehen« verletzt hat. Er reagiert auf sein Gefühl, gegängelt und misshandelt zu werden. Und Sie wiederum reagieren ganz genauso. Selbst wenn Sie einräumen, dass das Zusammenleben mit einer Furie für ihn kein Zuckerschlecken ist, werden Sie sich durch seine Wut ebenfalls gegängelt und misshandelt fühlen und infolgedessen noch wütender auf ihn.

Das Ende. Das Gefährliche an dem Teufelskreis der Wut: Er enthält keinen Abschaltmechanismus. Entweder er eskaliert oder er dreht sich auf hohem Niveau endlos weiter.

Es gibt nur zwei Arten, wie er endet. Die eine macht die Beziehung zunichte. So gesehen ist er wie Krebs. Wenn der Krebs einen Menschen tötet, stirbt auch der Krebs, aber das ist ihm egal, weil er durch und durch destruktiv ist. Dasselbe gilt für den Teufelskreis der Wut.

Oder der Teufelskreis endet, wenn er Sie so weit in den Wahnsinn getrieben hat, dass Sie innehalten und sich fragen müssen: Moment mal, das ist doch völlig verrückt. Was tun wir einander bloß an?

Problematisch ist nur, dass es, sind Sie erst einmal auf dem Weg in den Wahnsinn, schwierig ist, das Ruder herumzureißen, auch wenn Ihnen Ihre Lage bewusst wird. Sicher, Sie mögen erkennen, wohin Sie Ihre Wut gebracht hat. Doch wer kann schon vergessen, was der andere in seiner Wut gesagt oder getan hat?

Ich führe Ihnen all das vor Augen, weil es mich traurig macht, dass viele Paare mich erst aufgesucht haben, als der Teufelskreis der Wut ihre Beziehung bereits zerstört hatte. Sie gerieten in den Strudel des Wahnsinns und fanden nicht wieder heraus. Das hat *niemals* einen Sinn. Hätten sie die Beziehung beenden wollen, hätten sie dies ohne diese enorme Zeitverschwendung und ohne all das Leid tun können. Doch die meisten Betroffenen hatten den Wunsch, ihre Beziehung am Leben zu erhalten. Leider war es in manchen Fällen zu spät. Der Teufelskreis der Wut hatte ihr schon den Garaus gemacht.

Deshalb bitte ich Sie: Passen Sie auf.

Machen Sie sich klar, dass Ihre derzeitige Wut nur eine Phase ist. Sie ist nicht das Eigentliche. Sie ist nur so etwas wie ein unbequemer Ort, an dem Sie sich jetzt zufällig befinden, wie ein Langstreckenflug. Sie wird vorübergehen. Und wenn es soweit ist, dann, das verspreche ich Ihnen, werden Sie die in dieser Phase vertane Zeit und das durchgemachte Leid bereuen.

Und machen Sie sich klar, worum sich diese ganze Wut eigentlich dreht. Durch den Missbrauch Ihres Vertrauens fühlten Sie sich ganz klein, fast zu einem Nichts gemacht. Und jetzt möchten Sie groß erscheinen, als jemand, mit dem man rechnen muss. Und natürlich tun Sie das, um Ihre Verunsicherung zu überwinden. Je furchterregender Sie sind, für desto geringer halten Sie die Gefahr, dass jemand Sie verarscht.

Und das führt zu dem nächsten Punkt, über den Sie sich im Klaren sein sollten. *Was wollen Sie?* Ich verstehe: Sie wissen es wahrscheinlich nicht. Zum einen sind Sie zu wütend, um klar denken zu können. Doch solange auch nur die Möglichkeit besteht, dass Sie diese Beziehung und das Vertrauen neu aufbauen möchten, muss auch das zu dem gehören, was Sie wollen.

Und sollte es auch nur die geringste Chance geben, dass Sie in der Beziehung bleiben möchten, dann machen Sie sich bewusst, wie zerstörerisch Ihre Wut sein kann.

Den Teufelskreis der Wut unterbinden

Jetzt sagen Sie vielleicht: ›Okay, okay, ich hab's gerafft. Zu viel Wut ist schlecht. Aber wie soll ich damit aufhören? *Ich bin doch immer noch stinkwütend!*‹

Gute Frage. Sie können jedoch eine Menge tun, damit Ihre Wut, die Sie ja eigentlich brauchen, um die Einsatzbereitschaft des anderen abzuschätzen, nicht über die Stränge schlägt und die Beziehung vergiftet. Ich empfehle Ihnen, möglichst viel davon anzuwenden.

→ Sie können ein Wuttagebuch führen und Ihrem Herzen darin Luft machen.

→ Sie können mit einer Freundin, einer Beraterin, einer Therapeutin oder einem Geistlichen über den Vertrauensbruch sprechen. Auf diese Weise lassen Sie Ihre Wut raus, ohne Schaden anzurichten. Es ist viel, viel leichter, einem wutschnaubenden Menschen zuzuhören, wenn diese Wut nicht einem selbst gilt.

→ Sie können mit Ihrem Partner eine Vereinbarung aushandeln, die ihm klarmacht, dass Sie Ihrer Wut immer noch Ausdruck geben müssen, ihm aber erlaubt, sich nicht damit auseinanderzusetzen. Eine meiner Klientinnen erklärte ihrem Mann:»Ich muss noch Dampf ablassen, also wie wäre es, wenn ich dir wütende E-Mails schickte, falls sich bei mir wieder Ärger angestaut hat. Ich schreibe ›Dampf ablassen‹ in die Betreffzeile. Ich hätte gerne, dass du sie liest, aber du musst nicht. Ich werde dich nicht darüber ausfragen.«

Für die beiden war das ein hervorragendes Werkzeug. Sie konnte ihrer Wut Luft machen und gab ihrem Partner die Möglichkeit, einfach auf »Löschen« zu klicken, wenn er eine Atempause brauchte.

→ Seien Sie sich selbst gegenüber ehrlich: Hat diese Wut wirklich mit dem Vertrauensbruch zu tun? Viele von uns schleppen einen dicken Packen aufgestauter Wut mit sich herum. Ein Teil davon reicht bis auf Benachteiligungserlebnisse in der Kindheit zurück. Ein Teil wurzelt in unserer beruflichen Arbeit. Alle Menschen, die ich kenne, wurden schon einmal schikaniert und ungerecht behandelt; das macht jeden wütend. Doch wir haben kein Ventil für diese Wut. Dann hintergeht uns jemand, und die ganze Wut kommt raus. Ein Teil entspringt also dem Vertrauensbruch und ein Teil – vielleicht sogar der überwiegende – früheren Kränkungen und Demütigungen.

Falls dies auf Sie zutrifft, wäre eine Therapie eine gute Möglichkeit, das zu verarbeiten. Ich will damit nicht sagen, dass Sie eine Therapie benötigen, *nur* weil jemand Sie hintergangen und wütend gemacht hat. Diese Wut ist normal und gesund. Zuweilen rät Ihnen auch der Übeltäter zu einer Therapie, damit er sich nicht mit Ihrer Wut auseinandersetzen muss. Wozu ich nur sagen kann: Dumm gelaufen, Mister. Du hast dieses Monster erschaffen, jetzt werde auch damit fertig.

Wenn Sie aber einräumen müssen, dass Ihre Wut ungesund ist oder in die Sackgasse führt, dann wäre eine Therapie hilfreich. Auf diese Weise können Sie herausfinden, ob Sie Ihrem Partner wirklich etwas bedeuten, ohne dabei die Beziehung zu zerstören.

→ Möglicherweise, nur möglicherweise können Sie sich eine Art Maulkorb verpassen. Sprechen Sie aus, wozu die Wut Sie treibt, aber nicht mit Worten, von denen Sie genau wissen, dass sie verletzend sind. Das ist nicht einfach, und ich kann Ihnen nicht sagen, wo die Grenze zu ziehen ist. Eines aber weiß ich: Die meisten von uns kennen den Unterschied zwischen im Zorn ausgesprochenen Worten und Worten, die bewusst verletzend sind.

Sagen Sie beispielsweise:»Ich hasse dich für das, was du getan hast.« Das ist nur ein anderer Ausdruck dafür, dass Sie echt stinksauer sind, was der andere bereits weiß. Aber sagen Sie nicht:»Kennst du den eigentlichen Grund, weshalb ich dich geheiratet habe? Weil du mir leid getan hast.«

Oder sagen Sie beispielsweise:»Was warst du bloß für ein Trottel.« Jeder weiß, dass man sich ab und zu wie ein Trottel verhält. Aber sagen Sie nicht:»Bevor sie starb, hat mir deine Mutter erzählt, dass sie dich nie wirklich geliebt hat.«

Sie haben das Prinzip verstanden, oder?

Ein Vertrauensbruch verletzt uns so tief und persönlich, dass es uns natürlich drängt, das mit gleicher Münze heimzuzahlen. Doch wenn Sie diesen Weg einschlagen, zerstören Sie unter Umständen eben die Beziehung, die Sie vielleicht wiederhaben möchten, sobald Ihre Wut sich legt.

→ Sie können eine Technik anwenden, die ich *Sich einen Vesuv genehmigen* nenne. Sagen Sie zu Ihrem Partner:»Ich muss mir etwas von meiner Wut von der Seele reden. Wie lange schaffst du es zuzuhören?« Wenn der andere erwidert:»Zwei Minuten« oder so etwas, dann sagen Sie:»Gut«, und geben ihm Ihre Uhr mit den Worten:»Sage mir, wann's losgeht und wann meine Zeit abgelaufen ist.« Nun können Sie vom Leder ziehen.

Sie haben einen zeitlichen Rahmen, in dem Sie so viel Wut rauslassen können, wie Sie wollen. Der andere fühlt sich jedoch nicht angegriffen, weil er sich einverstanden erklärt hat und weil er die Zeit nimmt. Dabei müssen Sie allerdings die Regel beachten, dass Sie während Ihres Vesuvs ausschließlich Ihre Gefühle zum Ausdruck bringen. Die müssen nicht unbedingt der Realität entsprechen. Sie dürfen sogar sagen: »Ich wünschte, du wärst tot.« Bei einem Vesuv entspricht dieser Ausdruck lediglich Ihrer Gemütslage; Sie wünschen dem anderen nicht wirklich den Tod. Vesuve sind toll, weil Sie Ihre Wut ausbrechen lassen können, ohne damit in den Strudel des Wahnsinns zu geraten.

→ Sie können einfach den Raum verlassen, wenn Sie spüren, wie Ihnen die Galle hochkommt. Behaupten Sie einfach, Sie müssten zur Toilette. Im Bad spritzen Sie sich dann kaltes Wasser ins Gesicht und stellen sich die Schlüsselfrage: *Was will ich?* Wenn Sie nach einigen Minuten ruhiger Überlegung zu dem Schluss kommen, dass Sie immer noch zurückgehen und Ihren Partner plattmachen wollen, gut, dann ist das zumindest eine Entscheidung, die Sie getroffen haben, und nicht bloß etwas, wozu Sie sich haben hinreißen lassen.

Ich habe festgestellt, dass durch eine Auszeit das Bedürfnis, der eigenen Wut Luft zu machen, nachlässt. Und ich sage Ihnen etwas, worüber ich gerne besser Bescheid gewusst hätte, als ich das alles durchgemacht habe: Unterdrückte Wut ruft keine Magengeschwüre oder Tumore hervor. Sie eitert und fault nicht. Dafür gibt es keinerlei Beweis. Sie ist nicht wie ein Hühnerknochen, der Ihnen im Magen liegt, bis Sie ihn herauswürgen. Sie ist kein Gift, das Sie aus Ihrem Körper herauskriegen müssen. Nichts davon. Wut ist lediglich ein Gefühl. Wie bei der Pizzawerbung im Fernsehen, die bei Ihnen Heißhunger auf Pizza auslöst. In diesem Augenblick ist der Drang fast überwältigend. (Glauben Sie mir, ich kenne das nur allzu gut.) Aber wenn Sie diesem Gefühl nicht nachgeben, passiert gar nichts. Es wird einfach weggehen. Genauso ist das auch bei Wut.

→ Sie können dem anderen inmitten Ihrer Wut eine Vorstellung davon vermitteln, was Sie wollen. In jeder Partnerschaft gibt es unerfüllte Bedürfnisse, die nach einem Vertrauensbruch zum Vorschein kommen. Auf irgendeine Weise verbindet sich Ihr Zorn darüber, dass Ihr Mann versehentlich Ihre Hochzeitsbilder weggeworfen hat, mit Ihrer Wut darüber, dass er immer nur das Angenehme macht, wenn es gilt, die Kinder zu Bett zu bringen. Er liest ihnen eine Geschichte vor, während Sie das Durcheinander im Zimmer aufräumen. Dies ist ein unbefriedigtes Bedürfnis, und es wird während einer Ihrer Tiraden mit Sicherheit an die Oberfläche kommen. Das ist auch gut so, weil, indem Sie darüber sprechen, die Unzufriedenheit Raum bekommt und dadurch Ihrer beider Gefühl der Hilflosigkeit nachlässt.

Das ist wichtig, denn das Leben nach einem Vertrauensbruch ruft in jedem Beteiligten Gefühle von Hilflosigkeit und Entmutigung hervor. Es ist, als hüllte Sie ein erstickender Nebel ein, gegen den Sie tun können, was Sie wollen, ohne dass er sich auflöste. Kein Wunder, dass in dieser Phase Beziehungen vor die Hunde gehen. Menschen versuchen nun mal von allem wegzukommen, was sie entmutigt.

Doch sobald Sie aussprechen können, was Sie brauchen, tragen Sie zu einer Atmosphäre des aktiven Problemlösens bei, und die ist nicht entmutigend, sondern ermutigend.

Eines möchte ich aber noch hinzufügen. Wenn Sie ein Bedürfnis oder eine Unzufriedenheit zum Ausdruck bringen, dann seien Sie konkret. Sie sollten nicht einfach sagen: »Sei nett zu mir«, auch wenn Sie sich genau das wünschen. Diese Wortwahl gibt niemandem einen Hinweis, was genau er tun soll. Sie müssen schon etwas tiefer gehen. Was gäbe Ihnen das Gefühl, dass der andere nett zu Ihnen ist? Wenn er Sie öfter anlächelte? Wenn er mehr im Haushalt machte? Wenn er Sie beim Jammern über einen harten Tag im Büro nicht unterbräche? *Solche* Dinge sind konkret. So bekommen Sie diese eher und auch eher das Gefühl, dass der andere Ihnen gibt, was Sie brauchen.

→ Wenn Sie sonst nichts unternehmen, können Sie den anderen zumindest wissen lassen, was Sie wirklich so sehr erbost. Denn nicht Ihre Wut als solche entmutigt Ihren Partner, sondern dass er nicht versteht, was los ist. Sie dürfen also durchaus wütend sein, aber Sie müssen Ihre Wut in einen Zusammenhang stellen. So könnten Sie, wenn die Wut Sie für einen Moment ein wenig aus den Klauen lässt, so etwas sagen wie: »Sieh mal, ich weiß, dass das auch für dich hart ist. Und ich wünschte, ich hätte so was wie einen Zeitplan oder eine Karte, wo steht, wann meine Wut nachlassen wird. Aber ich weiß einfach nicht, wann das passieren wird. Ich weiß nur, dass ich will, dass es passiert. Ich will einen Weg finden, um dir wieder zu vertrauen. Und ich weiß, dass du vertrauenswürdig sein willst. Aber das ist der Punkt. Als du mir wehgetan hast, hast du mir vermittelt, dass ich dir nichts bedeute. Dass ich es nicht wert bin, dir etwas zu bedeuten. Aber wenn du es mit mir aushalten kannst, solange ich noch so wütend bin, dann sagt mir das, dass dir doch etwas an mir liegt, und das bedeutet mir alles.«

Wenn Sie etwas dergleichen sagen, können Sie einerseits Ihrer Wut Ausdruck geben und feststellen, ob Sie dem anderen so viel bedeuten, dass er bei Ihnen bleibt und es durchsteht. Andererseits schiebt es der schrecklichen Gefahr, dass er in seiner Entmutigung Ihre Beziehung zerstört, einen Riegel vor.

→ Die letzte und wichtigste Möglichkeit ist schließlich, sich auf die Befriedigung Ihres Sicherheitsbedürfnisses zu konzentrieren.

Das funktioniert folgendermaßen: Wie wir wissen, kann Wut als Werkzeug dienen, um herauszufinden, ob Sie dem anderen etwas bedeuten. Doch wie wir ebenfalls wissen, entsteht die Wut in dem verunsicherten Teil von uns. Für diese Verunsicherung gibt es jede Menge Gründe neben dem Vertrauensbruch selbst. Einer ist der Teufelskreis der Wut. Nehmen wir an, Ihr Sicherheitsbedürfnis erfordert es, dass Ihr Partner offen ist. Gut. Haben Sie jedoch Ihrer ungezügelten Wut ziemlich lange freien Lauf gelassen, fühlt er sich vielleicht, selbst wenn sich dieser Zeitraum noch im Rahmen des Normalen bewegt, nicht sicher genug, um sich Ihnen zu öffnen, weil er sich nicht Ihrer Wut aussetzen möchte. Unabsichtlich verhindern Sie selbst, dass Sie bekommen, was Sie brauchen.

Es könnte auch sein – und das erlebe ich ständig –, dass Sie beide noch nicht zu einer Übereinkunft gelangt sind, die ihm ermöglicht, Ihnen zu geben, was Sie für Ihr Sicherheitsgefühl benötigen. Vielleicht weiß er nicht, was Sie brauchen. Vielleicht weiß er es, hat aber keine Ahnung, wie er es anstellen soll. Vielleicht weiß er, wie er es anstellen soll, ist aber aus einem anderen Grund nicht fähig oder nicht bereit dazu.

So weiß er zum Beispiel vielleicht nicht, wie wichtig es für Sie ist, dass er Ihnen von seiner Beziehung zu seiner Kollegin erzählt. Oder er weiß es, überschüttet Sie aber nur mit Belanglosigkeiten. Oder er zögert, Ihnen zu gestehen, dass er einige seiner Kolleginnen mag und eng mit ihnen zusammenarbeitet – er begreift vielleicht nicht, dass das für Sie in Ordnung ist; Sie wollen einfach nur im Bilde sein.

Dass er darüber Bescheid weiß, was Sie brauchen, um sich sicher zu fühlen, ist etwas, an dem Sie beide gemeinsam arbeiten müssen. Es liegt in Ihrer beider Interesse. Sie möchten sich sicher fühlen, und er möchte, dass Sie sich sicher fühlen, weil sich dann auch sein Leben verbessert.

Es gibt noch einen möglichen Grund für Ihre anhaltende Verunsicherung: Ihr Partner kann oder will das, was Sie für ein größeres Sicherheitsgefühl brauchen, nicht tun. Manche Menschen haben Grenzen. Manche hegen die Einstellung: *He, so bin ich eben, so ticke ich, entweder du akzeptierst es, oder du lässt es bleiben.* Wenn es je ein Zeichen zum Gehen gab, dann ist es dieses. Sie können unmöglich wieder Vertrauen zu einem Menschen aufbauen, der nichts dazu beitragen kann oder will, dass Sie sich sicher fühlen.

Aber bedenken Sie auch die Kehrseite. Angenommen es gelingt Ihnen rüberzubringen, was Sie brauchen, und der andere gibt sich redlich Mühe, auf dieses Bedürfnis einzugehen. Jetzt haben Sie die Nase weit vorn. Jetzt haben Sie nicht nur das gebrochene Vertrauen geheilt, sondern auch Ihre Beziehung.

Dieser Punkt ist von so zentraler Bedeutung, dass ich Sie bitte, zurückzublättern und den vorigen Abschnitt nochmals zu lesen, weil er sich mit den Gründen befasst, die es derart kompliziert und wichtig machen, gebrochenes Vertrauen zu heilen. Wie Sie sehen, ist Vertrauen nicht nur eine von vielen wichtigen Voraussetzungen für eine gesunde Beziehung. Es ist nicht nur eine nette, aber nicht lebenswichtige Zutat. Ginge es hier um Ihren Körper, dann entspräche Vertrauen bestimmt nicht dem Haar. Viele von uns wünschen sich volles Haar, aber im Grunde brauchen wir es nicht. Nein, Vertrauen entspricht eher Ihrem Herz. Ohne Herz kein Körper. Ihr Körper kann ohne Herz gar nicht funktionieren.

Ohne Vertrauen kann eine Beziehung nicht überleben.

Genau wie das Herz jeden Körperteil versorgt, ernährt Vertrauen die Beziehung. Angenommen, es ist Sonntagmorgen, und Sie beide lümmeln im Bett herum, lesen Zeitung, nippen an Ihrem Kaffee und unterhalten sich ganz entspannt. Wie soll das gehen ohne Vertrauen? Wenn Sie einander nicht vertrauen, sind Sie jeden Augenblick gefasst auf einen Angriff oder eine schmerzliche oder bedrohliche Enthüllung. Sie wählen jedes Ihrer Worte mit Bedacht und sind vor jedem Wort Ihres Partners auf der Hut. Wenn Ihnen eines gegen den Strich geht, stellen sich Ihnen die Nackenhaare auf und Sie schlagen zurück. Auf diese Weise erzeugt Verunsicherung immer stärkere Verunsicherung. Das ist der *Teufelskreis des Misstrauens*. Misstrauen ruft Reizbarkeit hervor. Reizbarkeit ruft schroffe Reaktionen hervor. Schroffe Reaktionen rufen weiteres Misstrauen hervor.

Doch wenn Sie rüberbringen, was Ihnen das Gefühl von Sicherheit zurückgeben würde, *wird nur Gutes geschehen*. Entweder bekommen Sie, was Sie brauchen, durchbrechen so den Teufelskreis des Misstrauens und spüren, dass Sie dem anderen etwas bedeuten. Oder Sie bekommen es nicht, und dann wissen Sie, dass der andere es Ihnen nicht geben kann. Was bedeutet, dass ihm entweder nichts an Ihnen liegt oder dass er zu dem, was Ihnen das Gefühl von Wichtigsein gäbe, nicht fähig ist.

In jedem Fall haben Sie die Antwort auf Ihre Frage *Bedeute ich ihm wirklich etwas?* bekommen.

Im Sauseschritt auf dem Weg zu neuem Vertrauen

Mittlerweile, so hoffe ich, dämmert Ihnen die Einsicht, dass sich gebrochenes Vertrauen wiederherstellen lässt.

Zum einen können Sie Ihre Wut mäßigen, indem Sie diese so einsetzen, dass Ihr Partner seine Wertschätzung für Sie zeigen kann, statt Zeit mit dem destruktiven Teufelskreis der Wut zu verschwenden. Wut in gewissem Maß ist unvermeidlich. Wie wir jetzt wissen, ist sie in gewissem Maß auch nützlich. Mehr jedoch ist nutzlose Vergeudung.

Zum anderen verhindert ein konstruktiver Umgang mit Ihrer Wut, dass sich Entmutigung breitmacht. Haben Sie schon mal probiert, durch tiefen Schlamm zu waten? Das ist überaus entmutigend. Sie kommen kaum voran, und wenn, ist es sehr kräftezehrend. Der Schlamm erscheint Ihnen buchstäblich wie ein Feind, der Sie runterzuziehen versucht. So fühlen Sie sich, wenn Ihr Vertrauen missbraucht wurde. Sie sind zutiefst entmutigt. Sie sind entmutigt, weil es Ihnen schwerfällt, Ihrem Partner noch Vertrauen entgegenzubringen. Er ist entmutigt, weil er Sie mit nichts von Ihrem Misstrauen abbringen kann.

Diese Entmutigung ist ein gravierender Risikofaktor. Sehr leicht kommt man dazu, sich zu fragen, ob die Beziehung das alles überhaupt wert ist. Und wenn zu viel Wut im Spiel ist und diese ein Eigenleben entwickelt, gelangen manche Menschen zu dem Schluss, dass sich die Anstrengung nicht lohnt. Der Wiederaufbau des Vertrauens scheint nicht sinnvoll. Er scheint nicht einmal möglich.

Diesen Eindruck möchten Sie bei Ihrem Partner doch nicht hervorrufen. Sie möchten, dass er die Wiederherstellung von Vertrauen für möglich hält, insbesondere weil doch er es war, der Ihr Vertrauen erschüttert hat. Und deshalb muss er einsehen, dass Ihre Wut nicht unendlich und unbeherrschbar ist. Einer meiner Klienten hat das so ausgedrückt:

Lindsay zu betrügen war das Schlimmste, was ich je getan habe, und ich verabscheue mich dafür. Ehrlich gesagt, wenn ich mir den Arm abhacken und es dadurch ungeschehen machen könnte, dann täte ich es. Und jetzt, wo Lindsay mir überhaupt nicht mehr vertraut, bin ich bereit, alles zu tun, um ihr Vertrauen wiederzugewinnen. Sie kann meinen Computer überwachen. Mich über mein Handy aufspüren. Ich verstehe das. Aber die Sache ist die … es geht

nicht darum, dass sie so wütend ist. Sie hat ganz recht damit! Es ist nur so, dass … ihre Wut hat so was wie ein Eigenleben angenommen. Sie ist bodenlos. Und dann kann
ich mich des Gedankens nicht erwehren: Welchen Sinn hat
das? Wenn diese Wut nicht mehr aufhört, warum strample
ich mich dann so ab? Ich weiß, dass ich das Schlamassel angerichtet habe, aber wenn es sich nie mehr beseitigen lässt,
warum es dann weiter versuchen?

All das lässt sich vermeiden, wenn Sie so mit der Wut umgehen, wie ich es Ihnen vorgeschlagen habe. Wenn Sie herausfinden, ob Sie dem anderen wichtig sind oder nicht, und Entmutigung vermeiden, können Sie schnellere Fortschritte machen,
als Sie dachten.

3 Sich wahrgenommen fühlen

Cassie und Lou saßen mir gegenüber. Er weinte, und sie betrachtete ihn mit gequältem, aber kaltem Blick. Er hatte sich
lange und unter Schluchzen darüber ausgelassen, wie übel er
Cassie mitgespielt habe – er hatte sie mit dem Kindermädchen
betrogen –, und doch schien nichts davon zu Cassie durch-
zudringen.

Was ging hier vor? Ein erwachsener, vor Reue in Tränen auf-
gelöster Mann würde die meisten Menschen rühren. War Cassie nur ein hartherziges Miststück?

Weit gefehlt. Warum sollten Lous Tränen Cassies Herz erwei-
chen, wenn diese Tränen nicht das waren, was sie brauchte?

Was Cassie brauchte, war das Gefühl, vor einer Wiederholung dieses Vorkommnisses sicher zu sein. Wie aber sollte

sie sich sicher fühlen, wenn der Mann, der sie betrogen hatte, nicht im Mindesten ahnte, was seine Affäre für sie eigentlich bedeutete?

Doch waren diese Tränen denn kein Zeichen, dass er wusste, was er ihr angetan hatte? Nein. Sie waren ja gut und schön, aber nicht anders als die Tränen eines Kindes, das zwar weiß, *dass* es etwas Schlimmes angestellt hat, aber nicht *was*. Seine Tränen sagten Cassie lediglich:»Ich weiß, dass ich etwas Schreckliches getan habe. Habe aber keine Ahnung, was es für dich bedeutet. Also kann ich nur sagen, dass du mir verzeihen musst, weil *ich* so sehr leide.«

Diese Botschaft hörte Cassie aus Lous Tränen heraus: *Schau nur, wie sehr ich leide.* Doch was nützte das Cassie? Sie musste wissen, dass er wusste, wie sehr *sie* litt. Wenn er nicht wusste, welchen Tribut sein Seitensprung von ihr forderte, wie sollte sie dann je darauf vertrauen können, dass er keinen weiteren begehen würde?

Mehr wollen. Irgendwann während des Vertrauenswiederaufbaus merkt die hintergangene Person allmählich, dass etwas fehlt, etwas enorm Wichtiges, das aber schwer dingfest zu machen ist. Der Kummer ist groß; es werden Schwüre geleistet, sich zu bessern. Doch untergründig ist das nicht befriedigend. Aus jeder Begegnung mit der anderen Person nehmen Sie das Gefühl mit, dass da etwas ist, das Sie brauchten und wollten, aber nicht bekommen haben, und das macht Sie zornig. Das ist allerdings das Letzte, was Sie beide gebrauchen können.

Ich erkannte nicht, was es war, als ich mit meinem Mann in dieser Situation steckte. Damals wusste ich nur, dass wir unablässig quälende Gespräche führten, in denen ich mein Herz ausschüttete und die in mir ein sehr unbefriedigtes Gefühl zurückließen. Er hörte zu und machte gute Bemerkungen. Ich spürte, dass ich ihm wichtig war. Doch da war noch etwas, das ich brauchte, auf das wir aber einfach nicht kamen.

Im Verlauf meiner späteren Arbeit mit Menschen, die sich mit Vertrauensmissbrauch auseinandersetzten, fiel mir eines ganz deutlich auf: Die hintergangene Person tat ständig etwas Merkwürdiges. Ich hatte das auch getan, und ich hatte dabei das dumpfe Gefühl, dass es merkwürdig war. Wir wiederholten uns. Wir exerzierten immer wieder dieselbe Litanei des Leids durch.

Julie und Steven. Ich erinnere mich noch an eine Frau namens Julie, deren Mann Steven sie betrogen hatte. Sie zog ihm jede qualvolle Einzelheit jedes Treffens mit seiner Geliebten aus der Nase. Und dann schüttete Julie ihm ihr Herz aus, immer und immer wieder: Wie es für sie war, dass sie jetzt in ihrer Gegend leben musste, ohne an dem Starbucks vorbeifahren zu können, wo Steven und seine Geliebte Kaffee getrunken hatten. Dass sie nicht mehr in ihrem Lieblingssupermarkt einkaufen gehen konnte, weil Steven dort eines Tages zufällig auf seine Geliebte gestoßen war. Dass sie nicht mehr in die Stadtbücherei gehen konnte, weil er und seine Geliebte sich dort einmal getroffen und in einer abgelegenen Ecke der Regale miteinander rumgemacht hatten.

Die normale Geographie ihres Lebens, die sich aus angenehmen, vertrauten Orten hätte zusammensetzen sollen, war zu einer Geographie des Schmerzes geworden. Es war, als hätte er die Welt, die sie ihr Zuhause nannte, emotional vermint und zu einem gefährlichen Ort gemacht.

Und davon sprach sie immer und immer und immer wieder.

Warum?

Weil sie nicht bekam, was sie brauchte. Sie wollte nicht wissen, dass ihr Mann sich mies fühlte. Wie ich eines Tages erkannte, ging ihr seine Geknicktheit sogar auf die Nerven. Ich hatte mit meinem Mann dieselbe Erfahrung gemacht, und sie stellte mich vor ein riesengroßes Rätsel.

Doch bei Julie erkannte ich den emotionalen Mechanismus. Wie erlebte sie Stevens Beteuerungen, dass es ihm unendlich leid tue? Sie verstand sie als Stevens Art, ihr zu bedeuten, sie solle den Mund halten. Es war, als ob er zu ihr sagte: *Siehst du nicht, wie weh mir das tut? Denn wenn du es sähest, würdest du mir nicht immer wieder aufs Brot schmieren, wie sehr ich dir wehgetan habe.*

Und ich erkannte, dass ihr endloses Herumreiten auf ihrem Schmerz und ihrer Wut ihre Art war, sich zu weigern, den Mund zu halten. Julie brauchte etwas anderes. Warum muss sich jemand dauernd wiederholen? Weil er nicht das Gefühl hat, gehört zu werden. Wenn Sie und ich zusammen zu Mittag äßen, und ich bäte Sie, mir das Salz zu reichen, und Sie täten es, müsste ich Sie kein zweites Mal bitten. Gäben Sie es mir jedoch nicht, würde ich weiter darum bitten.

Ich erkannte schließlich, was Julie von Steven brauchte. Julie litt, als stünde sie in Flammen. Seine Beteuerungen, es tue ihm leid, waren sein Versuch, sie zu löschen. Doch ihr eigentliches Problem war nicht dieses Höllenfeuer. Ihr Problem war, dass sie nicht wusste, ob sie zu ihm durchgedrungen war.

Er musste also gerade das tun, wovor er sich am meisten fürchtete. Er musste ihr die Geschichte *aus ihrem Blickwinkel* erzählen. Sie musste ihn darüber reden hören, wie schmerzlich es für sie war, die Straße entlangzufahren und auf eine dieser emotionalen Minen zu treffen. Und er musste das in allen Einzelheiten tun, denn nach einem Vertrauensbruch erleben wir unseren Schmerz in allen Einzelheiten. Es geht immer um die Einzelheiten.

Nimmt der andere mich wirklich wahr? Versteht er,
wie sehr mich sein Vertrauensbruch verletzt hat?
Die Frage, mit der Sie sich herumschlagen, lautet demnach:
»Kapiert er es wirklich?« Ich lese das als: »Ich muss wahrnehmen können, dass du mich wahrnimmst.« Das impliziert für
den anderen, dass es nicht genügt, ein guter Mensch zu sein.
Wertschätzung allein reicht nicht aus. Wir müssen wissen, ob
der Mensch, der uns hintergangen hat, *wirklich* begreift, welch
großen Schmerz er uns damit zugefügt hat.
Das ist eine enorm wichtige Frage. Sie hat mit dem Kern des
Vertrauensbruchs zu tun, und von ihr hängt ab, ob die Heilung
des Misstrauens möglich ist oder nicht.

Was auf dem Spiel steht: Der »Täter« muss bis ins Kleinste
verstehen, wie er Sie verletzt hat, damit er den Preis seiner
Tat in vollem Umfang ermessen kann. Wenn er keine Anstalten macht, Sie wahrzunehmen und Ihnen zu zeigen, dass
er Sie wahrnimmt, dann wissen Sie, dass ihm nichts daran
liegt. Wenn er Sie nicht wahrnehmen *kann*, dann werden Sie
nie den Eindruck bekommen, dass Sie ihm vertrauen können. Nur wenn Sie wahrnehmen können, dass er Sie wahrnimmt, können Sie darauf vertrauen, dass er nicht nur anständig genug, sondern auch genügend im Bilde ist, um
Ihnen nie wieder so wehzutun.

Zurück zu Cassie und Lou. Als wir uns wiedersahen, bestand
ich darauf, dass Lou Cassie erklärte, was sein Seitensprung mit
dem Kindermädchen bei ihr angerichtet hatte. Er tat es mit
dem Gesichtsausdruck eines Mannes, der das Seil dreht, mit
dem er gehenkt werden soll. Er hatte keine Ahnung, dass das,
was er sagte, ihre Beziehung rettete.
Weil er mit dem Kindermädchen fremdgegangen war, fragte
sich Cassie, ob er sie überhaupt jemals geliebt hatte.

Sie bezweifelte, dass er sie je wieder begehren konnte: Sie war 20 Jahre älter als ihre Rivalin.

Er hatte im Hinblick auf die Affäre gelogen. Wie konnte sie darauf vertrauen, dass er nicht überall sonst auch gelogen hatte? Wie sollte sie künftig seinen Behauptungen Glauben schenken können?

Wie sollte sie ihm je wieder Schmeicheleien abnehmen, wenn sie davon ausgehen musste, dass er dem Kindermädchen dieselben Zärtlichkeiten zugeflüstert hatte?

Wie sollte sie in ihrem gemeinsamen Haus je wieder in Frieden leben? Ihr Haus war jetzt der Ort, von dem sie wusste oder vermutete, dass Lou es dort mit dem Kindermädchen getrieben hatte. Das Haus war für Cassie jetzt vor allem ein Ort schmerzlicher Erinnerungen.

Wie sollte sie ihren Freunden und Freundinnen gegenübertreten? Entweder wussten sie von der Affäre und bemitleideten sie, oder sie wussten es nicht, was bedeutete, dass Cassie ein demütigendes Geheimnis zu wahren hatte und somit Grund, sich diesen engen Freunden entfremdet zu fühlen.

Als Lou mit all dem zu Ende gekommen war, malte sich ein Ausdruck des Entsetzens jenseits aller Tränen auf seinem Gesicht. Bis zu diesem Punkt waren alles nur Worte gewesen. Herzzerreißende Worte, ja, wie *am Boden zerstört, betrogen, verletzt*, aber eben nur Worte. Doch was er jetzt gerade gesagt hatte, war die Realität. Und es war für Lou ein furchtbarer Schock, als er merkte, was »verletzt« und »am Boden zerstört« wirklich bedeutete. Dass sich Cassies Leben in einen Albtraum verwandelt hatte. Jedes Detail.

Für Cassie jedoch war Lous Gesichtsausdruck ein wahres Geschenk. Das war es, was sie wollte. Jetzt endlich nahm sie wahr, dass er sie wirklich wahrnahm. Sie wusste, dass er wusste, was er ihr angetan hatte, nicht nur, *dass* sich ihr Leben verändert hatte, sondern *wie* sich ihr Leben verändert hatte, in allen Einzelheiten.

Das ist ein Unterschied, der alles verändert. Der passendste Vergleich, der mir dazu einfällt, ist der: Wenn vor 50 Jahren eine Frau zur Entbindung ins Krankenhaus ging, blieb ihr Mann mit den anderen werdenden Vätern in einem besonderen Warteraum, weit weg von dem realen Geburtsgeschehen. Die Väter hatten keine Ahnung, wie das konkret aussah. Sie wussten nur, dass viele Zimmer weiter etwas Großes und Schwieriges vor sich ging. Der Entbindungsschmerz aber war für sie nur ein Wort.

Das änderte sich grundlegend, als der Vater die Mutter in den Kreißsaal begleitete. Heute ist die Medizin immer noch nicht weit genug fortgeschritten, dass Männer selbst gebären könnten, doch weil viele Männer ihrer Frau während der Entbindung beistehen, nehmen die Frauen wahr, dass die Männer sie wahrnehmen. Sie wissen, dass ihr Mann weiß, wie es ist. Kein Wunder, dass die meisten Frauen ihren Mann dabeihaben möchten.

Genauso ist es in diesem Abschnitt des Heilungsprozesses von gebrochenem Vertrauen. **Wir müssen wissen, dass der andere in vollem Umfang über die Folgen seiner Tat Bescheid weiß.**

Es richtig machen

Dieser Aspekt ist enorm heilsam. In vielen Fällen macht er den wichtigsten Bestandteil des Heilungsprozesses aus.

Und wie bringen Sie ihn in Ihre Beziehung hinein? Eigentlich ist das ziemlich einfach, wenn Sie es nicht verpatzen. Sagen Sie etwas wie:

Wenn wir je darüber hinwegkommen sollen und ich dir

wieder vertrauen können soll, dann muss ich wissen, dass *du* weißt, wie schlimm das für mich gewesen ist und immer noch ist. Und das bedeutet, dass du mir zuhören musst, wenn ich darüber rede. Es wird lange dauern, und es wird dir nicht gefallen. Niemand möchte beschuldigt oder angeschrien werden, und ich weiß, dass es dir genau so vorkommen wird. Aber selbst wenn es so aussieht, als ob ich dir Vorwürfe mache, selbst wenn ich dir wirklich Vorwürfe mache, möchte ich, dass du weißt, dass es darum nicht geht. Es geht darum, dass du es einfach *weißt*. Und ich weiß, dass du es weißt, wenn du mir *zeigst*, dass du es weißt. *Nachdem ich meine Geschichte erzählt habe, muss ich hören, wie du meine Geschichte erzählst.* Du kannst nicht einfach sagen:»Ich weiß, was du meinst.« Du musst aussprechen, was du gesehen und gehört hast. Ich möchte nicht, dass du dich verteidigst. Ich möchte nicht, dass du davon redest, wie leid es dir tut. Und ich möchte nicht, dass du mir etwas erklärst, es sei denn, ich bitte dich ausdrücklich darum. Ich möchte nur, dass du sagst, was du mich hast sagen hören.

Auf *diese* Weise sorgen Sie selbst dafür, dass Sie sich wahrgenommen fühlen.

Es gibt jedoch etwas, an dem beide, Betrüger und Betrogener, beteiligt sind und das diesen entscheidenden Teil des Heilungsprozesses ausbremst. Genauer gesagt verhindert es, dass derjenige, der wahrnehmen müsste, wahrnimmt.

Die Anklage-Verteidigung-Falle

So ging es auch Cassie und Lou.

Als sie an diesem Abend heimkamen, holte Cassies Wut sie wieder ein. (Seien wir ehrlich, die Hintergangenen unter uns

155

werden ständig wieder von ihrer Wut eingeholt. Allerdings passiert das zum Glück mit jedem Monat, der ins Land geht, immer seltener.) Und sehen Sie, wie die Sache aus dem Ruder lief.

Zum millionsten Mal sagte Lou, es tue ihm leid.

»Das sagt du andauernd«, erwiderte Cassie. »Aber wie soll ich das glauben? Monatelang hast du mir ins Gesicht gelogen, und ich hatte keinen blassen Schimmer. Das bist du jetzt für mich – ein Lügner. Ich weiß einfach nicht, wie wir darüber hinwegkommen sollen.«

Mit diesen Worten wollte Cassie eigentlich nur erreichen, dass Lou sie nochmals so wahrnahm, wie er es in meiner Praxis getan hatte. Sie wollte, dass er etwas sagte wie: »Ich glaube, ich verstehe. Wenn du damals nicht wusstest, dass ich lüge, woher sollst du dann wissen, dass ich jetzt nicht auch lüge? Es ist, als ob du in einer albtraumhaften Welt leben würdest, wo überall um dich herum die Bedrohung einer Lüge lauert.« Das ist alles. Es ist, als zeige ein verwundeter Mensch seine Wunde. Er möchte nur, dass der andere diese Wunde sieht.

Doch statt Cassies unterschwelliges Flehen zu hören – »Ich möchte einfach, dass du mich wahrnimmst, weil ich nur so wieder das Vertrauen fassen kann, dass du mir nicht noch einmal wehtust« –, vernahm Lou nur die Anklage. *Du bist ein Lügner. Du bist charakterlos. Du machst alles nur kaputt.*

Verständlicher-, aber fälschlicherweise tat Lou, was die meisten Menschen in dieser Lage tun. Er verteidigte sich. Lou beteuerte: »Ich wollte dir nicht wehtun. Ich habe versucht, der Sache ein Ende zu machen. Ich habe gehofft, ich könnte sie einfach hinter mir lassen. Dann hättest du nie davon erfahren und wärst nie verletzt worden.« Armer Lou. Er wollte nur, dass er nicht als Unmensch dastand.

Arme Cassie. Sie hörte nur, dass dieser Kerl, der ihr das Herz gebrochen hatte, ihr weiszumachen versuchte, was für ein toller Typ er war.

Das war das Gegenteil dessen, was hätte geschehen müssen – es war das *Gegen*mittel gegen die Heilung eines Vertrauensbruchs. Dieses Mittel sorgt unweigerlich dafür, dass die Wunde und das Misstrauen unendlich weiterschwären. Der eine zeigt sich, und, ob gewollt oder nicht, kommt das bei dem anderen an wie eine Anklage. Der Partner rechtfertigt seine Absichten. Er hofft, dass sein Gegenüber sagen wird:»Ach, du wolltest nichts Böses! Das ändert alles! Jetzt ist alles gut.« Doch in Wirklichkeit denkt derjenige:»Dieser ahnungslose Dreckskerl! Er nimmt mich überhaupt nicht wahr. Er will mich nicht wahrnehmen. Ihm liegt im Grunde nichts an mir. Ihm liegt doch nur dran, gut dazustehen. Es geht immer noch nur um ihn. Jetzt habe ich noch mehr Beweise, dass ich ihm nie wieder trauen kann.«

Und dann eskaliert die Sache. Der eine wollte lediglich wahrgenommen werden, doch stattdessen verteidigte der andere seine Absichten. Na gut, dann musste er eben mit der Nase mitten in die Schweinerei gedrückt werden, die er angerichtet hatte. Dann würde er es schon merken. Doch auf diesen energischeren Versuch, wahrgenommen zu werden, folgt eine energischere Verteidigung. Und je heftiger man sich bemüht, wahrgenommen zu werden, desto heftiger fühlt der andere sich angegriffen, desto nachdrücklicher verteidigt er sich und desto fester glaubt man selbst, er wolle einen nicht wahrnehmen.

Und statt dass der eine wahrnähme, dass der andere einen wahrnimmt, bricht das Paar auseinander.

Das müssen Sie verhindern, denn sonst kommt dieser alles entscheidende Prozess des»Wahrnehmens, dass er Sie wahrnimmt« gar nicht erst in Gang. Wie aber bringen Sie Ihren Partner dazu, Sie wahrzunehmen?

Bekommen, was Sie brauchen. Das Problem ist, dass der arme Tropf, der Sie hintergangen hat, nicht dahinterkommt, worum es wirklich geht. Er hört, dass Sie wütend und aufgebracht sind, er hört Worte, die – seien wir ehrlich – einem Angriff aufs Haar gleichen, und das macht es ihm sehr schwer, das zu hören, was Sie eigentlich sagen. Denken Sie daran: Je mehr Wut in Ihrer Stimme mitschwingt, desto weniger hört er, *was* Sie sagen. Er hört nur die Wut. Und die Wut hört sich nach einem Angriff an. Also fällt ihm nichts anderes ein, als sich zu verteidigen.

Sicher, Sie dürfen durchaus noch wütend sein – auch wenn das, mal unter uns Pfarrerstöchtern, die Lage erschwert –, aber Sie müssen dem anderen ein ganz klares Signal senden, was Sie da tun. Etwa so:

Schau mal, ich weiß, dass du das Gefühl hast, ich mache dir Vorwürfe, und deshalb meinst du, du müsstest dich verteidigen. Aber das tue ich eigentlich nicht, und Verteidigung brauche ich jetzt auch nicht von dir. Ich möchte nur, dass du mich wahrnimmst. Ich möchte nur darüber reden können, welche Auswirkungen das hat, was du getan hast, und ich möchte, dass … ich weiß auch nicht … dass du das einfach *weißt*. Ich möchte gar nicht, dass du sagst, dass es dir leid tut. Ich möchte gar nicht, dass du mir erzählst, was du tun oder nicht tun wolltest. Ich möchte nur, dass du mir zeigst, dass du verstehst, wie das für mich war.

Als Therapeutin helfe ich den Betroffenen, die Anklage-Verteidigung-Falle zu umgehen und sich ganz auf das Bedürfnis der hintergangenen Person, vom Partner wahrgenommen zu werden, zu konzentrieren. Jedes Mal, wenn sie von diesem Weg abkommen, helfe ich ihnen zurück in die Spur. Sie können das auch selbst tun. Es erfordert nur Geduld und ein wachsames

Auge, wenn Sie in den Strudel von Anklage und Verteidigung zu geraten drohen.

Sagen Sie immer wieder: »Ich brauche nur eines: dass du mich wahrnimmst«, und es wird in die richtige Richtung laufen. Das Problem ist nicht Ihre Wut. Das Problem ist, dass Ihre Wut noch nicht so eingegrenzt ist, dass der andere versteht, worauf es ankommt.

Wenn der Mensch, der Ihnen wehgetan hat, ein guter Mensch ist, dann möchte er Sie wahrnehmen. Wenn er Sie nicht wahrnehmen will, ist er wahrscheinlich kein guter Mensch, und je früher Sie das merken, desto besser. So oder so sind Sie hinterher schlauer.

4 Wieder an die Beziehung glauben

Und nach der Wut?

Im Zusammenhang mit einem Vertrauensbruch gibt es keine Phase, in der die Wut hundertprozentig verschwunden ist. Egal, wie viele Jahre ins Land gehen, es wird immer ein Rest davon bleiben. Eine flüchtige Erinnerung an den Vorfall wird eine flüchtige Welle von Wut auslösen.

Doch die eigentliche Wut verebbt nach etwa sechs Monaten. Es ist nicht so, dass sie schlagartig weg wäre. Ihnen fällt einfach nur auf, dass sich etwas geändert hat. Die Wut ist schon noch vorhanden, aber nicht mehr als einzige Empfindung. Und Sie spüren, dass auch die Beziehung noch da und nicht etwa dahin ist. An diesem Punkt stellt sich den Beteiligten eine ganz wichtige Frage.

Kann unsere Beziehung überleben? Diese Frage markiert für viele Menschen einen Wendepunkt. In den Monaten davor, während sich die ganze Wut Bahn bricht, fällt vielen auf, dass sie die Beziehung am Ende sahen. Vielleicht war sie auch zu Ende in dem Sinn, dass die Betroffenen vorhatten, sie zu beenden. Vielleicht war sie zu Ende in dem Sinn, dass sie nie wieder gut werden würde. Doch das Durchhalten in der Wutphase eröffnet die ganz reale Möglichkeit, dass die Beziehung überlebt.

Vielleicht haben Sie nicht beschlossen zu bleiben, doch ganz offensichtlich haben Sie auch nicht beschlossen zu gehen. Trotz all der Wut. Und das macht einen Riesenunterschied. *Was auf dem Spiel steht:* Wir alle brauchen Hoffnung, damit wir uns weiter ins Zeug legen können, egal, woran wir knabbern. Gelingt es Ihnen nicht, an den Punkt zu kommen, dass Sie der Beziehung noch eine Chance zuschreiben, so bedeutet das, dass Sie die Hoffnung verloren haben. Und warum sollten Sie sich dann noch anstrengen? Und wer sich nicht anstrengt, wird natürlich nie wieder Vertrauen aufbauen können, und die Beziehung wird kaputt gehen. Beantworten Sie diese Frage jedoch mit dem Gefühl, dass die Beziehung überlebensfähig ist, dann werden Sie durchhalten, und allein schon dieser Einsatz kann das Vertrauen wiederherstellen.

Jessica und Eric. Die Weihnachtsfeier im Büro steuerte auf den Höhepunkt zu. Alle hatten ein bisschen zu viel getrunken – selbst bei Spezialagenten des FBI können Weihnachtspartys ein bisschen ausarten –, und Jessica hatte ein paar Martinis mehr, als sie vertragen konnte. Sie stand in einer Runde mit einigen Kollegen ihres Mannes Eric und deren Frauen. Irgendwie kam das Gespräch ausgerechnet auf Hitler, und jemand warf ein: »Wissen Sie, dieser Typ hatte nur einen Hoden.«

»Oh ja, das weiß ich«, erwiderte Jessica mit vom Alkohol gerötetem Gesicht. »Und er war nicht der Einzige. Eric auch. Er hat auch nur einen Hoden. Er ist eineiig«, fügte sie hinzu und lachte, als wäre es das Witzigste auf der Welt. Vielleicht war es das auch, denn alle wollten sich schier ausschütten vor Lachen.

Eric war allerdings nicht so amüsiert, als einige der Männer zu ihm gingen, um diese urkomische Unterhaltung fortzuführen. »Jessica hat uns von deiner Eiersituation erzählt. Wie lebt es sich so mit einem Hoden?« Ein anderer Kerl witzelte weiter: »Eins kann ich dir sagen. Da hast du 'ne runde Sache.« Und alle brachen in Gelächter aus. Eric nicht.

Er erinnerte sich, Jessica in dieser Gruppe gesehen zu haben. So fragte er sie, was passiert sei, und sie gestand ihm, was sie den anderen erzählt hatte.

Eric war stinksauer, und Muffensausen bekam er auch. Er hatte sich bis kurz vor einen bedeutenden Karrieresprung und eine prestigeträchtige Aufgabe hochgearbeitet. Und jetzt war er bloß noch eine Witzfigur. Das setzte vielleicht sogar seiner Karriere ein Ende. Sicher, die Hänseleien würden nachlassen, der Spott aber würde bleiben, immer außer Hörweite. Jedes Mal, wenn bei einer Besprechung sein Name fiel, konnte jemand auf seinen einen Hoden anspielen. Eine todsichere Pointe. Und wenn niemand was sagte, würden sie es denken.

Eric war überzeugt, dass sein Leben ruiniert war. Weil seine Frau ihm in den Rücken gefallen war. Er kochte vor Wut und war völlig verzweifelt.

War das eine Überreaktion? Wir überlassen es Eric, die Auswirkungen der Enthüllung seiner Frau auf seine Karriere im sehr machohaften FBI zu beurteilen. Er ist der Fachmann.

Doch was ist mit den Auswirkungen auf ihre Ehe? Konnte er die Sache nicht einfach mit einem Lachen abtun?

So nötig wie ein Kropf. Eines müssen Sie sich klarmachen. Wir nehmen etwas eher übel, wenn wir angespannt sind. Und Beziehungen werden durch einen Vertrauensbruch stärker belastet, wenn sie gespannt sind. Genau das war der Fall bei Jessica und Eric. Die Arbeit als FBI-Spezialagent fordert ihren Tribut – auch von einer Ehe. Keine Gespräche über die Arbeit. Lange Arbeitszeiten. Häufige Abwesenheiten ohne Erklärung. So ist es schwer, den Stress aus der Arbeit nicht mit nach Hause zu nehmen. Im Lauf der Jahre nagten Entfremdung und Groll zunehmend an der Ehe von Eric und Jessica. Ihre Beziehung stand also unter keinem guten Stern, als Jessica ihre lose Zunge spazieren führte. Vielleicht war das sogar ein Grund dafür, dass sie sie nicht besser hütete. Bei den meisten Vertrauensbrüchen ist ein Schuss Heimzahlen im Spiel, und sei er noch so gering. Doch welches Motiv auch immer Jessica trieb, die beiden waren in keiner guten Verfassung und brauchten diese Flutwelle von Kränkung und Misstrauen ebenso wenig wie einen Kropf.

Das Geheimnis der Heilung beginnt. Während der gesamten Zeit, in der er vor Wut raste, war Eric überzeugt, dass Jessica ihn mit dem Ausplaudern seines Geheimnisses absichtlich hatte verletzen wollen. Doch wie viele Frauen hatte sie selbst Probleme mit ihrem Körperbild und war entsetzt darüber, was sie getan hatte. Als er seiner Wut auf sie freien Lauf ließ, zeigte sich Jessica zu seiner Überraschung verständnisvoll und zerknirscht. Das war sehr wirksam.

Die Atmosphäre war immer noch furchtbar, aber die Heilung hatte schon eingesetzt. Das lässt sich vergleichen mit einer Infektion, gegen die Sie ein Antibiotikum einnehmen. Wird es

Ihnen gleich nach der ersten Tablette deutlich besser gehen? Natürlich nicht. Aber bedeutet das, dass das Medikament nicht wirkt? Natürlich nicht. Es wirkt bereits. So *wirkt* die Wirkung eben. Mit der ersten Tablette hat die Heilung begonnen, auch wenn Sie sich anfangs genauso mies fühlen wie zuvor. Dasselbe gilt für die Wiederherstellung von Vertrauen. Es ist fies, so viel Wut aushalten zu müssen. Aber das bedeutet nicht, dass Ihre Beziehung nicht heilt. In Wirklichkeit kann der Heilungsprozess schon auf vollen Touren laufen. Sie merken es bloß noch nicht.

Genau das passierte bei Eric und Jessica. Ihr Verständnis und ihre Reue beschwichtigten Erics Wut sogar enorm. Er hätte heftiger und länger getobt, wenn sie sich verteidigt oder versucht hätte, die Auswirkungen ihrer Tat herunterzuspielen. Ihre Beziehung wäre in noch größere Gefahr geraten.

Trotzdem schwelte seine Wut weiter. Und das kann für den Heilungsprozess zum Problem werden. Jessica hatte etwas Schlimmes getan, verhielt sich jetzt aber völlig richtig, und Eric war dennoch nach wie vor sehr wütend. Woher sollte sie auch wissen, dass er weniger wütend war, als er hätte sein können? Woher sollte sie wissen, dass sich seine Wut früher legen würde, als es unter anderen Umständen der Fall gewesen wäre?

Sich von der Rolltreppe fernhalten. So stellte sich Jessica bald die Frage, welchen Sinn ihre Zerknirschung noch hatte. Erics Wut erboste nun sie. Das ist bei Wut infolge eines Vertrauensbruchs immer eine Gefahr. Das ist die Leck-mich-Rolltreppe: »Leck mich.« »Nein, leck du mich.« »Nein, leck *du* mich.« *»Leck mich.«* »Leck DU mich!« »LECK MICH!« Entschuldigen Sie meine Ausdrucksweise, aber manche Menschen kennen leider in ihrem ganzen Leben nichts als diese Rolltreppe, und sie kann jahrelang oder sogar für immer laufen.

Irgendwie jedoch hatte Jessica ihre fünf Sinne immerhin so gut beisammen, dass sie ihre Wut nicht auf die von Eric obendrauf packte. Und das bewirkte ein kleines Wunder. Es erlaubte diesem verletzten, verwundeten Mann, wieder etwas von der Frau zu erblicken, die er vor diesem schlimmen Zwischenfall gemocht und geliebt hatte.

Und so erkannte Eric insgeheim – früher als viele in seiner Lage, wenn auch viel später, als es Jessica gern gehabt hätte –, dass ihre Beziehung überleben würde. Das geschieht ohne Pauken und Trompeten. Es ist so, als würden sich Ihre Kopfschmerzen verziehen. Sie merken nicht, in welchem Augenblick sie aufhören. Sie merken nur, dass sie jetzt seit einiger Zeit weg sind.

Da saß Eric nun mit der Erkenntnis, dass er nicht gegangen war, obwohl er doch so oft daran gedacht hatte. Da saß er nun mit dem Gedanken, dass er nicht gehen würde. Das ist nicht dasselbe, wie zu wissen, dass man bleiben wird. Man weiß nur, dass man es noch nicht beenden wird.

Ein Schritt hin zum Vertrauen. Ein guter Augenblick, ein gesunder Augenblick. Und ein wichtiger Schritt zum Wiederaufbau des Vertrauens und zur Heilung der Beziehung. Doch es ist nicht unbedingt ein glücklicher Augenblick. Schließlich sind Sie tief verletzt worden und immer noch sehr verletzlich. Und doch können Sie sich jetzt vorstellen zu bleiben.

Viele Betroffene hassen sich selbst für diesen Gedanken. Vor allem Frauen. Vielleicht glauben sie, dass sie sich, wären sie mutiger, für die andere Option entscheiden würden – zu gehen. Auszuharren kommt ihnen zuweilen vor, als würden sie emotional untergebuttert. Als hätten sie keinen anderen Ort, wo sie hingehen könnten. Nichts Besseres zu tun. Manchmal kann es sich auch anfühlen, wie in der Falle zu sitzen.

Solche Empfindungen sind quälend. Doch wir müssen realistisch sein. Was haben Sie denn geglaubt, wie sich die ersten Regungen des Wunsches, die Beziehung aufrechtzuerhalten, äußern? Als überschäumende Begeisterung? Wohl kaum. Bestenfalls strecken Sie in dieser Phase unglaublich vorsichtig Ihre Fühler wieder aus. Wie sollten Sie sich auch sonst zu einer Beziehung verhalten, in der Ihnen so übel mitgespielt wurde? Doch diese Vorsicht ist kein Zeichen dafür, dass Sie einen Fehler machen, wenn Sie vermuten, Sie könnten sich vielleicht doch durchbeißen. Sie ist ein Zeichen dafür, dass Sie verletzt wurden. Was nichts Neues ist. Sehr wohl etwas Neues aber ist, und zwar im positiven Sinn, dass Sie, obwohl Sie verletzt sind und äußerst vorsichtig sind, sich emotional geöffnet haben für die Möglichkeit, dass Ihr erschüttertes Vertrauen heilt und Ihre Beziehung sich erneuert.

Aber natürlich sind Sie noch nicht über den Berg.

Stabiles Vertrauen

Als Jessica erkannte, dass Erics Wut abgeflaut war, als sie merkte, dass er ihr gegenüber einen eher geschäftsmäßigen oder normalen, gelegentlich sogar freundlichen Ton anschlug, freute sie sich. Sie atmete auf. »Aahhh«, dachte sie, »er beginnt, es loszulassen.«

Doch genau darin liegt jetzt die Gefahr. Jeder sieht den Anfang vom Ende des Konflikts, wenn das Überleben der Beziehung als Möglichkeit am Horizont erscheint. »Jetzt sind wir aus dem Schneider«, denken die Betroffenen. Aber so ist es keineswegs. Das ist nicht der Neuanfang nach dem Ende. Das ist nicht einmal das Ende vom Anfang. Es ist der Anfang vom Anfang.

Und zwar deshalb, weil Jessica und Eric bislang nur die ersten Schritte aus dem Wahnsinn heraus getan haben. Die Wut, die sie zu verzehren drohte und regelrecht blind machte, hat sich so weit gelegt, dass das Überleben der Beziehung in den Bereich des Möglichen rückt. Erst jetzt kann man anfangen, wieder Vertrauen aufzubauen, und das bedeutet eine Menge Arbeit.

Aber wer will diese Arbeit schon machen? Jessica *und* Eric hatten seine Wut gleichermaßen satt. Manchmal beschließt ein »Opfer« wie Eric an dieser Stelle, sein Misstrauen zu verbergen. Manchmal beschließt ein »Täter« wie Jessica, das Misstrauen zu übersehen. Emotionale Erschöpfung könnte Jessica zu der Frage verleiten: »Schau mal, Schatz, was ich dir angetan habe, tut mir wirklich ehrlich leid. Ich werde nie wieder so etwas tun. Können wir nicht einen Schlussstrich darunter ziehen?«

Und der selber ausgepowerte Eric könnte nur allzu bereitwillig darauf antworten: »Na, klar.«

Ein großer Fehler. Die Heilung steckt noch in den Babyschuhen, und schon wird sie erstickt.

Stehen Sie nicht einfach rum. Tun Sie was. Wieder hat das Sicherheitsbedürfnis über das Bedürfnis zu vertrauen gesiegt. Die Wut hat beiden Partnern Angst eingejagt, und um sich wieder sicher zu fühlen, lassen sie sich verleiten, vor der Wut davonzulaufen, insbesondere jetzt, nach dem Beschluss zu bleiben. Doch so wird kein Vertrauen wachsen. So wird nur das Misstrauen ins Unbewusste getrieben, wo es sich niemals mehr ändert, nie mehr heilt. Höflichkeit und eine neutrale Atmosphäre mögen Sicherheit vermitteln, aber sie sind kein Ersatz für Vertrauen. Sie fördern nur die Distanz, so dass das Paar schließlich endet wie zwei Schiffbrüchige in getrennten Rettungsbooten mitten auf dem Ozean, wo Wogen und Wind sie immer weiter voneinander forttreiben.

Der Fehler, den Sie jetzt begehen können, ist also Untätigkeit. Beide Partner sind so froh, dass die Wut sich ein wenig gelegt hat und die drohende Trennung fürs Erste abgewendet ist, dass sie am liebsten so täten, als sei alles in Ordnung. Aber genau das ist falsch.

Jeder von uns neigt mehr oder weniger zu diesem Verhalten, weil wir so erschöpft sind von all dem Wüten. Als ich an diesem Punkt war, dachte ich, prima, von jetzt an werde ich nicht mehr wütend sein, nur noch höflich. Doch ich spürte die Gefahr. Es kam mir plötzlich so vor, als sähe ich meinen Mann durch ein verkehrt herum gehaltenes Teleskop, so dass er meilenweit entfernt schien. Und mir schwante, dass wir, wenn wir einander so fern blieben und nichts aufarbeiteten, die Phase des Wahnsinns zwar hinter uns haben mochten, aber nie wieder Nähe empfinden würden. Wenn Sie erschöpft sind, mag Ihnen das, und sei es auch nur für einen Moment, wie ein guter Tausch erscheinen. Aber das ist es nicht.

Wenn Sie also hintergangen wurden, Angst haben, erschöpft sind von der aus Ihnen beiden herausgebrochenen Wut und dann plötzlich wieder so etwas wie ein Zusammengehörigkeitsgefühl spüren, so dass ein Teil von Ihnen einfach alles laufen lassen möchte … DANN GEBEN SIE DEM NICHT NACH. Vielmehr müssen Sie jetzt in etwa Folgendes zu Ihrem Partner sagen: »Hör mal, wir sind durch die Hölle gegangen. Und ich weiß, dass wir beide auf dem Zahnfleisch gehen. Aber wir haben immer noch ein echtes Problem. Das Vertrauen hat schweren Schaden genommen. Jetzt, wo wir allmählich miteinander reden können, ohne gleich durchzudrehen, müssen wir uns daran machen, diesen Schaden zu reparieren.«

Und wie packen Sie das am besten an? Davon haben die meisten Betroffenen verständlicherweise keinen blassen Schimmer. Uns fällt nichts anderes ein, als uns so wütend und bedrohlich aufzuführen, dass der andere es hoffentlich nicht mehr wagt, uns noch einmal zu verletzen. Doch während uns dieses Verhalten in trügerischer Sicherheit wiegt, schadet es der Beziehung und trägt kein Fünkchen zum Wiederaufbau des Vertrauens bei. Aber ich habe eine gute Nachricht für Sie. Sie stehen kurz vor den wirklich nötigen vertrauensbildenden Maßnahmen, wenn Sie einfach nur bis zur nächsten Stufe durchhalten.

5 Was tun, damit das nie wieder passiert?

Jess und Jenny. Die beiden waren seit der Highschool eng miteinander befreundet. Sie gingen auf dasselbe staatliche College, und nachdem sie ein paar Jahre lang andere Beziehungen gehabt hatten, verliebten sie sich zu ihrem Erstaunen heftig ineinander. Ein Jahr nach dem College waren sie verheiratet. In den nächsten zwei Jahrzehnten führten sie ein ausgefülltes, nicht immer ganz reibungsloses Leben, doch sie betrachteten einander immer noch als beste Freunde und Liebende. Sie glaubten, sich beide darauf verlassen zu können, dass der eine immer für den anderen da war, was auch geschehen mochte. Und so schien es auch in guten wie in schlechten Tagen gewesen zu sein.

Doch dann erkrankte Jenny an Brustkrebs. Keine Sorge, sie überwand die Krankheit. Eine Zeit lang aber lebte sie in Angst.

Es war auch für Jess erstaunlich beängstigend. Der Gedanke, dass Brustkrebs seine eigene Familie traf, ließ ihn förmlich ausflippen. Er war völlig ratlos, wusste nicht, was er sagen oder tun sollte. Deshalb zog er sich von Jenny zurück. Sie konnte praktisch nicht mit ihm über ihre Nöte und Ängste reden. Jess hatte furchtbare Gewissensbisse, weil er wusste, dass er für seine Frau da sein sollte. Doch er brachte es einfach nicht über sich.

Jenny fühlte sich im Stich gelassen und verraten. Dass der eigene Mann sie ausgerechnet in einer solchen Zeit hängen ließ! Sie kam sich vor wie eine Schwangere, die sitzen gelassen wird. Wie bei jedem Vertrauensbruch brach auch für Jenny eine Welt zusammen. Der Krebs selbst war schon ein Verrat gewesen: Jedes Mal, wenn uns unser Körper in gravierender und beängstigender Weise im Stich lässt, fühlen wir uns verraten und verkauft. Und wenn ein Verrat zum anderen kommt, dann vervielfachen sich die Wirkungen. Jenny drückte das so aus: »Ich kann meinem Körper nicht trauen. Ich kann meinem Mann nicht trauen. Wem kann ich überhaupt noch trauen?«

Jenny entwickelte zu ihren Ärzten und zu ihrem Mann eine von Misstrauen und Wut geprägte Beziehung. Im Grunde stieß sie alles von sich weg, auch wenn das nicht ihre Absicht war. Zumal sie sich mit diesem Wegstoßen nur noch mehr Grund zum Misstrauen gab.

Schließlich erfuhr Jess, dass die Behandlung anschlug und es Jenny allmählich besser ging. Übermannt von Erleichterung und Schuldgefühlen und in dem Wissen, dass er etwas Schreckliches getan hatte, begann er, wieder auf Jenny zuzugehen.

Die Sache nicht noch schlimmer machen. Jess ahnte, dass er sich auf etwas gefasst machen musste, und er behielt recht. Lange reagierte Jenny überhaupt nicht auf Jess, doch dann gab sie ihm so richtig Zunder. Jess bekam die volle Wucht von Jennys Wut zu spüren. Sie brauchte nur zu brüllen. Einmal war sie kurz davor, Jess eine zu scheuern.

Aber Jess tat etwas – das *entscheidende* Etwas –, um den Vertrauensbruch zu heilen. *Er machte die Sache nicht noch schlim-*

mer. Das ist es. Die Lage wird sich bessern, wenn Sie sie nicht verschlimmern. Und Jess boten sich viele Gelegenheiten, sie zu verschlimmern. In ihrer Wut sagte Jenny etliches, das nicht stimmte oder unfair war. Ist man die Zielscheibe dieser Wut, kommt einem das vor wie ein tätlicher Angriff.

Doch statt sich zu wehren oder zurückzuschlagen, harrte Jess aus, weil er spürte, dass Jenny ihre Wut rauslassen musste. Und wie sie die rausließ ... Mannomann! Sie brüllte wie eine Löwin, ließ ihre Wut aus sich herausströmen wie glühende Lava. Das brauchte sie auch. Sie gab nur ihrem Sicherheitsbedürfnis nach. Aber das ist extrem gefährlich, denn in jedem Augenblick hätte Jess sagen können: »Zum Teufel mir dir. Ich brauch das nicht.«

Doch Gott sei Dank hielt Jess bis zu dem – für ihn nicht absehbaren – Punkt durch, an dem Jenny merkte, dass sie ihre Beziehung nicht beenden wollte.

Können wir das Problem, das uns in dieses Schlamassel gebracht hat, beheben?

Jess blieb also bei der Stange und hielt durch, während Jenny sich fragte: *Können wir das Problem, das uns in dieses Schlamassel gebracht hat, beheben?* Dabei geht es um mehr als um einen Test. Hier bedarf es wirklicher Anstrengung. Die Lage muss besser werden.

Denn hier geht es nicht bloß um Wut, Schreien und Toben, sondern um Fragen, Forderungen nach Erklärung. Kritik. Um Bestehen darauf, dass der andere sich anders verhält. Während Ihre Wut Ihnen die Illusion von Sicherheit verschaffte, haben Sie jetzt die Gelegenheit, echte Sicherheit und echtes Vertrauen aufzubauen und in die Abmachung einzubringen.

Jenny verlangte beispielsweise von Jess, mit ihr eine Selbsthilfegruppe für ehemalige Krebspatienten zu besuchen. Eine wahre Qual! Jess war schon nicht mit seiner erkrankten Frau zurechtgekommen. Wie sollte er da einen ganzen Raum voller wildfremder Krebspatienten – ehemalig hin oder her – aushalten? Trotzdem kam er mit und löste damit ein Problem, das zu seinem Verrat geführt hatte.

Schaffen Sie es also, die Beziehung zu verbessern? *Was auf dem Spiel steht:* Sie brauchen lediglich herauszufinden, was zu dem Vertrauensbruch führte, und sich damit auseinanderzusetzen. Wenn Sie das nicht schaffen, werden Sie sich nicht nur nie sicher fühlen, sondern auch nie sicher *sein.* Können Sie jedoch Ihre Beziehung so weit verbessern, dass ein Vertrauensbruch weniger wahrscheinlich wird, dann sieht die Sache schon ganz anders aus. Finden Sie die undichte Stelle im Dach, durch die Regenwasser eindringt, und dichten Sie es ab: Dann können Sie sich sowohl sicher fühlen als auch sicher sein. Und das Vertrauen kann wieder zum Leben erwachen.

Die Sache so gut wie möglich machen

Gelangen zwei Menschen bei dem Vertrauenswiederaufbau an diesen Punkt, haben sie ein sehr spezielles Problem zu lösen.

Ja, dem Verräter tut es leid. Ja, es tut ihm so leid, dass er bereit ist, sich in den Senkel stellen zu lassen. Ja, der Hintergangene ist unter Umständen bereit, in der Beziehung zu bleiben. Ja, der Wahnsinn hat sich so weit gelegt, dass die beiden miteinander reden können. Ja, es besteht Hoffnung.

Das Problem ist jedoch: Lässt sich wirklich Abhilfe schaffen? Eigentlich nicht.

Was auch immer zu dem Vertrauensbruch geführt hat, existiert nach wie vor. Nehmen wir an, ich hätte Sie hintergangen, indem ich Sie belogen habe. Okay. Nun habe ich Ihnen bewiesen, dass es mir wirklich leid tut und dass ich bereit bin durchzuhalten … was bringt das? Es ist ein Anfang, aber können Sie wirklich darauf bauen, dass ich nicht wieder lügen werde? Es gab einen Grund für meine Lüge. Vielleicht lag der bei mir. Eine Angst oder eine Unfähigkeit. Aber vielleicht hatte der Grund auch etwas mit Ihnen zu tun: Möglicherweise hatten Sie etwas getan, das mir das Ehrlichsein erschwerte. Gehen wir zurück zu Jess und Jenny. Jenny fühlte sich sehr verunsichert. Jess hatte sie im Augenblick der größten Not im Stich gelassen. Würde er sich bessern können? Oder würde er seine Frau erneut im Stich lassen?

Eben das müssen Sie herausfinden und in Ordnung bringen, und die Frage, vor der Sie hier stehen, lautet: *Können wir das?*

Echte Lösungen, echte Sicherheit, echtes Vertrauen

Bevor wir uns damit befassen, möchte ich eines klarstellen: Es ist nicht Ihre Schuld, dass Sie hintergangen wurden. Punkt. Ein Vertrauensbruch ist wie Straßenraub. Sie können auch nichts dafür, wenn Sie ausgeraubt werden. Es gibt also nichts, auf das man verweisen könnte, um zu behaupten, *das* rechtfertige den Verrat an Ihnen.

Also, sind wir uns da einig? Gut.

Denn Wiederaufbau von Vertrauen bedeutet, einem erneuten Vertrauensbruch in Zukunft vorzubeugen. Und *das* bedeutet zu prüfen, ob es unterschwellige Probleme gibt, die den Vertrauensbruch begünstigt haben.

Mit manchen dieser Probleme muss sich vielleicht eher Ihr Partner auseinandersetzen. Beispielsweise könnte er ein Mensch sein, der die Konfrontation scheut. Dieses Problem haben ziemlich viele Leute. Aber seine Scheu vor Auseinandersetzungen bedeutet, dass er sich nicht mit Ihnen auseinandersetzen will. Was bedeutet, dass er dazu neigt, Dinge hinter Ihrem Rücken zu regeln. Was wiederum leicht zu Täuschung und Betrug führen kann.

Und – es tut mir leid, aber ich muss das sagen – einige dieser Probleme könnten auch in Ihre Zuständigkeit fallen. Darum doch noch einmal: Es ist nicht Ihre Schuld, dass Sie hintergangen wurden. Aber Sie können trotzdem einiges tun, um die Wahrscheinlichkeit zu verringern, dass Sie erneut hintergangen werden.

Lassen Sie mich Ihnen erzählen, wie es mir ergangen ist.

Diese verflixte emotionale Affäre. Ich erwähnte schon, dass mein Mann mir einmal emotional untreu wurde. Was er nicht hätte tun sollen. Nichts an meinem Verhalten berechtigte ihn dazu. Aber jetzt kommt das »aber«. Ich hatte es ihm viel zu leicht gemacht, loszuziehen und sich eine Seelengefährtin zu suchen.

Lassen Sie mich meinen Beitrag zu unserer Katastrophe deutlich machen. Ich war sehr beschäftigt. Ich war sehr ungeduldig. Ich hatte ständig etwas an meinem Mann auszusetzen. Ich war ihm keine Stütze, als er selbst eine schwierige Zeit durchmachte. Ich hatte mich irgendwie von ihm zurückgezogen. Und das spürte er sehr genau. Den Fehler, den ich beging, habe ich in meinem Buch *Paare im Zeitstress* beschrieben: Überarbeitet und überfordert verhielt ich mich so, als hätte ich meinen Mann und unsere Beziehung irgendwo ganz hinten im Schrank lagern können wie Dauerbrot, ohne dass sie muffig wurden oder versauerten.

Der Anteil meines Mannes an dem Problem bestand darin, dass er nicht wusste, wie er meine Aufmerksamkeit gewinnen und mir klarmachen konnte, was er brauchte und dass wir zu entgleisen drohten. Mein Anteil bestand darin, dass ich seine Bedürfnisse missachtete und uns zum Entgleisen brachte. Hätte er diese emotionale Affäre gehabt, wenn ich herzlicher, hilfsbereiter und aufmerksamer gewesen wäre? Wer weiß! Aber ich glaube, sie wäre verdammt viel unwahrscheinlicher gewesen. Gut möglich, dass sie gar nicht passiert wäre.

Ich würde Sie und Ihren Partner nicht im Traum dazu auffordern, dem Grundproblem nachzugehen, bevor Sie sich nicht gefühlsmäßig beruhigt haben. Sie müssen erst wieder in der Lage sein, normale Gespräche über normale Dinge führen zu können. An einem Punkt, wo sich zumindest erahnen lässt, dass der andere einsieht, wie schwierig all das für Sie ist.

Haben Sie diesen Zustand erreicht, müssen Sie das Gespräch führen. Es ist keine »Problemdiskussion«. Wer will denn so was! Es ist ein *präventives Gespräch*. Beginnen Sie etwa so: Ich würde gerne verhindern, dass uns das jemals wieder passiert. Das soll keinesfalls heißen, dass wir einander beschuldigen. Keine Vorwürfe, okay? Aber wir sollten schauen, ob wir nicht herausfinden können, was an dir und an mir dazu geführt hat, dass das passiert ist. Bitte sage mir, ob ich etwas getan habe, das irgendwie dazu geführt hat, dass du das getan hast. Und dann sollten wir darüber sprechen, ob ich dir irgendwie helfen kann, damit du so etwas nie wieder tun musst.

Ein derartiges Gespräch dient der Problemerkennung und der Problemlösung. Wenn es Ihnen nicht gelingt, ohne sich gegenseitig an die Gurgel zu gehen, müssen Sie sich professionelle Hilfe suchen. Viele Paare schaffen es jedoch auf eigene Faust, vorausgesetzt, sie warten einfach, bis sich die schlimmste Wut gelegt hat. Manchen Paaren fällt das etwas leichter, anderen etwas schwerer.

Ryan und Dawn. Wie in den allermeisten Fällen gab es in ihrer Beziehung bereits Probleme, als Dawn dahinterkam, dass Ryan sie betrogen hatte. Als Dawn und Ryan sich kennengelernt und ineinander verliebt hatten, war Dawn in Ryans Augen ein lebenslustiges, unbeschwertes Mädchen. Sobald sie jedoch verheiratet waren, kam für Ryan eine andere Dawn zum Vorschein – eine ehrgeizige, arbeitsame, höchst organisierte Person. Dawn behauptete, schon immer so gewesen zu sein und ihre Persönlichkeit nie versteckt zu haben, doch Ryan hatte diese Seite an ihr nicht gekannt. Er war geschockt und aufgebracht, als er immer deutlicher zu spüren bekam, dass sein lustiges Mädel sich in eine strenge Zuchtmeisterin verwandelt hatte.

Ryan war nicht auf eine Affäre aus, aber nach drei Jahren Ehe reif für die Verlockungen einer Frau, die ein wenig Zärtlichkeit zu geben versprach.

Und er fand sie. Es wirkt wie eine jener traurigen Ironien des Lebens, dass Verheiratete, die sich nach Zärtlichkeit sehnen, diese nur allzu oft außerhalb ihrer Ehe statt in ihr finden. So erging es auch Ryan.

Natürlich dreht sich das Rad des Schicksals unerbittlich weiter, und es dauerte nicht lange, bis Ryans Geheimnis ans Licht kam. Dawn war entsetzt und fuchsteufelswild. Wie konnte er es nur *wagen*, ihr das anzutun! Sie gingen lange durch die Hölle, doch am Ende gelangte Dawn zu dem Schluss, dass sie diese Ehe nicht in die Brüche gehen lassen wollte. Und Ryan war ehrlich gewillt, alles wieder einzurenken.

Sie machten große Fortschritte, aber dann lief alles schief. Wollte Dawn ihrem Mann verzeihen, musste sie wissen, ob Ryan selbst wusste, was ihn zu der schlimmen Entscheidung für eine Affäre gebracht hatte. »Warum bist du denn nicht einfach zu mir gekommen?«, fragte sie. »Wir hätten doch drüber reden können.«

Ryan sah die Sache jedoch völlig anders. »Das Problem war nicht, dass ich nicht mit dir geredet habe. Das Problem war, dass ich nicht mit dir reden *konnte*. Ich habe versucht, mit dir über das Problem zu reden. Darüber, was mich gestört hat. Aber du hast nur dafür gesorgt, dass ich mich schlecht fühlte. Du hast mir das Gefühl gegeben, dass mit mir etwas nicht stimmte, weil ich nicht damit umgehen konnte, dass du so beschäftigt und abgelenkt warst und nicht zärtlich zu mir sein konntest.«

Dawn platzte der Kragen. »Du meinst also, dass es meine Schuld ist, dass du fremdgegangen bist? Das ist ja krank! Das ist das Verrückteste, was ich je gehört habe!«

Und so ging es weiter; jeder schob dem anderen die Schuld in die Schuhe.

Schuldzuweisungen sind ein grundlegender Fehler, wenn Sie eigentlich Verzeihung anstreben und das Vertrauen wiederherstellen möchten.

Das Zaubermittel. Ich habe eine Arznei für Sie, nur eine einzige Pille, aber sie ermöglicht es Ihnen, Schuldvorwürfe loszulassen und Verzeihung zu erlangen. Es ist ein extrem wirksames Mittel. Es hat nur einen Nachteil. Die Pille ist sehr schwer zu schlucken. Aber es geht, und wenn Sie es tun, sind Sie auf dem richtigen Weg.

Und das ist die Pille: *Hat ein Vertrauensbruch stattgefunden, dann haben immer beide Seiten Probleme, und beide müssen die Verantwortung für die Rolle übernehmen, die sie dabei gespielt haben.*

Ich weiß genau, was Sie jetzt denken. Dawn dachte es auch, und sie sprach es aus: »Es ist doch nicht *meine* Schuld, dass dieser verdammte Mistkerl mich betrogen hat. Er hätte doch nur seinen Reißverschluss zulassen müssen. Niemand hat ihn dazu gezwungen.«

Ich bin absolut ihrer Meinung. In der Welt der moralischen Urteile sind manche Menschen weitaus schuldiger als andere. Bei den Affären, mit denen ich in meiner Arbeit zu tun gehabt habe – und sie sind unzählbar –, wurde niemals jemand dazu gezwungen, den anderen zu betrügen.

Die Welt, in der Vertrauen aufgebaut wird

Es gibt jedoch noch eine andere Welt, und ich möchte, dass Sie sich auf diese konzentrieren. Es ist nicht die abstrakte Welt der moralischen Urteile. Es ist die reale, praktische Welt, in der sich der Heilungsprozess vollzieht. Es ist nicht die Welt der Frage, wer Schuld daran trägt, dass die Brücke eingestürzt ist. Es ist die Welt, in der es um die Reparatur der Brücke geht.

Die Pille, die Sie schlucken müssen, die Pille, die den Unterschied macht: Wenn Sie in dem Bewusstsein zusammenkommen können, dass Sie beide zu dem Vorfall beigetragen haben und es Dinge gibt, an denen Sie beide arbeiten müssen, um die Beziehung zu reparieren, dann werden Sie die Probleme in Ihrer Beziehung beheben und schließlich in der Lage sein, das Vertrauen wiederaufzubauen.

Im Prinzip ist das gar nicht so schwer. Sie setzen sich zusammen, einer von Ihnen sagt:»Mein Anteil an dem Geschehen ist …«, und dann sprechen Sie darüber.

Dann sagt der andere:»Mein Anteil an dem Geschehen ist …«, und auch darüber sprechen Sie.

Und, *bitte*, fangen Sie gar nicht erst an, darüber zu diskutieren, wessen Anteil größer war. Das ist eine Diskussion über ein moralisches Urteil und fördert nicht die Heilung. In einem heilsamen Gespräch übernehmen Sie beide Verantwortung für Ihren jeweiligen Anteil und belassen es dabei.

Natürlich weiß ich, wie solche Gespräche ablaufen. Ihr Partner zeigt sich mehr als hilfsbereit, wenn es um Hinweise auf Ihren Anteil an dem Vorfall geht. Und Sie sind nur allzu bereit, willens und fähig aufzuzeigen, welche Rolle Ihr Partner dabei gespielt hat.

Sie ahnen, wohin das führen kann. Eine große Ansammlung der Schuldzuweisungen. Ob Sie mich in heilsamer Weise auf meine Rolle bei dem Vorfall hinweisen oder mir die Schuld daran geben, das ist ein Balanceakt.

Worin aber besteht der Unterschied? Wie gelingt Ihnen das, ohne in die Beschuldigungsfalle zu tappen? Die Lösung: Verabschieden Sie sich Ihrerseits von dem Traum, die andere Person möge ihr Anliegen so freundlich, so hilfreich formulieren, dass auch nicht der Hauch einer Beschuldigung darin liegt. Am besten funktioniert nämlich: *Beschuldigungen einfach nicht hören.* Ob nun welche angedeutet werden oder nicht, Sie verschließen Ihre Ohren.

So werden Sie das, was die andere Person sagt, nur als Tatsache zur Kenntnis nehmen. Es könnte eine mit Wut und Bitterkeit zum Ausdruck gebrachte Tatsache sein, aber für Sie ist und bleibt es eine Tatsache.

Schuldvorwürfe nicht hören. So bekam Dawn von Ryan unter anderem Folgendes zu hören: »Es war, als würdest du mich wegstoßen. Du warst viel zu beschäftigt, und was noch schlimmer war, du hattest offenbar das Interesse an mir verloren. Das Einzige, was dich an mir interessierte, war, mich auf meine Fehler hinzuweisen.«

Und jetzt kommt, was Dawn tut, wenn sie klug ist. Sie erwidert *nicht*: »Aber das stimmt doch nicht, und das ist auch nicht fair. Ich wollte dich nie wegstoßen. Ich hab mein Bestes getan. Aber ich habe so viel gearbeitet. Was wolltest du denn von mir ...«

Oje. Wenn ich jemanden in einer Therapiesitzung so etwas sagen höre, denke ich: Was für ein Fehler! Nicht dass Dawns Worte nicht der Wahrheit entsprächen; sie sagt die Wahrheit über ihr Leben und ihre Gefühle. Doch wir sind hier nicht vor Gericht, wo es um die Wahrheitsfindung geht. Wir sind in einem Problemlösungsgespräch. Ryan äußerte, was er vermisste. In diesem Augenblick spielt es keine Rolle, welche Absichten Dawn hatte, ob sie zärtlicher war, als Ryan meint, oder nicht. Ryan sagt lediglich dieses:»Dein Anteil an dem Geschehen besteht darin, dass du nicht für mich da warst.« Und weil Dawn jetzt weiß, dass dies für Ryan Realität ist und seine Bedürfnisse widerspiegelt, sollte sie jetzt nur sagen:»Wenn ich dich richtig verstehe, möchtest du, dass ich von jetzt an zärtlicher zu dir bin. Was kann ich tun, um dir mehr Zärtlichkeit zu geben?« In der Welt des Problemlösens wäre das eine perfekte Reaktion.

Das also ist der Schlüssel zur Lösung von Problemen ohne Schuldzuweisung: Sie nehmen sie nicht wahr. Sie weigern sich, sie wahrzunehmen. Sie nehmen nur ein Bedürfnis wahr. Und dieses Bedürfnis beurteilen Sie nicht, Sie versuchen auch nicht, sich zu rechtfertigen. Sie nehmen einzig und allein das Bedürfnis wahr und sprechen darüber, wie es sich erfüllen ließe.

Klippen umschiffen

Sprechen wir noch über zwei Gründe, die es sehr erschweren, das Beschuldigungs-Pingpong zu vermeiden.

- *Selbstgerechtigkeit.* Das bedeutet, dass einer von Ihnen im Prinzip behauptet: *Ich habe recht, und du kannst unmöglich recht haben.* Das geschah bei Dawn und Ryan. Dawn versuchte einen imaginären Prozess vor einem imaginären Richter zu gewinnen.

Denken Sie daran: Wir fällen hier kein Urteil. Wir lösen Probleme. Wenn Sie also sagen, dass ich zärtlicher zu Ihnen sein soll, dann entspricht das eben Ihren Bedürfnissen. Wir müssen nur herausfinden, was Sie mit »zärtlicher sein« meinen und wie ich Ihnen das geben kann.

Nachdem sich Ryan und Dawn eine Weile gekabbelt und gezankt hatten, wurde deutlich, was Ryan mit seinem Wunsch nach mehr Zärtlichkeit meinte: »Berühre mich, umarme mich, küsse mich und ergreife hin und wieder die Initiative zum Sex.« Das ließ sich, wie Dawn sofort merkte, leicht machen.

• *Ungeduld.* Es kann uns sehr schwerfallen, so lange still zu halten, bis klar ist, wer welches Bedürfnis hat und wie es sich befriedigen lässt.

Es wäre alles viel einfacher, wenn es in unseren Beziehungen zuginge wie bei McDonald's. Der Klopsbrater trifft mit seinen Kunden eine stillschweigende Vereinbarung: McDonald's akzeptiert, was Sie brauchen, solange Sie akzeptieren, was er anzubieten hat. Jedes Mal, wenn Sie reinspazieren und einen Big Mac ordern, gibt man Ihnen den. Ihr Bedürfnis wird nicht in Frage gestellt. Niemand sagt: »He, ich habe Ihnen doch schon gestern einen Big Mac verkauft, und jetzt wollen Sie schon wieder einen?« Niemand beklagt sich, wie schwer es sei, Ihnen einen Big Mac zuzubereiten. Sie kriegen ihn umstandslos.

Sie kennen Ihrerseits die Abmachung. Sie bestellen keine Calamari. Sie bestellen kein Rinderfilet Wellington. Sie fragen nicht, ob Ihr Big Mac über Holzkohle gegrillt werden könnte.

Diese Beziehung ist großartig, weil sie auf uneingeschränktem wechselseitigem Akzeptieren beruht.

Jetzt begreifen Sie, warum unser Geduldsfaden so kurz ist, wenn es darum geht, auf die Bedürfnisse des anderen einzugehen. Wir akzeptieren nicht uneingeschränkt, was der eine braucht und was der andere anzubieten hat. Genauer gesagt akzeptiere ich nicht, was Sie brauchen, und Sie akzeptieren nicht, dass es mir schwerfällt, es Ihnen zu geben. An diesem Punkt setzt die Ungeduld ein. Im Grunde ist sie eine Mischung aus Enttäuschung, Gier und Ungläubigkeit. Etwas, das uns vermeintlich leichtfallen sollte, entpuppt sich als echt schwer. Statt wie bei McDonald's und der Big-Mac-Bestellung ähnelt das Ganze eher dem Besuch eines unbekannten Restaurants, wo der Koch im Stress ist und weder Sie wissen, was er für Sie zubereiten kann, noch er, wonach Ihnen der Sinn steht.

Die Lösung für das Problem der Ungeduld liegt in angemessenen Erwartungen. Wenn Sie wissen, dass montagmorgens auf dem Weg zur Arbeit dichter Verkehr mit vielen Stockungen herrscht, dann fahren Sie früh los und kalkulieren das ein. So stimmen Ihre Erwartungen mit der Realität überein. Dasselbe gilt für das Lösen von Problemen. Sie müssen Folgendes einkalkulieren:

• Sie sagen vieles, das Ihnen völlig klar scheint, der andere aber nicht versteht.

• Sie erbitten etwas, das Ihnen völlig berechtigt erscheint, und doch erhebt der andere Einwände dagegen, es Ihnen zu geben.

• Sie fangen mit etwas ganz Einfachem an, und bevor Sie sich versehen, wird alles unglaublich kompliziert.

• Sie schildern etwas für Sie Offensichtliches, und der andere verblüfft Sie mit der Erwiderung, Sie lägen komplett falsch.

Solche Dinge werden passieren. Können Sie das akzeptieren und geduldig mit all diesen Widerständen umgehen, werden Sie Ihre Probleme lösen.

Lassen Sie es mich noch einmal mit einfachen Worten zusammenfassen. Etwas Schlimmes ist passiert; einer von Ihnen hat den anderen hintergangen. Viele Erklärungen für das Geschehen sind möglich. Eine sehr nützliche aber lautet, dass Sie manches voneinander gebraucht hätten, es jedoch nicht bekommen haben, und das führte schließlich zu dem Vorfall. Hätten Sie bekommen, was Sie brauchten, wäre der Vertrauensbruch weniger wahrscheinlich gewesen.

Wenn Sie jetzt einen Weg finden, wechselseitig auf Ihre Bedürfnisse einzugehen, wird ein ähnlicher Vertrauensbruch künftig weniger wahrscheinlich. Finden Sie allerdings keine solche Möglichkeit – nicht einmal die, einander zuzuhören und über Ihre Bedürfnisse zu reden –, dann sollten Sie darüber nachdenken, ob es überhaupt Sinn hat zusammenzubleiben.

Gelingt es Ihnen allerdings, das Grundproblem hinter dem Vertrauensbruch in Angriff zu nehmen, so haben Sie – selbst mit einer unvollständigen Lösung – den Prozess des Vertrauenswiederaufbaus schon fast abgeschlossen.

Die sechs besten Präventivmaßnahmen gegen Vertrauensmissbrauch

Natürlich haben die wenigsten Menschen viel Erfahrung damit, ihre Probleme in konstruktiver Weise zu besprechen. Sie streiten und beschuldigen sich, aber sie schaffen es selten, Probleme auf den Punkt zu bringen.

Weil ich Ihnen helfen möchte, folgen jetzt meine sechs besten Präventivmaßnahmen – für einen Partner oder beide –, damit Sie künftig nicht mehr hintergangen werden.

1. Lernen Sie zuzuhören. Wir schleppen alle so viel Ärger und Stress und unbefriedigte Bedürfnisse mit uns herum – bringen Sie mich bloß nicht auf meine! –, dass es den meisten von uns schwerfällt, dem anderen so zuzuhören, dass dieser das Gefühl hat, gehört zu werden. Wir fallen ihm ins Wort. Wir sagen: »Ja, aber ...« und breiten dann unseren eigenen Standpunkt aus. Wir kritisieren. Wir spielen herunter. Wir beschuldigen. Wir fühlen uns beschuldigt.

All das verhindert echtes Zuhören. Und wenn Sie nicht glauben, dass ich Ihnen wirklich zuhöre, dann glauben Sie auch nicht, dass Sie sich mit mir auseinandersetzen oder auch nur mit mir reden können. Sie werden also viel eher einfach loslegen und tun, was immer Sie verdammt nochmal tun wollen. Und dann werde ich mich hintergangen fühlen.

Vielleicht hängt Ihr taubes Ohr aber auch damit zusammen, dass Sie meinen Hintergrund und meine Bedürfnisse nicht verstehen. Deshalb legen Sie los und tun, was immer Sie wollen, und ich fühle mich hintergangen.

Jetzt kommt ein sehr wertvoller Tipp: Zuhören kommt von Hören. Und Sie zeigen, dass Sie gehört haben, indem Sie zurückspiegeln, was Sie gehört haben. Unter Spiegeln versteht man alles Mögliche, vom Wiederholen des Gesagten über das Stellen von Fragen, die zeigen, dass Sie aufgepasst haben, bis hin zum Anbieten von Lösungen, aus denen hervorgeht, dass Sie kapiert haben, was die andere Person gesagt hat.

Es ist ganz klar: Mehr Zuhören bedeutet weniger Lug und Trug.

2. Vermitteln Sie einander das Gefühl, wichtig zu sein. Das macht eine Beziehung aus: Zwei Menschen geben sich zu verstehen, dass sie einander in besonderer Weise schätzen, als Freunde, Geliebte, Verwandte, Geschäftspartner, was auch immer. Sie brauchen einander *nicht mehr* zu bedeuten, als es Ihre Beziehung verlangt – Geschäftspartner schicken sich keine Valentinsgrüße –, aber Sie müssen den Eindruck haben, dass Sie einander *so viel* bedeuten, wie es Ihre Beziehung erfordert.

Ach, das ist so oft leichter gesagt als getan. Insbesondere in

Liebesbeziehungen sind wir häufig so beschäftigt, so abgelenkt, so gestresst, dass unser Tank fast leer ist. Wie könnte ich Ihnen das Gefühl vermitteln, dass Sie mir wichtig sind, wenn ich das Gefühl habe, immer nur reinzubuttern und kaum etwas zurückzubekommen? He, ich weiß, dass es schwer ist. Und jetzt mehr denn je. Doch Fakt ist und bleibt: Wenn ich Ihnen nicht vermittle, dass Sie mir wichtig sind, dann lockert sich die Bindung zwischen uns noch mehr. Und Sie werden umso eher losziehen und etwas tun, wodurch ich mich getäuscht und verraten fühle. Es kann sehr gut sein, dass Sie nicht einmal einen Verrat darin sehen, denn wenn Sie mir nicht wichtig sind, was sollte es mir da ausmachen, was Sie tun?

Das ist traurig, zumal es so leicht ist, jemandem das Gefühl zu geben, dass er wichtig ist. Vor allem Zuhören nützt (darüber haben wir schon gesprochen). Sich Zeit füreinander nehmen. Gelegentlich etwas Nettes tun. Hin und wieder die Hand ausstrecken.

Es geht um die Kleinigkeiten.

3. Seien Sie fair. »Es ist einfach nicht fair, dass ich von der Arbeit heimkomme, und du hast nicht einen Finger für das Abendessen gerührt, obwohl du schon eine Stunde früher zu Hause warst.«

»Es ist einfach nicht fair, dass du viel mehr Geld verdienst als ich und trotzdem erwartest, dass ich von allem die Hälfte bezahle.«

»Es ist einfach nicht fair, dass ich dir stundenlang zuhören muss, wenn du über deine Probleme redest, aber immer, wenn ich über meine rede, zeigst du kaum Interesse.«

Oje! So etwas kennen wir doch alle aus unseren Beziehungen. Und die Folge sind Enttäuschung, Groll, Wut, Streit,

Distanz, Rache und … na ja, das muss ich Ihnen nicht erzählen. Ich kann nur sagen, dass es keine Beziehung auf der Welt gibt, in der es vollkommen gerecht zuginge. Doch wenn die Dinge so weit aus dem Ruder laufen, dass sich bei Ihnen Unmut anstaut, dann bedeutet das, dass Sie gerade mit Volldampf auf einen Vertrauensbruch zurasen.

Aber ich werde Ihnen ein Geheimnis verraten. Es muss nicht immer alles völlig gerecht zugehen, damit keiner in einer Beziehung sich zu kurz gekommen fühlt. Sehr oft nehmen Sie selbst dann, wenn etwas ein bisschen unfair ist, das nicht besonders übel, solange Sie das Gefühl haben, dass der andere Ihnen zuhört und Sie versteht und sich zumindest bemüht, für Ausgleich zu sorgen.

Nicht vollkommene Gerechtigkeit, sondern echtes Bemühen um Zuwendung entzieht dem Groll den Boden.

4. Lernen Sie, gemeinsam zu entscheiden. Es ist wunderbar, wenn in einer Beziehung beide genau das Gleiche wollen. Sie möchte einen runden Esszimmertisch, er auch. Toll! Das läuft ja wie geschmiert.

Wenn man sich so ergänzt, dann ist das sehr schön, aber seien wir ehrlich, keine zwei Menschen sind in jeder Hinsicht deckungsgleich. Es gibt also eine weitere Art gegenseitigen Ergänzens, die noch wichtiger ist: die Fähigkeit, auch dann gemeinsam zu entscheiden, wenn Sie nicht von vorneherein beide dasselbe möchten.

Wenn Sie und Ihr Partner italienisch essen gehen möchten, dann ist die Sache einfach. Aber wenn Sie zum Italiener und er zum Chinesen gehen möchte, was machen Sie dann? In viel zu vielen Beziehungen passiert Folgendes: Einer von Ihnen entscheidet insgeheim, dass es einfacher ist, sich dem anderen anzuschließen, als eine wirklich gute Lösung zu erarbeiten, mit der Sie beide zufrieden sind. Mit anderen Worten, Sie entscheiden durch Nichtentscheiden. Sie passen sich lediglich an. Was nur allzu oft einseitig wird. Was zu Ungerechtigkeit führt. Was zu Unmut führt. Was wiederum zu Lug und Trug führt.

Auch hier habe ich ein Geheimnis für Sie in petto. Echte Entscheidungen – im Gegensatz zu bloßer Anpassung – erfordern selten mehr als fünf Minuten. Fünf Minuten! Das ist der eigentliche Unterschied zwischen zwei Menschen, die gute gemeinsame Entscheidungen fällen, und zweien, die das nicht tun.

Wie nutzen Sie diese fünf Minuten? Es gibt eine Reihe von Methoden, um etwas gemeinsam zu entscheiden, so dass in Ihrer beider Augen des Procedere fair und das Ergebnis gut ist.

Methode 1: Spielen Sie Zahlenlotto. Das funktioniert sehr häufig, und es geht blitzschnell. Sie können sich nicht einigen? Dann gibt jeder von Ihnen seiner Wahl eine Zahl zwischen 1 und 10, je nachdem wie wichtig sie ihm ist. 1 bedeutet fast völlige Gleichgültigkeit und 10, dass Sie das, was Sie bevorzugen, unbedingt haben möchten. Dann nennen Sie sich gegenseitig Ihre Zahlen. Derjenige mit der höheren Zahl gewinnt.

Methode 2: Abwechselnd dran sein. Was passiert, wenn Sie dieselbe Zahl gewählt haben oder Methode Nr. 1 nicht anwenden wollen? Werfen Sie eine Münze. Wer diesmal gewinnt, entscheidet, und das nächste Mal entscheidet der andere. Auch das ist gerecht und geht schnell.

Methode 3: »Das ist mir wichtig, weil …«. Ich habe festgestellt, dass Paare sich bei Entscheidungen sehr oft deshalb festfahren, weil beide nicht verstehen, warum dem Partner seine Wahl so wichtig ist. Bevor Sie jetzt also einen hässlichen Streit vom Zaun brechen, sagt jeder von Ihnen, warum er möchte, was er möchte. Sprechen Sie offen darüber, was es Ihnen bedeutet.

Methode 4: Von allen Seiten beleuchten. Ich habe es immer wieder erlebt: Zwei Menschen reißen einen Graben zwischen sich auf, bevor sie überhaupt wirklich miteinander über ihre Möglichkeiten gesprochen haben. Okay, einer von Ihnen will also die weiße Couch, der andere die beiden Lederklubsessel. Gut. Aber bevor Sie jetzt in den Clinch gehen, setzen Sie sich erst mal hin und bekakeln Sie die Sache mit dem Möbelkauf grundsätzlich. Warum wollen Sie sich diese Gegenstände jetzt anschaffen? Was versprechen Sie sich davon? Welche Alternativen gibt es, über die Sie noch gar nicht gesprochen haben? Wenn Menschen in dieser Weise hin und her überlegen, bevor sie sich festlegen, dann treffen sie häufig stressfrei bessere Entscheidungen.

Nehmen Sie sich die Zeit für eine dieser Methoden. Wir reden hier von nur fünf mickrigen Minuten. Doch die lohnen sich enorm. Nicht nur Ihre Beziehung wird besser – und die Gefahr eines Vertrauensbruchs geringer –, sondern Ihr ganzes Leben läuft glatter. Fünf Minuten! Das sollte es doch wohl wert sein.

5. Setzen Sie den anderen nicht herab. Aretha Franklin hat uns eingetrichtert, worum es geht, falls wir es noch nicht mitbekommen haben: RESPEKT. Und ist das zu viel verlangt?

Ist es nicht. Alles, was ein Mensch will, ist doch, nicht als beschränkt, ahnungslos, übergeschnappt und unwichtig behandelt zu werden. Mehr will auch ich nicht. Wie steht es mit Ihnen? Wir brauchen nicht etwa, dass der andere uns in den Hintern kriecht. Wir möchten nur von niemandem heruntergemacht werden.

Sicher, manche abwertenden Bemerkungen sind beabsichtigt. Und sie können sehr weh tun. Ein größeres Problem jedoch sind unbeabsichtigte Abwertungen. Mir ist das gerade erst vor ein paar Minuten gegenüber meinem Mann passiert. Wir sprachen über eine notwendige Anschaffung, und ich »erklärte«, wie der Gegenstand funktioniert. Hätte ich eine Sekunde lang nachgedacht, hätte ich erkannt, dass er das natürlich schon wusste. Durch meine »Erklärung« behandelte ich ihn, als wäre er ahnungslos und sogar unterbelichtet. Ganz zu Recht war er empört.

Nun fällt ein Vorfall wie dieser im großen Weltengetriebe nicht ins Gewicht. Doch allzu oft höhlt steter Tropfen den Stein.

Wie also lösen Sie dieses Problem? Es folgt, was Sie *nicht* tun sollten: Entwerten Sie nicht im Gegenzug die andere Person, wenn sie Sie herabgesetzt hat. Sagen Sie lieber so etwas wie:»Wir sollten uns gegenseitig darauf aufmerksam machen, wenn einer sich so äußert, dass der andere sich klein und mickrig vorkommt. Wir werden deswegen nicht streiten. Oder es erklären oder es verteidigen. Es soll nur ein Hinweis sein: ›Oh, du hast dich also herabgesetzt gefühlt, als ich das gesagt habe? Danke für die Rückmeldung.‹«

Das ist alles. Wenn Sie beide guten Willens sind, dann wird das Ausrangieren dieser kleinen Seitenhiebe einen Riesenunterschied bewirken. Und wenn Sie sich gegenseitig nicht mehr klein machen, entstehen weder Verbitterung noch Wut, aus denen natürlich Lug und Trug erwachsen.

Stattdessen entsteht *Anti-Lug-und-Trug*. Was das ist? Wenn Verrat bedeutet, dem anderen hinter seinem Rücken etwas Schlimmes anzutun, dann bedeutet Anti-Lug-und-Trug, dem anderen vor seinen Augen etwas Gutes zu tun. Das ist die Art von Beziehung, die ich möchte. In der es mir fernliegt, Sie zu hintergehen, und es Ihnen fernliegt, mich zu hintergehen. Wäre das nicht großartig?

6: Seien Sie kein Kontrollfreak. Wir Menschen können es nicht leiden, kontrolliert zu werden, und tun alles, um uns Kontrollversuchen zu widersetzen. Das ist ein unglaublich wichtiger Grund für Täuschung und Verrat. Je mehr Sie mich zu kontrollieren versuchen, desto wahrscheinlicher wird es, dass ich etwas tue, um aus den von Ihnen gesetzten Grenzen auszubrechen, ob nun versehentlich oder mit voller Absicht. Tragisch dabei ist, dass das, worin der eine Kontrollverhalten sieht, für den anderen ein Bedürfnis darstellt. Das traf sogar auf Jess und Jenny zu. Als Jenny an Krebs erkrankte, hätte sie Jess dringend gebraucht. Jess erlebte dieses Bedürfnis, ob zu Recht oder Unrecht, als Kontrollverhalten und hatte nun seinerseits das Bedürfnis, sich Freiraum zu verschaffen.

Klar, welche Schwierigkeit sich hier auftut. Verlangt man von jemandem, sein Kontrollverhalten zu unterlassen, dann verlangt man damit von ihm, seine Bedürfnisse zu übergehen. Natürlich verlange ich nun nicht von Ihnen, Ihre Bedürfnisse zu missachten. Ich rate Ihnen nur zu Klugheit. Wenn die andere Person Ihre Bedürfnisse als Kontrolle erlebt, bedeutet das nicht, dass Sie sie über Bord werfen müssten. Es bedeutet nur, dass Sie beide miteinander reden müssen.

Wenn Sie es richtig anstellen, kann ein kleines Wunder geschehen. Sobald ich Sie unvermittelt mit einem Bedürfnis konfrontiere, werden Sie es als Forderung auffassen und sich kontrolliert fühlen. Das ist also der falsche Weg. Und jetzt der gangbare Weg: Ich trage Ihnen mein Bedürfnis, eingebettet in ein Gespräch, vor und mache es damit zu einem Verhandlungsgegenstand.

Nehmen wir an, Jenny hätte zu Jess gesagt: »Ich muss dir

189

etwas wirklich Schlimmes sagen. Bei mir ist Krebs festgestellt worden. Ich weiß, dass viele Leute dabei ausflippen und dass es ihnen furchtbar unangenehm ist. Aber ich brauche jetzt dringend deine Unterstützung. Was kann ich tun, damit es dir nicht so schwerfällt, mir zuzuhören, wenn ich drüber rede?«

Auf diese Weise wird sich Jess viel weniger kontrolliert fühlen, und es wird ihm leichter fallen, für seine Frau da zu sein. Und das ist doch eine Art Wunder, oder?

Es gibt Formen von Kontrolle, vor denen Sie sich während des Wiederaufbaus des Vertrauens in einer Beziehung unbedingt hüten sollten.

Übermäßige Wachsamkeit kann übermäßige Verschlossenheit hervorrufen. Die meisten Menschen haben gern etwas Privatsphäre. Nicht, dass sie dann etwas Verräterisches täten. Sie möchten vielleicht einfach nur nicht bei ihrem Tun beobachtet werden. Ich beispielsweise kaufe vieles online. Nicht, dass etwas mit meinen Neuerwerbungen nicht in Ordnung wäre. Sollte eine Liste all dessen, was ich vergangenes Jahr im Internet erstanden habe, auf der Titelseite der *New York Times* erscheinen, dann wäre mir das nicht im Geringsten peinlich. Hätte ich jedoch den Eindruck, mein Mann würde mir nachspionieren und meinen Online-Konsum überwachen, obwohl ich nur mein eigenes Geld ausgebe, dann wäre mir das unangenehm. Ich weiß eigentlich nicht genau warum. Es wäre einfach so. Wenn ich also den Eindruck hätte, er würde in meinen Online-Käufen herumschnüffeln, würde ich sie künftig vor ihm geheimhalten.

So sind sie, die Menschen. Wenn der eine schnüffelt, wird der andere dichtmachen. Unglücklicherweise spielt Nachspionieren in den Nachwehen eines Vertrauensbruchs oft eine große Rolle: *Du hast mich so sehr verletzt, dass ich dich um meines Sicherheitsbedürfnisses willen genau im Auge behalten muss.* Und das geht über Hinterherspionieren weit hinaus. Übermäßige Wachsamkeit kann sich auf alles Mögliche erstrecken. Nach der emotionalen Affäre meines Mannes fragte ich ihn unablässig, was er gerade denke. Natürlich wollte ich wissen, ob er an *sie* dachte. Und natürlich stach ich mit dieser Fragerei in ein Wespennest.

Wie den meisten Menschen widerstrebte es meinem Mann, jeden einzelnen Gedanken mitzuteilen. Nicht, weil sie hinterhältig gewesen wären. Aber manchmal albern oder sinnlos, oder er wollte sie einfach für sich behalten. Mit meinem Herumbohren in seinen Gedanken wollte ich ihn eigentlich nur besser kennenlernen, aber ich stieß ihn damit nur weiter von mir weg.

Ich hätte viel besser daran getan, etwas zu sagen wie:»Schau mal, ich bin immer noch ängstlich und verletzbar, und ich könnte mich bestimmt sicherer fühlen, wenn du mir gegenüber offener wärst. Ich werde versuchen, dich nicht ständig zu nerven und zu bohren, aber wenn du offener zu mir sein könntest, dann fände ich das wirklich sehr gut, und ich verspreche auch, keine Urteile zu fällen, und ich tue mein Bestes, damit du deinen Freimut nicht bereust.«

Wenn Sie also an einem Punkt sind, wo Sie nicht anders können, als herumzuschnüffeln und nachzubohren, dann teilen Sie dem anderen dieses Bedürfnis mit, und lassen Sie ihn dann in Frieden. Wenn Sie das nicht schaffen, sollten Sie wissen, dass Sie am Ende möglicherweise mit weniger dastehen als vorher. In gewisser Weise ist Nachspionieren wie Betrügen. Wenn Sie nicht ertappt werden, sieht es so aus, als sei kein Schaden entstanden. Werden Sie aber erwischt – und das passiert meistens –, dann ist die Hölle los. Den daraus folgenden Schaden ist es selten wert.

Übermäßig kontrollierendes Verhalten reizt zur Rebellion. Während des Vertrauenswiederaufbaus müssen Sie mit Kontrollverhalten besonders vorsichtig sein. Als Jess versuchte, die Beziehung zu Jenny wieder zu kitten, schoss diese einmal über das Ziel hinaus und verdarb damit beinahe alles. Sie wollte nicht nur, dass Jess zu Treffen von Selbsthilfegruppen mitging, sondern begann, ihm vorzuschreiben, zu welchen. Das war zu viel für Jess. Jetzt kam ihm seine Frau nur noch wie ein Kontrollfreak vor. Diesem Ausmaß an Kontrolle verweigerte sich Jess, und zum Glück machte Jenny einen Rückzieher.

Doch viele Menschen, insbesondere verheiratete, stecken nicht zurück. Sie sind so verletzt, verängstigt und wütend, dass sie meinen, das Heft so fest wie nur irgend möglich in der Hand halten zu müssen. Was soll ich dazu sagen? Wenn Ihr Kontrollbedürfnis weit über das Ausmaß von Kontrolle hinausgeht, das Ihr Partner hinzunehmen bereit ist, dann haben Sie wahrscheinlich ein großes Problem. Ich kann Ihnen nur vorschlagen, sich selbst einige Fragen zu stellen:

- Haben Sie das, was Sie zu kontrollieren trachten, wirklich in der Hand? Eine Frau verlangte beispielsweise von ihrem Mann, nicht mehr mit seiner Ex zu sprechen. Sie stritten mehrmals heftig deswegen. Doch wie wollte sie das letzten Endes kontrollieren? Ihr Mann konnte in der Arbeit jederzeit mit seiner Ex reden, ohne dass sie es mitbekam.
- Wenn Sie es unter Kontrolle hätten, würden Sie damit bekommen, was Sie brauchen? Denken Sie gründlich darüber nach. Na, los. Ist Kontrolle das, was Sie brauchen? Oder wäre es Ihnen nicht lieber, Sie hätten keine Kontrolle und könnten einfach abwarten, was der andere von sich aus tut? Kon-

trolle – mal angenommen, Sie können sie erlangen –, mag Ihnen das Gefühl von Sicherheit verschaffen, aber sie hilft Ihnen kein bisschen dabei, dem anderen zu vertrauen.

Lassen Sie Ihre Kontrollbestrebungen hingegen los, dann bringt Sie das in eine Win-Win-Situation. Entweder er beweist Ihnen, nö, er ist nicht vertrauenswürdig. In diesem Fall kennen Sie nun die Wahrheit, und besser, Sie erfahren sie jetzt als später. Oder er zeigt, dass Sie ihm trauen können. Und dann haben Sie etwas viel Besseres als Sicherheit.

Sie denken vielleicht: *Ich weiß, was er tun wird, wenn ich ihn nicht kontrolliere, und es wird mir nicht gefallen.* Also gut, dann schauen wir mal, ob ich Sie richtig verstehe. Sie meinen entweder, dass die betreffende Person rücksichts- und verantwortungslos ist, möchten aber dennoch mit ihr verbunden bleiben. Oder Sie meinen, dass diese Person im Hinblick auf für Sie sehr wichtige Dinge völlig andere Werte hat, möchten aber dennoch mit ihr verbunden bleiben.

Übersehe ich etwas? Warum wollen Sie mit dieser Person verbunden bleiben? Wenn Sie einen Ihnen nahestehenden Menschen kontrollieren müssen – was in der Regel sehr anstrengend ist –, dann spricht das nach meiner Erfahrung dafür, dass es die Beziehung nicht wert ist.

Wenn Sie den anderen kontrollieren müssen, was haben Sie dann für sich gewonnen? Denken Sie darüber nach, einverstanden?

Eine Anmerkung zum Problemlösen

Weiter oben habe ich geschrieben, dass Sie im Fall unlösbarer Grundprobleme überlegen sollten, ob es sich lohnt, an der Beziehung festzuhalten. Ich glaube, das war ein wenig krass. Ich muss das näher ausführen.

Ehrlich gesagt, für Paare ist es Schwerstarbeit, ihre Probleme zu lösen. Das ist einfach so. Manche Schwierigkeiten können Sie leicht ausräumen. In anderen Bereichen scheinen Sie auf der Stelle zu treten, Sie mögen sich noch so sehr abstrampeln. Doch wenn Sie bisher nur auf eigene Faust an Ihren Problemen herumgedoktert haben, dann sollten Sie jetzt *nicht* das Handtuch werfen. Auf keinen Fall. Vielmehr ist es offensichtlich Zeit für professionelle Hilfe, also mit Hilfe eines guten Paartherapeuten oder einer -therapeutin zu Werke zu gehen. Dadurch kann sich das Blatt wenden. Die heutigen paartherapeutischen Verfahren sind hervorragend. Ich weiß, dass man im Fernsehen oft lahme Therapeuten sieht, die bloß rumsitzen und sich das Gejammere der Leute über ihre Probleme anhören. Das passt vielleicht in eine Komödie oder ein Fernsehspiel. Aber im wirklichen Leben greifen gute Therapeuten aktiv ein und tragen zur Lösung von Problemen bei, welche die Betroffenen für unlösbar hielten. Die moderne Paartherapie ist sogar eine der wirksamsten Formen klinischer Intervention, die es gibt.

Sie können also nicht behaupten, Sie seien außerstande, Ihre Probleme zu lösen, solange nicht ein guter Therapeut sich ebenfalls die Zähne daran ausgebissen hat.

Vielleicht benötigen Sie auch gar keine Therapie. Es gibt eine Fülle von Hilfsmitteln, um in Eigenregie aktiv zu werden. Viele weitere finden Sie in meinem Buch *Ich will bleiben. Aber wie?* Und sollte das nicht ausreichen, keine Sorge: Es ist normal, auf professionelle Hilfe angewiesen zu sein. Sie zu benötigen und nicht in Anspruch zu nehmen, das ist hingegen ein großer Fehler.

So weit, so gut ... wie aber kommen Sie nun zu einer Antwort auf die Frage: Können wir unsere Beziehung sicherer und besser machen? Wenn Sie die in diesem Kapitel vorgestellten Hilfsmittel anwenden, sind Sie gut gerüstet. Denken Sie daran, die Lage wird nicht dadurch sicherer und besser, dass beide Partner perfekt werden. Sie wird es, weil beide gemeinsam auf diese wichtigen Ergebnisse hinarbeiten. Dieses Bemühen macht den Unterschied aus – und katapultiert Sie in die Gruppe der obersten zehn Prozent aller Beziehungen.

6 Verzeihen und darüber hinaus

Und dann stellt sich die sechste und letzte Frage, mit der sich hintergangene Menschen herumschlagen: *Kann ich dem anderen verzeihen?* Nur allzu leicht drückt man sich vor dieser Frage. Sie haben bereits beträchtliche Fortschritte gemacht und eine Menge Probleme gelöst. Sie sind mehr oder weniger wieder drin in der Beziehung. Warum also nicht die ganze Verzeiherei vergessen?

Weil das ein Riesenfehler wäre.

Was auf dem Spiel steht: Verzeihen ist nicht bloß das Sahnehäubchen auf dem Versöhnungskuchen. Es ist absolut unerlässlich. Wenn Sie nicht verzeihen, handeln Sie weiterhin aus Wut und Rachedurst heraus. Ohne Verzeihen ringen Sie untergründig dauernd mit der Frage, ob Sie jemanden wollen oder nicht. Sie können einem Menschen nicht vertrauen, dem Sie nicht verziehen haben, und was noch wichtiger ist, Sie können einem Menschen nicht vertrauen, der Ihnen nicht verzeiht. Wenn Sie jedoch verzeihen, neben all dem, was Sie sonst noch getan haben, dann haben Sie jeden Keim der Ansteckung ausgerottet. Das Vertrauen kann wieder wachsen, die Beziehung wieder blühen und gedeihen.

Eines ist dazu allerdings zu sagen: Es ist schwer zu glauben, dass man verzeihen kann, wenn man nicht weiß wie.

Ich kann nicht mehr zählen, wie oft ich schon den folgenden Dialog mit einer Klientin geführt habe:
»Haben Sie ihm schon verziehen?«
»Nein.«
»Dann sagen Sie mir bitte: Wie sieht dieses Verzeihen aus, zu dem Sie sich noch nicht durchgerungen haben?«
»… Ich weiß nicht.«
Und sehen Sie, das ist der springende Punkt. Nicht dass Verzeihen so schwer wäre. Vielmehr haben wir keine klare Vorstellung davon, was das ist. Stellen Sie sich vor, Sie bäten mich, Ihnen bei der Suche nach einem verlorenen Gegenstand zu helfen, könnten mir aber nicht sagen, was genau Sie verloren haben. Nach einem Goldohrring oder einem Schlüsselbund kann ich suchen. Nach etwas Unbestimmtem suchen kann ich nicht.

Was genau ist also dieses Verzeihen, das einigen von uns solche Schwierigkeiten bereitet? Dazu möchte ich Ihnen eine Geschichte erzählen.

Tims Geschichte. Tim, Schüler im Abschlussjahr der Highschool, fuhr mit einigen Freunden eine zweispurige Straße entlang. Voraus erblickte er ein paar junge Fahrradfahrer. Tim fuhr mit angemessener Geschwindigkeit und schlug einen großen Bogen um die Radler. Als er fast gleichauf mit ihnen war, brach plötzlich eine Fahrradfahrerin nach links aus und fuhr ihm genau vor das Auto. Es war schrecklich und unerklärlich. Tim blieb vor dem Aufprall nicht einmal mehr Zeit zu bremsen.

Polizei und Rettungswagen waren rasch zur Stelle, und die junge Frau wurde ins Krankenhaus gebracht, wo sie bald darauf starb. Sie war sechzehn und ging auf Tims Schule. Er kannte sie. Und er hatte sie getötet. Die Polizei befragte mehrere Zeugen, darunter Autofahrer, die den Unfall von der Gegenfahrbahn aus gesehen hatten, die Freunde des Mädchens und Tims Mitfahrer. Sie sagten ausnahmslos aus, die junge Frau sei plötzlich so ausgeschert, dass Tim den Unfall unmöglich hätte vermeiden können. Die Strafverfolgungsbehörden leiteten kein Verfahren ein. Doch darüber hinaus gab der Polizeichef der kleinen Gemeinde eine Erklärung ab, die auf der Titelseite der Lokalzeitung erschien. Darin gab er bekannt, dass Tim keinerlei Schuld an diesem Unfall treffe.

Als Tim schließlich wieder zur Schule ging, bekam er allerdings die Unversöhnlichkeit mancher Leute zu spüren, insbesondere aus dem Freundeskreis der jungen Frau. Ja, Tim war offiziell für unschuldig erklärt worden. Und doch hatte er sie getötet. Ist das etwa verzeihlich?

Eine Woche später nahm Tim an der Beerdigung des Mädchens teil. Er hatte eigentlich nicht hingehen wollen und war völlig verzweifelt über das Geschehene. Doch sein Vater drängte ihn hinzugehen, und so überwand er sich.

Als Tim so dastand und den Sarg betrachtete, trat plötzlich ein Bestatter neben ihn und führte ihn in einen kleinen Raum, wo sich die Eltern des Mädchens aufhielten. Sie waren die Allerletzten, denen Tim begegnen wollte. Auf ihren Gesichtern lag ein Ausdruck … nun, der Ausdruck von Menschen, die dem jungen Mann in die Augen blicken, der ihre Tochter getötet hat. Plötzlich streckte der Vater Tim die Hand entgegen. »Danke, dass Sie gekommen sind«, sagte er.

»Es tut mir so leid …«, murmelte Tim.

Die Mutter trat zu Tim und umarmte ihn mit den Worten, sie vergebe ihm.

Diese Eltern führen vor, was Verzeihen wirklich bedeutet.

Es ist kein Gefühl. Auf der Gefühlsebene ist schwer vorstellbar, dass Tim für sie jemals etwas anderes verkörpern würde als ein entsetzliches Ereignis in ihrem Leben. Er würde unmöglich jemals nicht der Junge sein, der ihnen die Tochter genommen hatte. Und trotzdem war ihre Vergebung so echt und authentisch wie nur möglich. Sie entsprang aber einer anderen Quelle: *Sie beruhte auf einer Entscheidung.* Die Eltern haderten mit ihrem Verlust und wahrscheinlich mit Tim wegen seiner Rolle dabei. Aber sie beschlossen, nicht zuzulassen, dass Tims Tat zwischen ihnen und dem jungen Mann stand.

Genau das ist Verzeihen: Sie entscheiden sich dafür, die Tat Ihres Partners nicht mehr zwischen Ihnen stehen zu lassen. Möglicherweise kommt Ihnen gelegentlich immer noch die Galle hoch. Doch Sie tun trotzdem Ihr Bestes für eine gedeihliche Beziehung.

Nun wenden Sie vielleicht ein: Wie soll ich denn das beschließen? Mir ist nicht nach Verzeihen. Also gut, verzeihen Sie eben nicht. Sie können es, wenn Sie bereit dazu sind. Es ist in Ordnung, wenn Sie noch nicht so weit sind.

Ich möchte nur, dass Sie nicht darauf warten, dass ein Gefühl von Vergebung wie warmer Honig Ihre Adern durchströmt, denn das passiert äußerst selten. Wir säßen alle ziemlich in der Patsche, wenn wir darauf angewiesen wären. Wofür Sie noch nicht bereit sind, ist die Entscheidung, Ihr Unversöhnlichkeitsgefühl hinter sich zu lassen.

Der Weg zum Verzeihen

Wie also gelangt man an den Punkt, an dem man schließlich zu der Entscheidung imstande ist, dem anderen zu verzeihen? Nun, ohne es zu merken, haben Sie bereits einen Großteil des

Weges zurückgelegt. Am Anfang waren Sie dermaßen konfus und hilflos, dass Sie den Verstand zu verlieren glaubten. Doch dann spürten Sie allmählich, dass Sie an diesem Vertrauensbruch *nicht* zerbrechen würden. In einem schmerzhaften Prozess haben Sie entdeckt, dass Sie der anderen Person etwas bedeuten. Sie haben erlebt, dass der andere lernen konnte, Ihre Empfindungen wahrzunehmen und zu verstehen. Sie haben schließlich die Zuversicht gewonnen, dass Ihre Beziehung eine Überlebenschance hat.

Und Sie haben gemerkt, dass Sie beide Hand in Hand daran arbeiten können, dass Ihre Beziehung sicherer und besser als vorher wird.

Das fehlende Teilstück

Jetzt fehlt nur noch eines: wiederanzuknüpfen an dem, was an Ihrer Beziehung gut war. Warum ist das wichtig? Weil Beziehungen von dem Guten daran leben und nicht davon, dass es nichts Schlechtes daran gibt. Denken Sie mal darüber nach. Wenn Sie Ihrem Partner vertrauen, auf was vertrauen Sie dann? Dass er Ihnen nicht wehtut natürlich. Doch weil Sie jemand nicht verletzt, ist das noch kein Grund, eine Beziehung mit ihm zu haben. Eine Beziehung gründet auf Gutem, nicht auf Schlechtem. Wenn es nichts Gutes gibt, warum dann die Beziehung aufrechterhalten, selbst wenn es nichts Schlechtes gibt?

Bislang haben Sie daran gearbeitet, das Schlechte auszuräumen. Das ist wichtig, das ist gigantisch, denn wie Sie sehr gut wissen, kann das Schlechte das Gute im Handumdrehen so stark vergiften, dass scheinbar nichts mehr davon übrig bleibt. Und wenn nichts mehr davon übrig bleibt, ist die Beziehung futsch. Aber lohnt sich Verzeihen ohne Beziehung überhaupt noch? Unter uns gesagt: Hätten der Betrug meines Mannes und mein Umgang damit unsere Beziehung damals zerstört, hätte Verzeihen vielleicht etwas Trost gespendet, aber viel mehr nicht.

Das hat einen Grund: Dass wir verzeihen können, ist in unsere DNS eingeschrieben (oder von Gott gegeben, suchen Sie sich's aus). Dies wiederum begründet die Möglichkeit der Versöhnung. Machen Sie sich das an einem Beispiel klar: Stellen Sie sich vor, Sie wollen einen Bücherschrank bauen, und vor Ihnen liegen alle möglichen Holzstücke. Diese verkörpern Ihre Beziehung, und Verzeihen ist der Leim, der sie zusammenhält. Bei der Reparatur Ihrer beschädigten Beziehung sichten Sie das Holz und sortieren die schlechten Teile aus – morsches Holz, krumme Kanten, gesplitterte Stücke. Zum Bau Ihres Bücherschranks benötigen Sie die guten Teile – perfekt ausgemessen, zugeschnitten und geschliffen, bereit, zusammengeleimt zu werden.

Verzeihen leimt Beziehungen wieder zusammen. Alles Übrige schafft die Bedingungen für eine mögliche Versöhnung. Verzeihen realisiert sie.

So weit kommen Sie erst und nur dann, wenn Sie an das Gute in Ihrer Beziehung neu anknüpfen.

Lassen sich die sechs Fragen immer klar
voneinander trennen?

Zum Prozess des Vertrauenswiederaufbaus und zu den sechs Fragen sei gesagt: Das Ganze liest sich so fein säuberlich geordnet. Sie stellen eine Frage, erhalten eine Antwort und gehen weiter zur nächsten. Aber machen wir uns nichts vor. Die Fragen haben zwar Hand und Fuß und unterscheiden sich recht klar voneinander. Manchmal jedoch verschwimmen ihre Grenzen, und manchmal gerät sogar die Reihenfolge durcheinander.

Das gilt insbesondere dann, wenn es um das Wiederanknüpfen an das Gute in der Beziehung geht. Nehmen wir beispielsweise den Sex. Angenommen, Sex habe zum Guten in der Beziehung gehört. Normalerweise erwarten Sie wohl, dass der Wahnsinn, die Wut und die Problemdebatten dem Sex so ziemlich den Garaus machen, bis Sie an den jetzigen Punkt gelangen. Und häufig trifft das auch zu. Muss aber nicht.

So habe ich zum Beispiel Folgendes erlebt: Eine Frau hatte gerade erst herausgefunden, dass ihr Kerl sie betrog. Sie war nicht bloß wütend, sie raste vor Wut, und trotzdem bestand sie plötzlich darauf, mit ihm zu schlafen, vielleicht sogar in der ersten Nacht nach der Entdeckung der Affäre. Kurzerhand ergriff sie die Initiative. Sie konnte selbst kaum glauben, was sie da tat, und er konnte es bestimmt auch nicht, aber genau das passierte.

Ich habe festgestellt, dass die Betroffenen in jeder Phase des Vertrauenswiederaufbaus an das Gute in ihrer Beziehung anzuknüpfen suchen, sogar ganz am Anfang. Nehmen wir ein Ehepaar, bei dem einer den anderen furchtbar verletzt hat. Doch die beiden haben Kinder und sind sich bewusst, dass es wichtiger ist, in ihrer Eigenschaft als Eltern eine gute Beziehung aufrechtzuerhalten als sich in gegenseitigen Beschuldigungen zu ergehen. Also spielen sie weiterhin mit ihren Kindern und machen damit sofort eine der guten Erfahrungen, die ihre Beziehung schon zuvor ausgezeichnet hatte.

Das ist gesund. Es trägt zu den Voraussetzungen für den künftigen Heilungsprozess bei.

Sicher, es mag schwerfallen, an das Gute anzuknüpfen, wenn

Sie einander noch nicht wieder trauen. Dass Ihnen das trotzdem an manchen Punkten gelingt, nährt in Ihnen die Hoffnung, dass der Vertrauenswiederaufbau einen Sinn hat. Und wenn Sie beide sich bemühen, werden Sie einem erneuerten Vertrauen unmerklich ein gutes Stück näherkommen. Sie sehen wieder einen Sinn in dieser Beziehung, und wenn Ihnen das Bleiben sinnvoll erscheint, dann werden Sie der Beziehung eher nicht das Wasser abgraben.

Klingt gut, nicht wahr? Ist es auch. Hier lauert jedoch eine tiefe Fallgrube, auf die Sie achtgeben müssen. Maggie und Dave liefern ein gutes Beispiel dafür.

Maggie und Dave. Schon als sie ein Liebespaar und noch nicht einmal verlobt waren, fand Maggie heraus, dass Dave Alkoholiker war. Sie trennte sich kurzzeitig von ihm, doch er flehte sie an, es noch mal mit ihm zu versuchen, und sie willigte ein, weil Dave der süßeste, netteste, liebste Kerl war, den sie je kennengelernt hatte.

Sie stellte eine eiserne Regel auf. Sie würde ihm nur dann eine Chance geben, wenn er versprach, für den Rest ihres gemeinsamen Lebens mindestens einmal wöchentlich zu AA-Treffen zu gehen. Sie hütete sich, ihm das Versprechen absoluter Abstinenz abzunehmen. Schließlich halten das viele nicht durch. Doch zu den Treffen zu gehen, das hatte er selbst in der Hand. Und wenn er sie liebte, würde er das tun.

Dave hörte also mit dem Trinken auf und ging zu den Treffen, sie verlobten sich und heirateten. Nicht lange danach fiel Maggie auf, dass die Dinge aus dem Lot gerieten. Meistens waren es Kleinigkeiten. In einer Woche schien Dave mit seiner Arbeit im Rückstand zu sein. In einer anderen verlor er Geld. Dann war er in einen kleineren Unfall mit Blechschaden verwickelt, den er nicht recht zu erklären vermochte.

Eines Abends brach Dave zu seinem Montags-AA-Treffen auf, das er meistens besuchte. Einer plötzlichen Eingebung folgend setzte sich Maggie auf seine Spur. Dave fuhr schnurstracks an St. Margaret's, dem Ort der Treffen, vorbei und weiter zur Bowlingbahn, wo, wie Maggie wusste, der Alkohol in Strömen floss. Maggie fuhr nach Hause und weinte, bis Dave zurückkehrte.

Sie fühlte sich schrecklich getäuscht und hintergangen, nicht nur weil er wieder trank, sondern auch, weil er nicht mehr zu den Treffen ging. Maggie war erschüttert wie noch nie in ihrem Leben. Es kam ihr vor, als hätte sich ein Abgrund vor ihr aufgetan. Sie konnte es akzeptieren, dass Dave nicht perfekt war, aber jetzt zeigte er klar und deutlich, dass ihm nicht einmal daran lag, wenigstens danach zu streben.

Maggie und Dave arbeiteten fast alle Fragen durch. Es war furchtbar. Es ist immer furchtbar. Doch Dave schien wirklich zu bereuen, wirklich fest entschlossen, es nie wieder zu tun. Und Maggie spürte diesen kurzen, aber alles entscheidenden Moment, in dem sie glaubte, dass es sich lohnen könnte durchzuhalten.

Der Versuch, ihre Probleme zu lösen, war eine Zerreißprobe. Hauptsächlich bestand er nämlich darin, dass Maggie kontrollierte, ob er zu den Treffen ging. Manchmal fuhr er aus der Haut, weil sie ihm ständig im Nacken saß, und manchmal sie, weil er sie so übel belogen hatte. Doch bald spielte sich eine Routine ein. Dave blieb trocken. Alle Beweise sprachen dafür, dass er zu den Treffen ging. Allmählich wagte Maggie zu glauben, dass Dave sich fangen *könnte* und sie vielleicht wieder gerne ein Paar sein würden.

Könnte. Vielleicht. Bisweilen stellt sich heraus, dass »könnte« nicht genügt, um ein Gefühl von Sicherheit zu vermitteln. Maggie bemühte sich, sich zu öffnen und ihre Beziehung positiv zu gestalten, merkte aber, dass sie unwillkürlich nicht anders konnte, als immer wieder auf Distanz zu gehen.

Es geschah völlig willkürlich. An einem Abend gingen sie auswärts essen und verbrachten schöne Stunden miteinander. Am nächsten verweigerte sich Maggie ihrem Mann. Was war eigentlich los?

Gut für mich oder gut für dich? Maggie und Dave fielen derselben Dynamik zum Opfer wie viele Paare. Sie entsteht, weil die beiden Menschen radikal verschiedene Ansichten darüber haben, was »mehr von dem Guten« bedeutet.

Dave dachte: Oh, jetzt ist alles in Ordnung, weil wir miteinander lachen und schlafen und nett essen gehen. Problem gelöst! Der Vertrauensbruch liegt jetzt hinter uns. Ich bin nicht mehr der Böse.

Das jedoch war das *Letzte*, das er Maggies Ansicht nach denken sollte. Um ihm vertrauen zu können – oder vielmehr Ansätze dazu zu machen –, brauchte sie nach wie vor die Gewissheit, dass Dave bewusst war, welch schweren Schlag er ihr versetzt hatte und dass sie immer noch sehr verletzlich war. Maggie beunruhigte also nicht, dass sie imstande waren, an das Gute anzuknüpfen, sondern dass gerade dadurch Dave das Gefühl bekam, alles sei in Butter.

Und wie erinnerte sie ihn daran, dass eben nicht alles in Butter war? Maggie machte dicht und zog sich innerlich aus manchen ihrer gemeinsamen Unternehmungen zurück. Verstimmung, Distanz, Kälte war ihre Art, ihn zu ermahnen, bei der Stange zu bleiben.

Doch die Fallgrube wirkt noch weiter. Bevor Sie es merken, setzt eine Kettenreaktion ein. Je mehr Dave sich auf angenehme Unternehmungen konzentrierte, desto nachdrücklicher glaubte Maggie ihn daran erinnern zu müssen, dass keineswegs

alles wieder Friede, Freude, Eierkuchen war. Sondern dass die Wunde noch blutete! Je weiter sich Maggie aber in diese Düsternis und Distanz zurückzog, desto heftiger drängte Dave sie, den Kopf nicht hängen zu lassen, sich locker zu machen und Spaß zu haben. Und schließlich spielte Dave folgende Karte aus: »Mit dir stimmt doch was nicht, dass du nicht loslassen und weitermachen kannst! Vielleicht brauchst du Hilfe. Vielleicht solltest du eine Therapie machen.«
Und immer, wenn der »Täter« diesen Zug macht, sieht das »Opfer« rot. Wodurch es nur umso hilfsbedürftiger dasteht.

Beide haben recht. Wo also lag der Fehler? Was hätten sie anders machen können?

Der Fehler lag im Entweder-Oder-Denken. Entweder wir beschließen: »He, machen wir uns ein schönes Leben!« Oder wir befassen uns ausschließlich mit Schmerz und Misstrauen, die noch immer dicht unter der Oberfläche lauern.

Die Lösung liegt in der Erkenntnis, dass beide Standpunkte in vollem Umfang nebeneinander bestehen können. Wenn Sie die Gegenwart des anderen genießen können, dann sollten Sie das tun. Wenn Sie sich in seiner Gegenwart unvermittelt verletzlich fühlen, weil Sie der Gedanke überfällt: »Wir vergessen zu rasch«, ist auch das in Ordnung.

Eines müssen Sie dem anderen aber wirklich sagen, und zwar so etwas wie: »Hör mal, wir machen gerade eine Beziehungsreha. Wir werden gute Tage haben und schlechte. Es wird Phasen geben, in denen wir vergessen, was passiert ist, und das ist gut. Es wird Phasen geben, in denen wir nicht vergessen wollen, was passiert ist, und das ist auch in Ordnung.« Es ist also genauso wie in einer Reha nach einem schweren Unfall. Sie haben gute und schlechte Tage. Tage, an denen Sie Fortschritte machen, und Tage, an denen es stagniert. Aber all das gehört zum Fortschrittemachen dazu. Sie müssen es nur geschehen lassen.

Die Heilung eines schweren Vertrauensbruchs vollzieht sich ganz natürlich, und wenn Sie keinen Mist bauen, auch unaufhaltsam. Nur laufen natürliche Prozesse nicht gradlinig ab. Es gibt Höhen und Tiefen. Gehen Sie also mit.

Vorbeugung

Den Betroffenen, die sich auf ihrem Weg zum Verzeihen vorantasten, drängt sich immer wieder eine Frage auf: *Wann beginne ich, mich sicher zu fühlen?* Auf diese Frage gibt es drei gute Antworten, und sie sind alle drei wahr.

Eine Antwort lautet: Nie. Ich meine, kommen Sie schon, würden Sie mir vertrauen, wenn ich diese Möglichkeit in Abrede stellen würde? Wenn jemand Sie verletzt hat, besteht eine gewisse Wahrscheinlichkeit, dass dieses unsichere Gefühl nie wieder vergeht. Hoffentlich ist die Wahrscheinlichkeit aufgrund der von Ihnen gemeinsam geleisteten Arbeit viel, viel geringer als vorher.

Vor 25 Jahren erlitt mein damals noch recht junger Mann einen Herzinfarkt. Nie hätte ich mir träumen lassen, dass das passieren könnte. Tat es aber. In den Tagen, Wochen und Monaten danach wartete ich ständig darauf, dass er einen zweiten bekommen und vielleicht tot umfallen würde. Doch er unternahm etwas gegen die Ursachen. Jetzt ist an seinem Blutdruck, seinen Cholesterinwerten und seiner Stressbewältigung nichts mehr auszusetzen. Er lässt sich regelmäßig untersuchen, und immer ist alles in Ordnung. Sein Risiko entspricht jetzt dem eines gesunden Mannes seines Alters.

Habe ich also vergessen, dass er einen Herzinfarkt erleiden

könnte? Nein. Das habe ich immer noch im Hinterkopf und trage es mit mir herum. Denn es ist schon einmal geschehen; es wird sich nie wieder vom Tisch wischen lassen. Andererseits, was soll's? Ich fühle mich zwar nicht vollkommen sicher, aber es schadet mir oder uns nicht, dass ich mich nicht vollkommen sicher fühle. Natürlich könnte jederzeit etwas Schlimmes passieren. Aber schließlich können jederzeit alle möglichen schlimmen Dinge passieren. Und ich brauche mir von diesen endlosen Einflüsterungen der Unsicherheit nicht den Tag verderben zu lassen.

Was also Ihre persönlichen Erfahrungen mit Täuschung und Verrat anbelangt, so kann es durchaus sein, dass die Angst vor einer Wiederholung Sie nie ganz loslassen wird. Sie können aber leicht dafür sorgen, dass diese Angst nicht Ihr ganzes Leben beeinträchtigt:

Wenn Sie an das Gute anknüpfen, dann vertreibt das nicht die Angst, aber es entmachtet sie. Sie verklingt bald zu einer Art Hintergrundrauschen, das Sie nicht weiter beachten.

Jetzt ist der richtige Moment

Eine weitere gute Antwort auf die Frage *Wann beginne ich, mich sicher zu fühlen?* lautet: Jetzt. Eigentlich ist es schon geschehen. Dass Sie sich für Augenblicke oder sogar lange Zeitspannen an Ihrer Partnerschaft erfreuen können, bedeutet, dass Sie sich jetzt sicher zu fühlen beginnen. Klar, Sie kriegen vielleicht noch Angst und fragen sich dann, ob ein gutes Gefühl ein Nachlassen der Wachsamkeit bedeutet, was hieße, dass Sie eben nicht sicher sind. Dann tun Sie am besten Folgendes, und das ist viel besser, als auf die guten Dinge zu pfeifen, die allmählich in Ihre Beziehung zurückkehren. Fragen Sie sich: *Was brauche ich in genau diesem Augenblick, damit ich wieder*

Mut fasse? Das kann etwas ganz Einfaches sein, etwa den anderen zu fragen:»Kannst du mir versichern, dass du mir nie wieder so wehtun wirst?« Eine Antwort auf diese Frage zu bekommen kann ungemein hilfreich sein.

Und jetzt die dritte gute Antwort auf die Frage *Wann beginne ich, mich sicher zu fühlen?*: Bald. Und der Grund für diese Antwort liegt darin, dass es da etwas gibt, das noch passieren muss und normalerweise als nächstes passiert: Verzeihen.

Zum guten Schluss: Verzeihen

Stellen Sie sich eine Welt vor – und welch schöne Welt wäre das! –, in der bei einer Schwangeren die Wehen einsetzen würden, immer heftiger und häufiger, das Kind aber bei der eigentlichen Geburt schmerzlos herausploppte wie eine Scheibe Toast aus dem Toaster. Wir leben zwar leider nicht in einer solchen Welt, aber in Bezug auf das Verzeihen ist sie ein Stück weit Realität.

Das Verzeihen, das unmöglich schien (ähnlich wie die werdende Mutter sich fragt:»Wie soll nur dieses riesige Baby aus mir rauskommen?«), geschieht einfach. Und natürlich geschieht es einfach deshalb, weil Sie die Vorarbeit geleistet haben. Sie haben Ihre Wut gelebt. Sie haben erfahren, dass Sie der anderen Person wichtig sind. Sie haben wechselseitig Ihre guten Seiten wiederentdeckt. Sie haben die Probleme gelöst, die zu dem Vertrauensbruch führten, viele davon jedenfalls. Und so gelangen Sie erstaunlicherweise wie von selbst zu dem Entschluss zu verzeihen.

Besonders leicht fällt er Ihnen, wenn Sie begriffen haben, dass Sie nicht erst zu warten brauchen, bis Wut und Verbitterung restlos verschwunden sind. Sie brauchen einfach nur zu beschließen, dass diese Gefühle nicht länger zwischen Ihnen stehen sollen. Und die Entscheidung fällt Ihnen umso leichter, weil diese Gefühle sehr viel schwächer geworden sind.

Es gibt aber noch mehr, das uns jetzt den Entschluss zu verzeihen erleichtert.

Manchmal haben wir unsere Unversöhnlichkeit einfach satt. Die Distanz demoralisiert uns. Die Angst erschöpft uns. Die Verbitterung zehrt an unseren Kräften. Tief in uns erhebt sich ein spirituelles Bedürfnis zu sagen:»Schwamm drüber.« Manchmal wird uns bewusst, wie destruktiv es eigentlich ist, nicht zu verzeihen. Eine gute Beziehung ist beinahe vor die Hunde gegangen. Ihnen nahestehende Menschen – Kinder, Freunde, Kollegen – sind in Mitleidenschaft gezogen worden. Sie selbst sind zu einem verbitterten Nervenbündel geworden. Und Sie merken, dass Unversöhnlichkeit das einfach nicht wert ist.

Manchmal rettet uns besseres Wissen. Der Problemlösungsprozess vermittelt Ihnen die Einsicht, dass Sie beide zu den Ereignissen beigetragen haben, und die Erkenntnis, dass der andere nicht so gehandelt hat, weil er ein Unmensch war, sondern weil ein Problem mit ganz menschlichen Dimensionen vorlag, an dem Sie beide beteiligt waren.

So erging es Ryan und Dawn. Sie brauchte eine Weile, aber schließlich hatte Dawn eine blitzartige, beunruhigende, aber letzten Endes heilsame Erleuchtung. Sie erkannte, dass sie vielleicht selbst fremdgegangen wäre, wenn sie sich wie Ryan gefühlt hätte. Wie also hätte sie ihm etwas, das sie in seiner Lage vielleicht ebenfalls getan hätte, nicht verzeihen können?

Im Licht des Guten, das langsam wieder in die Beziehung zurückkehrt, kann Unversöhnlichkeit geradezu albern wirken. Wenn Sie miteinander lachen, die Gegenwart des anderen genießen, vielleicht miteinander schlafen, na, haben Sie ihm dann nicht schon verziehen? In diesem Fall ist es weniger eine

Entscheidung als vielmehr eine Bestätigung eines bereits gefällten Entschlusses.

Und manchmal ist Ihnen die Sache mittlerweile schlicht egal. Ich meine das nicht im negativen Sinn. Ich meine nur, dass Sie gelitten, gekämpft und Dinge geklärt haben, aber auch weitergekommen sind. Es ist Zeit vergangen. Der Vertrauensbruch ist jetzt eher ein Ereignis der Vergangenheit als lebendige Gegenwart. Er ist etwas, das einem früheren Ich widerfahren ist, das von dem früheren Ich des anderen begangen wurde.

Glücklich ist, wer vergisst

Sie können sogar einen Punkt jenseits des Verzeihens erreichen. Ich habe das gerade angedeutet, als ich darüber sprach, wie manche Menschen nach einem Vertrauensbruch weitermachen. Wovon ich hier im Grunde spreche, ist eine Art Vergessen.

Wer getäuscht und betrogen wurde, sagt manchmal: »Na gut, vielleicht kann ich vergeben, vergessen aber werde ich nie.« Wir finden uns zu leicht damit ab, dass dies das Beste ist, was wir fertigbringen. Aber das ist es nicht. Sicher, in den Anfangsstadien scheint Ihnen ein Vergessen völlig ausgeschlossen. Und natürlich vergessen wir in gewissem Sinn auch nie. Ich meine, wenn Sie einen Betroffenen 25 Jahre danach fragen: »Hat es Ihr Schwager abgelehnt, Ihnen 25 000 Dollar als Anzahlung für ein Haus zu leihen?«, dann sagt er natürlich ja.

Doch das Vergessen, von dem ich hier spreche, bezieht sich darauf, dass der Schmerz nicht mehr im Vordergrund Ihres Bewusstseins steht. Er ähnelt einem Bild, das Sie von der Wand genommen und in einer Schublade verstaut haben. Das Bild existiert noch, aber Sie sehen es nicht mehr und denken auch nicht mehr daran.

210

Dieses Vergessen ist absolut notwendig. Vor etwa zehn Jahren fand eine von der Templeton Foundation geförderte Konferenz über Versöhnung und Verzeihen statt. Zahlreiche Redner schlossen sich der Ansicht Erzbischof Desmond Tutus an, dass die Erinnerung an vergangenes Unrecht das bedeutendste Einzelhindernis für Versöhnung und Vergebung bildet. Wie kommt das? Stellen Sie sich vor, Sie streichen mit der Hand über einen rauen Holzbalken. Wenn ein Spreißel daraus hervorragt, wird er sich, wie Sie wissen, in Ihre Haut bohren. Wenn wir nicht vergessen können, dann macht uns das so anfällig für Verbitterung und Rachsucht wie ein Spreißel für eiternde Wunden. Wenn wir nicht vergessen, verhaken wir uns immer wieder in unserer Verbitterung.

Vergessen entspricht dem Glätten des Holzes der Erinnerung. Das Leid wird weggeschliffen. Es ist nichts mehr da, an dem wir hängen bleiben könnten.

Ich erlebe das bei mir selbst. Zwar habe ich Ihnen erzählt, dass mein Mann mich vor vielen Jahren betrogen hat. Doch, ehrlich gesagt, diese Erfahrung kommt mir heute so vor, als blätterte ich in einem alten Fotoalbum. Die Erinnerungen kehren wieder, aber sie wirken wie Erinnerungen aus einer anderen Zeit. Wie Erinnerungen an ein früheres Ich.

Sie erinnern sich an den Schmerz, aber Sie spüren ihn nicht mehr. Die Bitterkeit ist fort.

Und wie bewerkstelligen Sie dieses Wunder? Wieder geschieht es leichter und natürlicher, als Sie vielleicht denken. Wieder hat uns die Natur so gebaut, dass wir bedeutungslos gewordene Verbitterung loslassen können und die Erinnerung daran verblasst.

Zwei Gedächtnisradierer. Zwei Dinge funktionieren wie Radiergummis und tilgen die Erinnerung an Täuschungs- und

Betrugserlebnisse. Und über beide haben wir schon gesprochen.

Der erste Gedächtnisradierer ist das Gute, das sich zwischen Ihnen und Ihrem Partner ereignet. Jedes nette Telefonat, jede heitere E-Mail oder SMS, jedes unterhaltsame gemeinsame Mittagessen, jedes Zeichen von Zuneigung, jede echte Unterstützungsgeste, jede gemeinsame Leistung – all das, jedes Einzelne, legt einen riesigen, gedächtnislöschenden Abstand zwischen Sie und das Damals.

Das ist zunächst schwer zu glauben, weil es einfach nicht unseren anfänglichen Erfahrungen entspricht. In den ersten Stadien des Vertrauenswiederaufbaus erleben wir praktisch das Gegenteil. Der Vertrauensbruch sitzt uns noch in den Knochen. Ereignet sich dann doch mal etwas Gutes in der Beziehung, kehrt die Erinnerung an den Verrat unvermittelt und mit aller Macht zurück. Es kommt uns fast so vor, als wäre ein kurzer Moment des Vergessens das Vorspiel zu einem umso heftigeren Wiedererleben.

Das ändert sich jedoch mit der Zeit grundlegend. Während Wochen und Monate verstreichen, löschen die positiven Erfahrungen die negativen nach und nach aus, statt sie anzufachen. Als stünden Sie nach einer Krankheit zum ersten Mal wieder auf: Erst fühlen Sie sich schlechter, aber je länger Sie stehen und umhergehen, desto besser fühlen Sie sich schließlich. Die Bewegungen, die Sie an Ihr Leiden erinnern, tragen sogar dazu bei, dass Sie sie vergessen.

Der zweite Gedächtnisradierer ist die Wiedergutmachung durch denjenigen, der Sie hintergangen hat. Wenn sein Vergehen in Illoyalität bestand, trägt er jedes Mal, wenn er seine Loyalität über bloße Pflichterfüllung hinaus beweist, dazu bei, diese Erinnerung zu löschen. Wenn er Sie im Stich gelassen hat, trägt er jedes Mal, wenn er für Sie da ist, dazu bei, diese Erinnerung zu löschen. Wenn er Sie verletzt hat, trägt er mit jeder Freundlichkeit oder Großzügigkeit dazu bei, diese Erinnerung zu löschen. Er muss sich dazu gar nicht als Held erweisen. Ich spreche hier nicht von einer dieser »Ich werde dich mein ganzes restliches Leben lang dafür entschädigen«-Szenen. Der Vorsatz der Heldenhaftigkeit kann sogar einen Teufelkreis der Verbitterung aufrechterhalten. Nein, ich spreche nur von den guten, anständigen, hilfreichen Dingen, die Menschen in ihren Beziehungen jederzeit tun können und sollten. Und ich meine, dass diese Taten normaler Menschenfreundlichkeit, insofern sie Täuschung und Verrat zuwiderlaufen, ein segensreiches Vergessen herbeiführen.

Nach vorne schauen

Gut, so also bauen Sie das Vertrauen nach einem schweren Vertrauensbruch wieder auf. Ich habe Ihnen gezeigt, was funktioniert und was zu tun ratsam ist. Ich habe Ihnen gezeigt, dass alles darauf beruht, dass Sie Antworten auf sechs Schüsselfragen erhalten. Ich habe Ihnen gezeigt, welche Fallgruben Sie dabei umgehen müssen.

Diese Informationen sind enorm nützlich beim Umgang mit allen Formen von Misstrauen in einer Beziehung, nicht nur nach einem schweren Vertrauensbruch. Es gibt andere Situationen, die auf ihre Weise genauso zerstörerisch wirken können. Jede hat ihre Besonderheiten, die jeweils für sich besprochen werden müssen. Und das werden wir als Nächstes tun.

Wiederaufbau von Vertrauen in anderen Situationen

1 Wenn die andere Person unzuverlässig ist

Wird im Zusammenhang mit einer Beziehung das Wort *Betrug* verwendet, denkt jeder zuerst an eine Affäre. Als Nächstes an eine andere Form grober Täuschung oder schweren Vertrauensmissbrauchs. All diese Vertrauensbrüche haben gemein, dass es einen gravierenden, schwer zu verdauenden Vorfall gab, der alle schockt. Wie ein Autounfall. Sich nur mit solch einschneidenden Ereignissen zu befassen greift jedoch zu kurz. Was macht denn einen Vertrauensbruch aus? Sie hegen eine Erwartung an jemanden – eine vernünftige Erwartung im Rahmen des Üblichen –, und der Betreffende enttäuscht Sie. Jetzt meinen Sie vielleicht, es sei unangemessen, große Worte wie Betrug, Verrat oder Vertrauensmissbrauch für eine kleine Enttäuschung zu verwenden. Gut. Trotzdem ist es so, dass man sich bei jedem Verstoß gegen eine Erwartung betrogen, getäuscht, reingelegt, im Stich gelassen, hintergangen fühlt.

Wenn Ihre Fluggesellschaft Ihren Flug annulliert, während Sie schon am Flugsteig stehen, dann fühlen Sie sich getäuscht und betrogen. Beim Ticketkauf erwarten Sie, und zwar mit vollem Recht, dass die Fluggesellschaft ihr Versprechen hält, Sie mit einem Flugzeug zur vereinbarten Zeit an Ihr Ziel zu bringen. Diese Leistung hat sie zugesagt. Sie haben die Zusage als Versprechen aufgefasst. Sie haben sich auf dieses Versprechen verlassen. Und wenn es nun nicht erfüllt wird, werden Sie all die unangenehmen Gefühle empfinden, die wir mit Betrug, Täuschung und Verrat in Verbindung bringen.

Verrat und Betrug stellen also eine Art Zuverlässigkeitspanne dar. Nun möchte ich Sie etwas fragen: Was ist schlimmer, ein großer Vertrauensbruch oder eine scheinbar endlose Reihe vieler kleiner? Wenn Sie drauf und dran waren, sich für den einen großen Betrug zu entscheiden, und dann gezögert haben – gut für Sie. Natürlich kann zwischen zwei Menschen alles Mögliche vorfallen. Doch im Allgemeinen stecken Beziehungen einen einzelnen großen Vertrauensbruch eher weg als endlos viele kleine.

Bei genauerem Nachdenken ist das auch plausibel. Wenn jemand Sie tief verletzt, es ihm anschließend leid tut und er verspricht, es nie wieder zu tun, dann möchte ein Teil von Ihnen diesem Versprechen Glauben schenken. Und es kann sehr gut sein, dass Sie recht daran tun. Oft machen Menschen einmal etwas Schlimmes und dann nie wieder.

Sehr viel schwieriger kann es sein, wiederholte kleinere Vertrauensbrüche zu verkraften, denn sie wirken wie ein organisierter Angriff auf Ihr Vermögen, Vertrauen zu schenken. Es folgt ein Beispiel.

Matthew und Stephanie. Bestimmt kennen Sie den Spruch: Glauben heißt nicht wissen. Damit möchte man ausdrücken, dass Annahmen in die Irre führen können. Anders gesagt: Wer sich auf Vermutungen verlässt, ist verlassen. Das hätte Stephanie beherzigen sollen. Ihre Vermutung lautete wie folgt: Da Matthew ein guter Kerl und ein guter Fang war (er war reich und sah gut aus), gehörte er wohl zu der Sorte Mann, die sie sich wünschte. Und da sie ein Tatmensch war, wollte sie eben einen Tatmenschen zum Ehemann.

Nun, Matthew war alles andere als das. Er ähnelte eher Stier Ferdinand aus dem Kinderbuch. Alles, was Matthew wollte, war gewissermaßen unter einem Baum liegen und an den Blumen riechen. Sich die Zeit mit seinen Hobbys vertreiben. Ein ruhiges Leben führen.

Das entsprach ganz und gar nicht der Lebensplanung Stephanies. Ihr Ideal waren zwei Menschen, die von Party zu Party sausten, während der Mann in seiner Freizeit, sofern er welche hatte, Baumhäuser für die Kinder zimmerte und deren Fußballmannschaft trainierte.

Nun hätte Matthew den drohenden Aufeinanderprall entgegengesetzter Bedürfnisse jederzeit abwenden können. Er hätte Stephanies unaufhörliche Forderungen nur abzulehnen brauchen. Doch sie ließ nicht locker, wurde so wütend, wenn er nein sagte – und war so entzückend, dass er sich auf die Strategie verlegte: *Ich sage zu allem ja und Amen, werde aber nichts tun.*

Die Unzuverlässigkeit in Person. Ich weiß nicht, auf welchem Planeten Matthews Lösung hätte funktionieren sollen, ganz bestimmt aber nicht auf dem Planeten Stephanie. Jedes Mal wenn er sich zu einer Aktion bereiterklärte, schloss er im Prinzip einen Vertrag mit ihr. Aus Stephanies Sicht war ihr Eheleben also eine endlose Folge nicht eingehaltener Verträge, gebrochener Versprechen. Und das trieb sie in den Wahnsinn. Sie war verheiratet mit der Unzuverlässigkeit in Person.

Das ist das Schlimme an diesem Problem. Wenn Ihr Partner oder Ihre Partnerin die Unzuverlässigkeit in Person ist, kann Ihr Leben sehr leicht zu einem Albtraum werden. Sie können sich auf nichts verlassen. Vertrauen scheint komplett ausgeschlossen. Bei einem schweren Vertrauensbruch gibt es zumindest einen Teil von Ihnen, wenn auch nur einen winzigen, welcher der anderen Person ihr Versprechen, es nie wieder zu tun, abnimmt. Reihen sich jedoch endlos kleine Vertrauensbrüche aneinander, ist erwiesen, dass Vertrauen töricht wäre.

An diesen Punkt gelangen Sie nicht nur dann, wenn Ihr Partner seinen Worten nie Taten folgen lässt. Es gibt noch viele weitere Möglichkeiten.

Die andere Person lügt fortwährend.

Die andere Person gerät ständig in Schwierigkeiten.

Die andere Person ist launisch oder emotional instabil.

Die andere Person versagt immer wieder an ihrem Arbeitsplatz.

Die andere Person wird andauernd krank. Ja, sogar das. Es scheint unfair, das als Vertrauensbruch zu bezeichnen, weil es nicht mit Absicht geschieht, aber oft empfinden wir es so, ob uns das gefällt oder nicht.

Die Hoffnung stirbt zuletzt. An diesem Punkt stellen Sie vielleicht die sehr gute Frage: Warum bleiben Menschen in einer solchen Beziehung? Wenn man auf den anderen nicht zählen kann, dann geht man doch einfach.

Natürlich gehen viele Betroffene auch. Aber es fällt schwerer, als man meinen möchte.

Die Hoffnung stirbt zuletzt. Aus irgendeinem Grund halten wir oft so lange durch, wie wir noch Hoffnung haben, dass der andere sich ändert. Stephanie nährte diese Hoffnung weiter, weil Matthew immer wieder irgendwelche Zusagen machte. Selbst wenn es uns schwerfällt, diese Versprechungen noch zu glauben, sind wir doch unfähig, ihnen jeden Glauben zu verweigern. Wenn Ihnen jemand in die Augen schaut und etwas verspricht, dann ist daran etwas, das Sie dazu bringt, ihm Glauben schenken zu wollen.

Seltene Siege machen süchtig. Ein weiterer Grund, in der Beziehung auszuharren, ergibt sich aus dem gut gesicherten psychologischen Gesetz der intermittierenden Verstärkung. Um dieses Gesetz in der Praxis zu erleben, brauchen Sie nur die nächste Spielbank aufzusuchen. Jeder Spieler verliert weit mehr, als er gewinnt. Doch gelegentlich hat sogar der größte Pechvogel einmal Glück am Spielautomaten oder beim Siebzehnundvier. Und wenn uns eine seltene Belohnung wie diese zuteil wird, geht etwas Seltsames mit uns vor. Es ist berauschend. Es ist tatsächlich so (und zahllose Experimente haben das erhärtet), dass uns unregelmäßige, seltene Belohnungen weit stärker bei der Stange halten als vorausehbare.

Und wenn ein üblicherweise unzuverlässiger Mensch doch einmal Wort hält – wie es sogar bei dem größten Schlamper ab und zu vorkommt –, dann wirkt dies auf seinen Partner wie eine Belohnung und verstärkt sein Durchhaltevermögen. Als ich Stephanie dieses Gesetz erklärte, rief sie aus:»Oh mein Gott, so also macht es dieser Mistkerl. Hin und wieder hält Matthew eines seiner blöden Versprechen.«

Wenn Sie einen Augenblick darüber nachdenken, erkennen Sie natürlich, wie gefährlich das ist. Das Gesetz der intermittierenden Verstärkung verwandelt Menschen in Spielsüchtige, die ihre Lebensersparnisse zum Fenster hinauswerfen. Es sorgt dafür, dass sich Menschen jahrelang mit mies bezahlten Kleinstrollen in Hollywood durchschlagen, in der Hoffnung, irgendwann groß rauszukommen. Und was Beziehungen angeht, so fesselt es Menschen an Partner, auf die kein Verlass ist.

Blind für die Gefahr. Ich möchte die Gefahr ganz klar beim Namen nennen: Die unregelmäßigen Belohnungen machen Sie blind für das, was unter dem Strich für Sie rauskommt. Deshalb bleibt ein Mann bei einer Frau, die meistens gemein zu ihm ist (solange sie ihn nicht mit Nichtbeachtung straft), nur weil sie sich hin und wieder ausgesprochen nett verhält. (Derselbe Mechanismus erklärt übrigens auch, warum Männer angeblich auf Luder stehen.) Und deshalb bleiben Frauen bei Männern, die sie selten anständig behandeln und nur gelegentlich lieb zu ihnen sind.

Wenn ich Betroffene frage: »Wiegt das Gute das Schlechte auf?«, verneinen das die meisten, und dennoch fällt es ihnen schwer zu gehen.

Ich kann mir vorstellen, dass Ihnen bei diesen Sätzen das Herz bis zum Hals schlägt. Was sage ich da? Ist Ihre Beziehung zum Untergang verdammt?

Ich rate Ihnen nicht zu gehen, nur weil Sie mit einem unzuverlässigen Menschen zusammen sind. Ich rate Ihnen, und zwar mit Nachdruck, sich keiner Selbsttäuschung hinzugeben. Im Leben ist es häufig so, dass das Gute Sie für das Schlechte mehr als entschädigt, selbst wenn das Gute relativ selten vorkommt. Beispielsweise kann das Gehalt, das Ihnen jeden Monat überwiesen wird, die tägliche Tretmühle in der Arbeit mehr als aufwiegen. Das geht also in Ordnung, solange Sie sich nicht selbst etwas vormachen.

Und wie vermeiden Sie das, wenn Sie mit einem unzuverlässigen Menschen zusammen sind, das heißt mit jemandem, der Ihnen immer wieder kleine und weniger kleine Enttäuschungen bereitet?

Die Antwort lautet: Buch führen. Und zwar so: Jeden Tag tragen Sie in Ihr Tagebuch oder Ihren Kalender ein J oder N ein. J bedeutet: »Ja, ich würde in dieser Beziehung bleiben,

wenn jeder künftige Tag meines Lebens so wäre wie heute.«
N bedeutet: »Nein, ich würde nicht in dieser Beziehung bleiben, wenn ich wüsste, dass jeder künftige Tag meines Lebens so wäre wie heute.«

Zählen Sie am Monatsende die Js und Ns zusammen. Überwiegen die Ns, müssen Sie sich fragen, ob Sie sich nicht Illusionen machen, wenn Sie in dieser Beziehung bleiben. Bedenken Sie: Haben Sie mehr Ns als Js und bleiben in dieser Beziehung, dann beschließen Sie damit, in einer Beziehung auszuharren, in der es mehr schlechte als gute Zeiten gibt. Wenn es Ihnen das wert ist, gut. Doch die Frage ist: Sind Sie wirklich sicher, dass es Ihnen das wert ist?

Wie vertrauen Sie jemandem, der zuverlässig unzuverlässig ist?

Okay, nehmen wir an, Sie haben beschlossen zu bleiben. Okay. Aber Sie stehen immer noch vor der Aufgabe, das erschütterte Vertrauen zu heilen. Schließlich können Sie nicht mit jemandem glücklich und zufrieden sein, wenn Ihre Tage von Misstrauen zerfressen sind. Denn auch wenn zu bleiben in diesem Augenblick der Mühe wert scheint, können angestauter Argwohn und angestaute Enttäuschung Ihre positiven Gefühle sehr leicht zunichte machen. Zu mir kommen ständig Menschen, die nach fünf, zehn, zwanzig gemeinsamen Jahren mit einem unzuverlässigen Menschen sagen: »Ich konnte es einfach nicht mehr ertragen.«

Wie also können Sie loslassen und verzeihen, wenn der andere Sie weiterhin enttäuscht?

Zunächst einmal: Ist der andere tatsächlich durchgängig unzuverlässig? Kommt er wirklich immer zu spät? Flunkert er weiterhin wie gewohnt? Ist er so vergesslich wie eh und je?

Denken Sie nach, bevor Sie antworten. Man irrt sich hier leicht. Die meisten von uns versehen die Menschen in unserem Umfeld mit einem Halo, einer Art Lichthof; sie sehen sie in einem positiven oder negativen Licht.

Halos. Und so funktioniert das. Bei einer Person mit positivem Halo neigen wir dazu, das Gute an ihr wahrzunehmen und das Schlechte zu übersehen. Bei einer Person mit negativem Halo gilt das Umgekehrte. Dieses Phänomen erklärt beispielsweise, warum zwischen jungen Erwachsenen und ihren Eltern so häufig Spannungen herrschen. Die Eltern wissen noch, wie sich diese jungen Erwachsenen in der Pubertät verhalten haben, und sehen sie daher natürlich in einem riesigen negativen Halo. Doch die jungen Erwachsenen sind jetzt üblicherweise viel verantwortungsbewusster als früher. Der negative Halo verstellt ihren Eltern nur den Blick. Und wie Sie sich denken können, ist es äußerst ärgerlich, als verantwortungslos behandelt zu werden, während man doch mittlerweile mit beiden Beinen im Leben steht.

In neuem Licht. Ein anderer Weg, der Sie möglicherweise zurück zum Vertrauen führt, kann ein Perspektivwechsel sein, so dass Sie den anderen in neuem Licht betrachten. Ja, er ist unzuverlässig, aber vielleicht können Sie ihn sich als *zuverlässig* unzuverlässig vorstellen.

Was das bedeuten soll? Es bedeutet, dass Sie sich darauf verlassen können, dass er unzuverlässig ist.

Und glauben Sie mir, das kann einen enormen Unterschied bewirken. Keiner von uns ist vollkommen. Aber wir sind nicht nach dem Zufallsprinzip unvollkommen. Meine Schwächen machen sich mit einer bestimmten Vorhersagbarkeit bemerkbar, und ich bin sicher, Ihre auch.

Haben Sie es also mit einem zuverlässig unzuverlässigen Menschen zu tun, sind Sie irgendwann selbst schuld, wenn Sie seine Eigenart nicht einkalkulieren. Wenn Sie und ich befreundet sind und Sie wissen, dass ich mich notorisch verspäte, bleiben Ihnen zwei Möglichkeiten. Sie können sich immer wieder darüber aufregen, als wäre jedes Zuspätkommen meinerseits etwas ganz Neues für Sie. Oder Sie sagen sich: Ach, diese Mira, immer kommt sie zu spät, also werde ich mich auch ganz bestimmt nicht um Pünktlichkeit bemühen, wenn ich mit ihr verabredet bin. Und hat sie sich erboten, mich zum Flughafen zu fahren, dann bestelle ich sie eben zwei Stunden früher zu mir als nötig, oder ich suche mir eine andere Transportgelegenheit. Sehen Sie, wie einfach es sein kann?

Ellies Geschichte. Ich hatte einmal eine Klientin namens Ellie, deren Mann ständig schwindelte. Er war kein schlechter Mensch, aber er hatte sich diese schlechte Angewohnheit schon in seiner Kindheit zugelegt, weil seine Eltern ihn sehr gegängelt hatten. Dem kleinen Jungen fiel keine bessere Möglichkeit des Selbstschutzes ein, als die Wahrheit zu verheimlichen. Das funktionierte so gut, dass schließlich eine eingefleischte Gewohnheit daraus wurde.

Nachdem Ellies Zorn über die Flunkerei ihres Mannes jahrelang vor sich hin geschwelt hatte und gelegentlich offen ausgebrochen war, hatte sie eine verblüffende Erkenntnis: Die Vorhersagbarkeit dieser Schwindeleien, unter der sie so gelitten hatte, konnte ihre Rettung sein. Sie musste nur aufhören, sich von dem Unvermeidlichen überraschen zu lassen. Und wenn etwas unvermeidlich ist, ist es ja im Grunde auch keine Überraschung mehr, oder?

Indem Ellie sich auf die Flunkereien ihres Mannes einstellte, konnte sie sie abfangen. Statt barsch zu reagieren – wodurch sie sich in seinen Augen genau so kontrollierend verhielt wie seine Eltern und ihn somit in seinem Lügen bestärkte –, entspannte sie sich, schaltete auf lieb und nett und sagte in freundlichem, nicht bedrohlichem Ton:»Ach, Hal, ich weiß doch, dass du flunkerst. Das ist schon in Ordnung, aber ich wäre dir wirklich dankbar, wenn du jetzt die Wahrheit sagen würdest.« Und meistens tat er das dann. Ihre Entscheidung, ihm zu vertrauen, sorgte dafür, dass er ihr vertraute. Und da haben Sie wieder ein Beispiel dafür, dass Vertrauen Vertrauen gebiert und die Lage verbessert.

Keine Fehler, keine Probleme

Welche Fehler begehen Menschen bei dem Wiederaufbau von Vertrauen zu einem unzuverlässigen Partner?

Einer ist der, dass sie sich nicht ehrlich eingestehen, wie brenzlig die Situation ist. Denn ist sie wirklich schlimm, sollten Sie das ganz ungeschminkt betrachten. Darüber haben wir gesprochen.

Zweitens. Wenn die Situation für Sie tatsächlich unerträglich ist, müssen Sie die Beziehung beenden. Machen Sie nicht den Fehler, in einer Beziehung auszuharren, die Ihnen nicht gut tut. Auch darüber haben wir gesprochen.

Drittens. Öffnen Sie die Augen für die Möglichkeit, dass die andere Person sich geändert hat. Manchmal ändern sich Menschen, und wir sehen es einfach nicht. Darüber haben wir ebenfalls gesprochen.

Viertens. Begehen Sie nicht den Fehler zu glauben, dass Sie mit dem, was Sie haben, nichts anfangen können. Wenn der andere zuverlässig unzuverlässig ist, können Sie sehr gut damit zurechtkommen, sofern Sie es einkalkulieren. Und darüber haben wir gesprochen.

Wie also lassen Sie los und finden zu Vertrauen und Verzeihen, wenn Ihr Partner unzuverlässig ist? Sie müssen begreifen, welche Rolle jeder von Ihnen in diesem Drama spielt. Das läuft bei den meisten meiner Klienten folgendermaßen ab.

John und Jane. Nennen wir das Paar John und Jane, und nehmen wir an, John sei in vielerlei Hinsicht unzuverlässig. Er vergisst Dinge, er kommt zu spät, er schwindelt, er baut Mist. Ist dieser Kerl eine wandelnde Katastrophe? Oder ist er ein braver Bursche, dessen Maßstäbe, na, sagen wir mal, etwas niedriger liegen als die von Jane? Wer weiß das schon? Tatsache ist, dass zu dem Zeitpunkt, als sie bei mir Hilfe suchen, Jane wütend ist auf John und John wütend auf Jane, weil sie wütend ist auf ihn. So sieht es aus. So sieht das Muster immer aus.

Aber, ach, das war nicht von Anfang an so. Vielleicht ist Jane Johns Unzuverlässigkeit zu Beginn gar nicht aufgefallen, oder sie hat sie bemerkt, aber geflissentlich darüber hinweggesehen. Wie auch immer, wenn es geht, wie es meistens geht, versuchte Jane ihre Unzufriedenheit zu unterdrücken, bis diese schließlich aus ihr herausbrach. So verhalten sich viele von uns Frauen. Wir verwandeln uns erst in die böse Psychohexe, nachdem wir so lange darum gerungen haben, der sanfte Engel zu bleiben, bis wir einfach nicht mehr können. Aber wenn wir an den Zerreißpunkt kommen, liegen unsere Nerven blank.

An diesem Punkt lässt jeder kleine Patzer unsere Sicherung durchbrennen. Als John vergaß, ihre Tochter vom Kindergarten abzuholen, ging Jane an die Decke, explodierte aber genauso heftig, als John es versäumte, Milch mitzubringen.

Von nun an ging's bergab. Beobachten Sie mal mit mir, in welches Drama John und Jane sich verstricken. Er baut immer wieder Mist. Sie ist schließlich ein nervliches Wrack. Jetzt wird sie bei jeder Kleinigkeit stinksauer. Und er glaubt jetzt, in eine Welt geraten zu sein, der jede Verhältnismäßigkeit abhanden gekommen ist.

Denken Sie mal darüber nach. Da haben wir zunächst einen locker-flockigen Kerl, der auf einmal die Botschaft empfängt, dass es egal ist, was er macht – ob große oder kleine Fehler, alle lösen sie dieselbe heftige Reaktion aus. Menschen in dieser Lage reagieren immer gleich:»Wenn sie mit mir Schlitten fährt, sobald ich einen kleinen Fehler mache, obwohl ich gerade mein Bestes gegeben habe, um ein großes Ding zu schaukeln, warum soll ich mir dann noch Mühe geben? Wenn ich sowieso Ärger kriege, warum soll ich dann auch nur einen Finger krumm machen?«

Sie sehen also, wie das läuft. Mit ihren wechselseitigen Reaktionen schlagen John und Jane wie fast jedes Paar in dieser Situation einen Weg ein, der immer tiefer in die Sch … hineinführt. Je mehr John versiebt, desto blanker liegen Janes Nerven und desto eher fährt sie bei jedem Fehler aus der Haut. Je heftiger sie bei großen wie kleinen Fehlern aus der Haut fährt, desto eher denkt er, dass sein Verhalten keine Rolle spielt. Ihre übertriebene Wachsamkeit und ihre übertriebenen Reaktionen, mit denen sie ihn eigentlich zu mehr Verlässlichkeit antreiben will, bewirken also das genaue Gegenteil: Er wird noch unzuverlässiger.

Jetzt wäre es schön, wenn man behaupten könnte, dass das Problem sich lösen ließe, wenn John eben zuverlässiger würde. Ist es aussichtsreich, jemanden zu bitten, er möge doch zuverlässiger sein?

Tatsächlich funktioniert das, wenn Sie es richtig angehen. Sehen Sie, die meisten unzuverlässigen Menschen sind so, weil sie sich gegen Kontrolle wehren. Der Versuch, ihrer Unzuverlässigkeit durch Kontrolle beizukommen, bestärkt sie also nur darin. Dieser Weg ist demnach ein Fehler. Begehen Sie ihn nicht.

Was wirklich funktioniert. Sie sagen: »Es würde mir viel bedeuten, es würde mich sehr freuen, wenn du … [Setzen Sie hier ein, was immer Ihnen wichtig ist, etwa: ›Milch mitbringen würdest, wenn ich dich darum bitte und du dich dazu bereiterklärt hast‹]. Kann ich dich dabei irgendwie unterstützen?« Durch so etwas wendet sich das Blatt. Sie fahren nicht mehr die Kontrollschiene, und er braucht deshalb nicht mehr die Widerstand-gegen-Kontrolle-Schiene zu fahren. Ich verspreche Ihnen: Das funktioniert wunderbar.

Allerdings muss ich zwei Vorbehalte machen. Ich weiß das aufgrund der Erfahrung mit meinem Mann, von meiner therapeutischen Arbeit ganz zu schweigen.

Der erste Vorbehalt: Kein Mensch wird im Handumdrehen vom Saulus zum Paulus. Und das ist für uns kaum auszuhalten, wenn unser Nervenkostüm angegriffen ist. Was soll ich dazu sagen? Wenn wir mit unserer Geduld hoffnungs- und rettungslos am Ende sind, dann ist wahrscheinlich auch unsere Beziehung am Ende. Eine problemüberladene Beziehung überlebt es nicht, wenn der Geduldsfaden endgültig reißt.

Können Sie die Geduld jedoch aufbringen, werden Sie erleben, wie sich vor Ihren Augen ein Wunder vollzieht. Sobald Sie es sein lassen, dem anderen im Nacken zu sitzen, und sobald er das wahrnimmt, und sobald Sie ihm stattdessen Ihre Bedürfnisse klarmachen, wird er einlenken und darauf eingehen. Anfangs zögerlich, dann aber immer schneller.

Was zu dem zweiten Vorbehalt führt: Unzuverlässige Menschen werden selten ein Muster an Zuverlässigkeit. Vergessliche Menschen merken sich vieles besser, aber hin und wieder

227

entfällt ihnen immer noch etwas. Lügenbolde werden immer noch schwindeln, wenn auch viel seltener.

Sie müssen also in Ihr Herz schauen. Brauchen Sie Vollkommenheit? Dann sollten Sie nicht mit einem unzuverlässigen Menschen zusammenleben. Das wird nur Sie beide in den Wahnsinn treiben. Wenn Sie sich jedoch mit Verbesserungen, großen oder kleinen, zufriedengeben können, dann kann sich die gesamte Lage tatsächlich bessern.

So also erreichen Sie den Punkt, an dem Sie wieder Vertrauen fassen und verzeihen können, wenn das Kernproblem in Unzuverlässigkeit besteht. Die andere Person hat den gravierenden Fehler begangen, sich als nicht verlässlich zu erweisen. Aber ganz sicher haben auch Sie in Ihrem Umgang mit diesem Problem einen Fehler gemacht.

Nach dem Prinzip, ein jeder kehre vor seiner eigenen Tür, haben Sie eine Verbesserung der Lage in viel höherem Maße in der Hand, als Sie vielleicht dachten. Es ist nicht Ihr Fehler, dass der Stein überhaupt ins Rollen gekommen ist. Aber wenn Sie einsehen, dass Sie einen Beitrag zur Verbesserung der Situation leisten können, dann kann und wird sie besser werden. Und Sie beide werden einander wieder vertrauen können.

Fortschritte machen. Wie ging es denn mit Matthew und Stephanie weiter?

Ich bewundere niemanden mehr als Menschen, die langsame Fortschritte machen. Es ist leicht, die Flinte ins Korn zu werfen. Es ist leicht, sich die Motivation zu erhalten, wenn man schnelle Fortschritte erzielt. Doch durchzuhalten, wenn es nur langsam vorangeht, ist schon an sich eine Leistung.

Und in dieser Situation befinden sich Matthew und Stephanie derzeit. Was sie bei der Stange hält, ist nach beider Bekunden … Ach, am besten, wir lassen es Stephanie mit ihren eigenen Worten erklären:

Bei uns geht es zwei Schritte vorwärts, einen Schritt zurück. Ich bin geduldig, und Matthew macht Fortschritte, aber er ist nicht perfekt, und manchmal baut er Mist, und manchmal drehe ich durch, was uns zurückwirft. Es war sehr schwer für mich einzusehen, dass ich genauso schlecht darin bin, etwas besser zu machen, als Matthew darin, zuverlässig zu sein. Aber das hat auch sein Gutes, weil ich leichter akzeptieren kann, dass er nicht perfekt ist, wenn ich akzeptiere, dass ich nicht perfekt bin. Und dann fahre ich nicht so schnell aus der Haut, wodurch wiederum er nicht so schnell etwas versiebt. Wir sind noch nicht über den Berg, aber wir sind ganz sicher auf dem besten Weg dahin.

2 Machtprobleme

Bislang haben wir Situationen betrachtet, in denen Misstrauen aus dem Verhalten einer Person erwächst. Er baut Mist; Sie verlieren das Vertrauen. Doch das ist nur eine der Möglichkeiten, wie Misstrauen zwei Menschen entzweien kann. Misstrauen kann auch entstehen, weil der eine eine bestimmte Wesensart hat oder weil sich zwei Menschen in ihrer Wesensart unterscheiden. Zu den wichtigsten Ursachen von Misstrauen aber gehören Machtunterschiede.

Vielen von uns ist es fremd, uns selbst oder uns nahestehende Menschen unter dem Gesichtspunkt der Macht zu betrachten. Sicher, Ihr Chef besitzt Macht über Sie. Sie müssen sehr viel eher das tun, was er will, als er das, was Sie wollen. Nichts anderes ist Macht! Sie sehen somit, wie mächtig ein krankes Kleinkind sein kann. Oder eine hektische Braut. Eine Frau in den Wehen ist wahrscheinlich auch ziemlich mächtig, weil sich alles nur um sie und ihre Bedürfnisse dreht.

Sehen wir uns an, wie es sich damit in Beziehungen verhält.

Annie und Doug. Viele Jahre lang verdiente Doug wesentlich mehr als Annie. Sie hatten nicht geglaubt, dass dies ein Machtgefälle erzeugen würde, denn sie hatten vereinbart, alle größeren Anschaffungen zu besprechen, was sie auch taten (obwohl Annie im Nachhinein erkannte, dass ihre Stimme zu oft abgewürgt worden war).

Doch dann änderten sich die Umstände. Annie machte einen Karrieresprung, und Doug gab seine Stelle auf, um sich gemeinsam mit einem Freund selbständig zu machen. Plötzlich stand er ohne Geld da, und sie war Alleinverdienerin. Zu ihrer beider Überraschung bewirkte dies einen enormen Unterschied. Sie hatte das Verhältnis zuvor für ausgeglichen gehalten. Doch jetzt, in ihrer neuen Rolle, merkte sie, wie sehr sie sich selbst zum Schweigen gebracht hatte. Das erschütterte sie tief. Ihr fiel ein, wie oft sie ihre eigenen Bedürfnisse zurückgestellt hatte, etwa ihren Wunsch nach einem weiteren Kind oder nach dem Verkauf des Sommerhauses, das sie überhaupt nicht mochte.

Endergebnis dieses Umschwungs in ihrem Leben war, dass eine Flutwelle des Misstrauens über ihre Beziehung schwappte. Doug fiel es schwer, ihr zu vertrauen, weil sie sich aus seiner Sicht jetzt, da sie die Brötchen verdiente, ihm gegenüber plötzlich als Herrin aufspielte. Aber auch Annies Vertrauen zu Doug bekam Risse. Da er sich entmachtet fühlte, begann er, seinen Einfluss in einer Weise geltend zu machen, wie er es als Hauptverdiener nicht getan hatte. Statt einfach selbst eine Entscheidung zu fällen oder Annie in einer Diskussion zu überstimmen, machte er so lange Terz, bis er seinen Willen bekam. Jeder hielt jetzt den anderen für unvernünftig, anspruchsvoll und machtgeil.

Doch die Umkehrung ihrer individuellen Einkommenssituation ließ lediglich einen bereits vorhandenen Mechanismus in den Vordergrund treten. Ein Machtgefälle birgt immer ein Misstrauensrisiko. Doug und Annie hatten es nur nicht gemerkt, weil ihnen ihre frühere Vereinbarung normal erschienen war: In ihren Augen war es eben »normal« gewesen, dass der Mann mehr verdiente und bei wichtigen Entscheidungen die Nase vorn hatte. Als sich ihr Leben änderte, änderte sich auch die Machtdynamik – jetzt hatte sie das Geld, und: Wes Brot ich ess', des Lied ich sing'. Jetzt kamen ihre Vertrauensprobleme ans Licht.

Wie hätte es auch anders sein sollen? Was denken Sie? In dem Maße, wie Sie Macht über mich haben, können Sie Dinge tun, die sich auf mich auswirken, ohne dass ich etwas dagegen unternehmen kann. Eben das bedeutet Macht. Wie kann ich Ihnen also trauen, wenn Sie in gewissem Sinn mit mir machen können, was Sie wollen?

Natürlich besitzen die meisten Menschen nicht deshalb Macht, weil sie machtgierig sind, und sie verlieren sie auch nicht aufgrund von Schwäche. Machtunterschiede erwachsen gewöhnlich aus den Lebensumständen der Menschen. Aber sie haben enorme Folgen für deren Fähigkeit zu vertrauen. Bei vielen Beziehungen brauchen Sie nur die Machtungleichgewichte aufzulisten – beispielsweise wird sie sehr emotional, womit er nicht zurechtkommt, während beruflich viele von ihm abhängig sind, so dass sie glaubt, keine berufsbezogene Entscheidung in Frage stellen zu dürfen –, und diese Liste führt Sie direkt zu all den Vertrauensproblemen zwischen den beiden. Misstrauen lässt sich erst ausräumen, wenn man versteht, woher die Vertrauensprobleme kommen.

Brian und Lisa. Verliebt, verlobt, verheiratet. Die Geschichte ist uralt, und für Brian und Lisa begann sie in aller Unschuld. Wie konnte es bei ihnen schiefgehen? Aber es ging schief, sehr schief sogar. Am Tiefpunkt herrschte nur noch finsterstes Misstrauen.

Brian und Lisa lernten sich auf dem College kennen. Es war eine dieser Beziehungen, die sich ergeben, wenn eine junge Frau die Nase voll hat von all den Idioten, mit denen sie es bisher zu tun hatte, und sich von einem gut aussehenden, ehrlichen, rücksichtsvollen Kerl angezogen fühlt, der ganz in sich zu ruhen scheint. Und der junge Mann fühlt sich hingezogen zu einer schnuckeligen, ausgeflippten, zärtlichen jungen Frau, nach all den Weibern, die nur mit ihm gespielt haben. Ja, sie waren sehr unterschiedlich, aber jeder schien genau das zu haben, was der andere suchte.

Schon früh fragte er sie, was ihr Vater mache, und wie sich herausstellte, war er ein altmodischer Landarzt. Nett! Als sie nach seinem Vater fragte, erzählte Brian wolkig etwas von einem eigenen Geschäft. Lisa stellte sich einen kleinen Laden vor.

Brian verschwieg allerdings eine Kleinigkeit. Sein Vater war in Wirklichkeit ein sehr erfolgreicher Unternehmer. Doch Brian wollte aus verschiedenen Gründen nichts davon erzählen. Zum einen war es ihm peinlich, vor diesem einfachen Mädchen vom Lande zuzugeben, dass seine Familie sehr vermögend war – Geld, das nicht er verdient hatte. Aber er war auch vorsichtig. Er hatte schon so oft erlebt, dass sich die Leute wegen des Familienunternehmens falsche Vorstellungen machten – sie hielten ihn für steinreich, was er persönlich nicht war, jedenfalls

232

noch nicht. Er musste sichergehen, dass seine zukünftige Frau ihn aus den richtigen Gründen heiratete.

Also schenkte Brian Lisa erst nach ihrer Verlobung reinen Wein ein. Wieder war Brian hingerissen von Lisas Begeisterung, in ein erfolgreiches Familienunternehmen einzuheiraten. Sie versuchte gar nicht erst, kühlen Kopf zu bewahren. Irgendwie fühlte Brian sich dadurch beruhigt. Noch beruhigter war er, als er ihren Vater kennenlernte, dem es, ganz dem Klischee des Landarztes entsprechend, schnurzegal zu sein schien, wie viel jemand besaß.

Ein bisschen ernüchterte es Lisa, den Ehevertrag zu lesen, den sie unterzeichnen sollte. Er kam nicht völlig überraschend – bei der Einheirat in ein Familienunternehmen war sie auf so etwas gefasst –, doch die Regelungen schienen ihr … knauserig. Man konnte sie nicht unbedingt unverhältnismäßig nennen, aber im Falle einer Scheidung bekam Lisa, sofern keine Kinder da waren, praktisch nichts. Selbst wenn Brian in den ersten Jahren ihrer Ehe sterben sollte, würde Lisa nicht unbedingt eine reiche Witwe werden. Wo auch immer in diesem Vertrag sich Großzügigkeit ausdrücken mochte, sie galt ausschließlich eventuellen Kindern.

Sie heirateten bald nach dem Abschluss, und Brian fing sofort im Familienunternehmen an. Von da an erkannte Lisa immer klarer, dass Geld jedenfalls in diesem Fall ganz bestimmt nicht Freiheit bedeutete. In ihrem Leben ging es nur noch um Verantwortlichkeiten und Pflichten. Selbstredend hatte er auf Geschäftsreisen zu gehen. Selbstredend hatte sie an Lunchs teilzunehmen. Selbstredend hatte sie hinzunehmen, dass fremde Leute in ihrem Haus arbeiteten.

Lisa wäre nie auf den Gedanken gekommen, dass die Einheirat in eine Unternehmerfamilie sie so sehr in ihrer Selbstbestimmung beschneiden würde. Aber genau das war geschehen. Sie besaß nicht mehr die Freiheit, Entscheidungen zu treffen, wie sie eine Frau zu Beginn ihres Ehelebens normalerweise treffen kann: Nein, dieses grässliche Kuriositätenkabinett konnte nicht rausfliegen, weil seine Mutter sonst austicken würde. Allmählich dämmerte ihr, warum dieser Niemand – wie sie sich selbst bezeichnete – für Brian attraktiv gewesen war. Er musste intuitiv gespürt haben, dass ihre Naivität sie daran hindern würde, ihre Versklavung zu bemerken. Sie fühlte sich nicht hereingelegt – in seinen Augen war sein Leben bestimmt völlig normal –, doch sie hatte vor ihrem Jawort sicher nicht die gebührende Sorgfalt walten lassen.

Trotz all der Forderungen und Erwartungen an sie – wozu auch gehörte, dass sie gelegentlich im Büro einsprang, wenn ein Engpass eintrat – hatte Lisa nicht die geringste Macht, und das spürte sie.

Das Rechenschaftsproblem. Brian hatte sich so sehr eine Frau gewünscht, die ihn um seiner selbst willen liebte, doch jetzt, nach ihrer Heirat, hatte Lisa das Gefühl, dass Brian sie im Grunde weder kannte noch sich für sie als Mensch interessierte. Lisa war immer fasziniert gewesen von Prinzessin Diana; jetzt kam ihr das wie eine beklemmende Vorahnung vor. Jetzt konnte Lisa sehr gut nachempfinden, wie sich Lady Di gefühlt haben musste, in dieser seltsamen Weise angenommen und zurückgestoßen zugleich. Die Botschaft, die Lisa empfing, lautete: »Wir mögen dich und wollen dich, aber du hast dich völlig den Ansprüchen des Familienunternehmens unterzuordnen. Du bist perfekt, solange du ein Ich hast, das sich in unsere Bedürfnisse einfügt.«

Der Tropfen, der für Lisa das Fass zum Überlaufen brachte, war eine Auseinandersetzung mit Brian, weil sie mit einer Freundin ein paar Tage wegfahren wollte. Sie wusste, dass sie zu Hause Pflichten zu erfüllen hatte. Na, und? Schlimm war nicht nur, dass Brian sein Veto einlegte. Schlimm war auch, was er sagte:»Du kriegst keine Extrawurst gebraten.«Selbst als kleines Mädchen hatte sie sich nie so hilflos gefühlt. Und einem Menschen, der einem das Gefühl von Hilflosigkeit einflößt, kann man nicht vertrauen.

Einer der schlimmsten Aspekte jedes Machtgefälles – und mit Sicherheit der destruktivste – ist fehlendes Vertrauen. Denken Sie einmal darüber nach. Macht heißt, ungestraft tun zu können, was man will. Je mehr Macht der andere besitzt, desto weniger können Sie selbst tun, was Sie wollen. Der andere muss also keine Rücksicht auf Sie nehmen. Wenn er will, kann er sich nur nach seinen eigenen Bedürfnissen richten. Und wie könnten Sie einem solchen Menschen völlig vertrauen?

Nehmen wir an, Sie sind weit entfernt von zu Hause unterwegs. Ihr Auto bleibt liegen und wird zu einer Werkstatt in irgendeinem Nest geschleppt. Nun liegt alle Macht in den Händen des Werkstattbesitzers. Er kann jede beliebige Ursache nennen, und Sie können praktisch nichts dagegen machen. Wenn er behauptet, es seien alle Sicherungen durchgebrannt und die Reparatur koste 2500 Dollar, was wollen Sie dann machen, außer auch bei Ihnen die Sicherungen durchbrennen zu lassen? Sie sehen also, ein Mensch mit absoluter Macht nimmt Ihnen jegliches Vertrauen. Sollten Sie das nicht so sehen, hat Ihnen vielleicht noch nie ein solcher Mensch etwas angetan. Wurde jemand jedoch von einem Menschen mit Macht – aufgrund dieser Macht – verletzt, wird er in Zukunft Macht mit Gefahr assoziieren. Fragen Sie nur einmal jemanden, der zum zweiten Mal heiratet und dessen erster Partner seine Macht missbraucht hat. So ging es auch Lisa. Sie war Brian gegenüber Rechenschaft schuldig. Sie hatte alle möglichen Verpflichtungen der Familie und der Firma gegenüber. Für Brian galt das umgekehrt nicht. Er kam stets spät nach Hause oder verreiste geschäftlich oder brachte Leute mit, ohne das vorher anzukündigen.

Die Geburt des Misstrauens. An welcher Stelle trat das Misstrauen bei Brian und Lisa auf den Plan? Da Brian tun konnte, was er wollte, ohne es rechtfertigen zu müssen, konnte Lisa nie sicher sein, was er tat und warum. Er konnte behaupten, er habe lange zu arbeiten, machte aber vielleicht nur mit ein paar Kumpels einen drauf. Er konnte behaupten, er gehe auf Geschäftsreise, aber es konnte ebensogut auch ein Golftrip sein.

Jetzt wenden Sie vielleicht ein, dass sie ihm einfach vertrauen solle, dass Vertrauen die Grundlage einer Ehe sei, dass Vertrauen das A und O sei … blablabla. Das stimmt zwar. Aber wenn einer über wesentlich mehr Macht verfügt als der andere, dann lockern sich die Bande des Vertrauens. Und damit offenbart sich eine der grundlegenden Wahrheiten über Vertrauen: Wir vertrauen, weil es Verantwortlichkeit gibt. Verantwortlichkeit kann Machtunterschiede verringern. Mangelnde Verantwortlichkeit vergrößert Machtunterschiede. Wenn Sie mich beispielsweise bitten, Sie zum Flughafen zu fahren, und ich willige ein, habe ich plötzlich Macht: Sie werden mich bei Laune halten wollen, damit ich auch wirklich auftauche –, aber diese Macht wird dadurch begrenzt, dass ich Ihnen gegenüber verantwortlich bin. Wir sind Freunde inmitten eines Netzwerks von Freunden. Wenn ich Sie versetze, werden es alle erfahren.

Sie vertrauen mir, weil Sie wissen, dass ich weiß, dass ich mich auf spürbare Konsequenzen gefasst machen muss, wenn ich Mist baue.

Brian sah sich keiner echten Verantwortlichkeit ausgesetzt. Er musste nicht mit Konsequenzen rechnen, da Lisa sich in keiner Weise Gewissheit über sein Tun verschaffen konnte. Je mehr Macht jemand besitzt, desto weniger muss er mit Konsequenzen für sein Handeln rechnen. Und wenn Sie es mit jemandem zu tun haben, der nicht für sein Tun geradestehen muss, dann ist es schwer, ihm zu vertrauen.

Und noch eine Anmerkung zum Misstrauen. Es breitet sich aus wie Schimmel. Es modert vor sich hin und ernährt sich von sich selbst. Wir stellen Vermutungen an, und diese Spekulationen säen eine Saat in unserem Gemüt, die weiteres Misstrauen hervorruft.

Und genau das passierte Lisa. Als sie begriff, dass sie keinerlei Einfluss auf Brians Schalten und Walten hatte, tat sich plötzlich die Möglichkeit auf, dass seine Geschäftsreise in Wahrheit ein Golfausflug war. Aber es ging noch weiter. Genausogut konnte er sich mit einer anderen Frau vergnügen. Was wiederum Lisa auf den Gedanken brachte, dass er vielleicht eine Dauergeliebte hatte wie seinerzeit Prinz Charles seine Camilla Parker-Bowles.

Der Umgang mit Vertrauensproblemen aufgrund eines Machtgefälles

Nun fragen Sie sich vielleicht, was das alles mit Ihnen zu tun hat. Schließlich ist Ihr Partner wahrscheinlich nicht der Sohn eines erfolgreichen Unternehmers (beziehungsweise der Erbe des britischen Throns).

Doch ich nenne Ihnen jetzt einige Machtunterschiede, die im alltäglichen Leben auftreten – und überraschend oft die Saat des Misstrauens in sich bergen.

• Er ist Sozialarbeiter, der verzweifelten Menschen in Not hilft. Deshalb glaubt sie, ihre Bedürfnisse fielen nicht so sehr ins Gewicht. Also besitzt er im Vergleich zu ihr Macht.

- Sie ist wirklich *sehr* intelligent. Er? Nicht so besonders. Weil sie ihn an die Wand denken und argumentieren kann, fühlt er sich bei jeder Meinungsverschiedenheit hilflos. Sie kann stets beweisen, warum sie recht hat und er nicht.
- Er ist der brave Sohn einer kranken Mutter. Sobald diese etwas benötigt, was häufig der Fall ist, steht er Gewehr bei Fuß. Die Bedürfnisse seiner Mutter bedeuten, dass er ihr nichts abschlagen kann, was es ihm erschwert, zu seiner Frau zu stehen. In Bezug auf seine Mutter besitzt er weniger Macht, in Bezug auf seine Frau mehr.
- Sie geht sehr leicht an die Decke, oft sehr dramatisch. Sie rastet so heftig aus, dass er nicht glaubt, sich ihr widersetzen zu können. Nun stellen heftige emotionale Reaktionen häufig eine Methode dar, einem mächtigen Menschen gegenüber Stärke zu zeigen. In diesem Fall jedoch ist sie von Natur aus sehr emotional, was ihr unter ansonsten gleichen Bedingungen mehr Macht verleiht.

Das endlose Gerangel um die Macht. Auf die Lösung »Stärke durch Widerstand« verfiel Lisa gegenüber Brian. Nicht dass sie sie bewusst gewählt hätte. Doch Macht ist wie Wasser: Sie kommt überall durch. Mangelt es einem Menschen an Macht, sucht er immer einen Weg, sich neue Stärke anzueignen. Wenn Sie also plötzlich Macht über mich besitzen, wie können Sie mir dann vertrauen, dass ich nicht nach Möglichkeiten suche, Ihrer Macht Widerstand entgegenzusetzen, mich ihr zu entziehen und mich gegen sie zu wehren? (Eben das geschieht häufig in der Arbeitswelt, wenn eine Person zum Vorgesetzten einer anderen aufsteigt, die tags zuvor noch Seite an Seite und auf gleicher Ebene mit ihr gearbeitet hat.) Alle Eltern von Kleinkindern oder Teenagern (»War da!«»Hab das gemacht!«) wissen, wie Kinder Macht gewinnen – etwa durch einen Tobsuchtsanfall –, um gegenzuhalten, wenn Sie sich durchzusetzen versuchen.

Das ist das Grundparadox der Macht: Sobald sich ein Machtunterschied auftut, unternimmt die entmachtete Person etwas, um ihn möglichst auszugleichen. Ihr Machtzuwachs wiederum lässt den anderen einen Machtverlust empfinden, woraufhin auch er mehr Macht zu gewinnen sucht. Aufgrund dieses Wechselspiels von Macht und Widerstand empfinden wahrscheinlich *beide* Parteien die jeweils andere als mächtiger. Demnach fühlen sich beide relativ ohnmächtig. *Bei mindestens drei Vierteln aller Paare nehmen beide Partner den anderen als mächtiger wahr.*

Lisas Hilflosigkeit erwuchs aus dem Gefühl der Machtlosigkeit. Das wiederum rief Wut, Enttäuschung und Verzweiflung hervor – was schließlich zu heftigen Gefühlsausbrüchen führte. Nichts von all dem hatte sie geplant. Es passierte einfach. Sie verlor buchstäblich die Fassung.

Und dann machte sie eine große Entdeckung: Je erboster sie war, desto eher bemühte sich Brian, ihr entgegenzukommen! Es war, als verwandelte sie sich beim Ausrasten in ein schreiendes Baby, das Brian verzweifelt zu beruhigen suchte. Und je massiver sie auftrat, desto mehr Macht gewann sie über Brian.

Und was meinen Sie wohl, wie Brian auf Lisas enormen Machtzuwachs reagierte? Richtig. *Er* verlor das Vertrauen zu *ihr.* Er spürte sofort, dass sie durch Toben alles kriegen konnte, was sie wollte. Warum also sollte er darauf vertrauen, dass sie diese Macht nicht missbrauchte? Wie sich zeigte, kostete es sie sehr wenig, diese Macht auszuüben. Es schien, als könnte sie auf diese Weise bekommen, was sie wollte, ohne dass es Konsequenzen hatte. Wie die vermeintliche Macht eines Menschen, der mit einer abgesägten Schrotflinte in eine Bank hineinspaziert.

Schon bald befanden sich Brian und Lisa in einem Macht-patt. Jeder glaubte, er oder sie könne tun, was immer er oder sie wollte. Während zugleich jeder glaubte, er (oder sie) selbst könne jetzt nicht mehr bekommen, was er (oder sie) wollte. Natürlich schwächen sich beide Partner in derartigen Machtkämpfen immer wechselseitig. Diese Rangeleien erzeugen Angst und Entfremdung statt Lösungen. Dennoch sind sie fast unvermeidlich, solange sich ein Partner, gemessen an dem anderen, als ohnmächtig empfindet.

Und natürlich geraten beide Partner dadurch in einen Dauerzustand von Misstrauen und Argwohn.

Wie arbeiten Sie sich wieder aus diesem Loch heraus?

Mit dem Machtgefälle umgehen

Machtungleichgewichte in Beziehungen lassen sich nicht ganz und gar vermeiden. Wir können aber so mit ihnen umgehen, dass sie das Vertrauen nicht beschädigen. Und das genügt meistens. Ich möchte Ihnen zeigen, wie Sie das schaffen.

Sie sollten sich allerdings im Klaren darüber sein, dass dieses Problem nicht immer zu lösen ist. Das hat dann nichts mit der Größe des Machtunterschieds zu tun, sondern damit, dass einer der Partner das ist, was ich einen Machtmenschen nenne.*

Viele von uns besitzen Macht. Manche von uns streben sogar danach. Und das ist ja auch nicht verkehrt. Die Welt braucht auch Macher.

Doch Machtmenschen sind anders. Ein Machtmensch will

* In *Soll ich bleiben, soll ich gehen?* spreche ich ab Seite 80 ausführlich über Machtmenschen. Zu diesem Kapitel kommen mehr Nachfragen als zu allen anderen.

siegen. Punkt. Ein Mensch wie du und ich kann über große Macht verfügen und dennoch der Fairness verpflichtet sein. Machtmenschen hingegen ist Fairness schnurz.

Eine ganz normale Frau beispielsweise könnte in ihrem Beruf eine Machtposition einnehmen, ohne dass es sie drängte, Menschen in der Arbeit oder privat stärker unter Druck zu setzen, als es für die Erledigung von Aufgaben nötig ist. Ist sie jedoch ein Machtmensch, versucht sie unaufhörlich und überall, das Heft in die Hand zu bekommen.

Rita und Larry. An der Seite eines durchschnittlich durchsetzungsfähigen Menschen haben Sie den Eindruck, dass auch für Ihre Bedürfnisse Platz ist. Rita war verheiratet mit Larry, einem hochbegabten, redegewandten Prozessanwalt, der in jeder Diskussion mit Leichtigkeit die Oberhand behielt. Gleich erfahren Sie, woran wir erkennen, dass Larry dennoch kein Machtmensch ist. Eines Tages sagte Rita in einer Paartherapiesitzung zu ihm:»Schau mal, Liebling, du kannst mich bei jedem Thema in die Tasche stecken. Ich schaffe das umgekehrt nie. Und das heißt, dass du dich jedes Mal, wenn wir über eine anstehende Entscheidung sprechen, durchsetzt. Deshalb bleiben meine Bedürfnisse immer auf der Strecke. Ist das fair?«

Er schaute sie einen Augenblick an und ergriff dann ihre Hand.»Nein«, erwiderte er,»das ist nicht fair. Es ist ungerecht, wenn wir in dieser Beziehung nicht beide zu unserem Recht kommen. Aber ich weiß nicht, wie wir das wieder in Ordnung bringen sollen.«

An dieser Stelle schaltete ich mich ein.»Ich habe ein wunderbares Werkzeug für Sie beide parat. Nennen Sie mir etwas, worüber Sie sich vor kurzem gestritten haben.«

Sie antwortete:»Wir haben gerade darüber gesprochen, wo wir nach der Sitzung essen gehen, und ich wollte zum Italiener, aber er hat es mir ausgeredet. Trotzdem möchte ich am liebsten italienisch essen.«

»Perfekt«, sagte ich. »Sie machen jetzt Folgendes. Jeder von Ihnen weist seiner Präferenz eine Zahl zu.« (Sie erinnern sich an die weiter oben vorgestellte Methode?) Ich wandte mich an Larry: »Wo möchten Sie gerne essen gehen?«

»Ich dachte an japanisch«, antwortete er.

»Gut«, sagte ich. »Jetzt denken Sie sich eine Skala zwischen 1 und 10, wobei 1 bedeutet, dass es Ihnen gleichgültig ist, und 10, dass Sie es sich sehnlichst wünschen, und sagen Sie mir, welche Zahl Sie Ihrem Wunsch nach einen Abendessen beim Japaner zuordnen.«

»Also, ich möchte schon japanisch, aber ich denke mal, ich würde sagen, vielleicht eine 6.«

»Und wie ist das bei Ihnen mit italienisch?«, fragte ich Rita.

»Also, ich meine, es geht ja nicht um Leben und Tod, und ich weiß, dass es dick macht, aber … ganz ehrlich? Eine 9. Mir ist schon die ganze Woche über nach italienisch. Vielleicht ist es blöd, aber mir ist eben so. Eine 9.«

Larry starrte Rita an, als habe er eine Offenbarung gehabt. »Mein Gott, Rita, wenn ich gewusst hätte, dass dir so viel daran liegt, hätte ich natürlich auch für den Italiener gestimmt.«

Und los ging's in ein italienisches Restaurant.

Larry besaß Macht, aber er war kein Machtmensch. Ihm lag an Rita. Und ihm lag an Fairness. Ein Machtmensch hätte einen Weg gefunden, aus jedem fairen Prozess einen kurzen Prozess zu machen. Und wenn er seinen Willen ausnahmsweise einmal nicht durchgesetzt hätte, würde er solchen Stunk machen, dass Sie es bereuen würden, Ihren Willen bekommen zu haben. Rita und Larry machten es anders: Sie vermieden Diskussionen und gewichteten gleich ihre Präferenzen; so gelangten sie zu Entscheidungen, die sie beide als fair empfanden.

Darauf müssen wir also achten, wenn wir über den Wiederaufbau von Vertrauen sprechen und in der Beziehung ein Machtgefälle besteht. Ihr Partner macht es Ihnen vielleicht schwer, aber entscheidet er sich im Prinzip für ausgleichende Gerechtigkeit? Oder muss er immer gewinnen? Denn ich sage Ihnen eines: Wenn der andere ein Machtmensch ist, werden Sie mit ihm nie glücklich. Es ist Zeit zu gehen. Einem Machtmenschen wäre es egal, wie sehr es Sie nach italienischem Essen gelüstet. Er will sich nur durchsetzen. Ihre Bedürfnisse spielen einfach keine Rolle. Und Machtmenschen ändern sich nie.

Einsicht gewinnen. Geht es darum, im Falle eines ungleichen Machtverhältnisses wieder Vertrauen aufzubauen, dann besteht der erste mögliche Fehler der Betroffenen darin, nicht miteinander über das eigentliche, das im Verborgenen liegende Problem zu sprechen. Sie gehen gegen ihr Hilflosigkeitsgefühl an, indem sie Macht statt Einsicht zu gewinnen suchen. Eine funktionierende Lösung beginnt damit, dass sie sich zusammensetzen und miteinander reden.

Denn der springende Punkt ist der: Menschen wirken nach außen hin fast immer mächtiger, als sie sich selbst empfinden. Es ist sogar so: Je machtloser sich jemand fühlt, desto eher versucht er, sich Macht zu verschaffen. In meinen Augen ist das fast ein Naturgesetz, so wie ein Apfel nach unten fällt und nicht nach oben. Im Umkehrschluss: Je nachdrücklicher ein Mensch nach Macht strebt, umso machtloser fühlt er sich im Grunde. Ein schreiendes Baby ist ein gutes Beispiel dafür.

Im Gespräch miteinander kommt all dies ans Tageslicht.

Erinnern Sie sich an Brian und Lisa? Lisa erfuhr zu ihrer

Überraschung, dass sich Brian durch seine Rolle im Familienunternehmen genauso entmachtet fühlte wie Lisa sich durch ihre Rolle. Während Lisa glaubte, Brian habe das Sagen, schien es Brian, als hätte er gar nichts zu sagen. Die langen Tage im Büro und die Geschäftsreisen wurden ihm ebenso aufgezwungen wie ihr.

Und er erfuhr, dass hinter Lisas furchterregenden Tobsuchtsanfällen eigentlich nur Hilflosigkeit steckte.

Je länger sie miteinander redeten, desto klarer erkannten sie, wie ohnmächtig sie sich beide gefühlt hatten. Und das war ein Riesenschritt vorwärts auf dem Weg zu gegenseitiger Unterstützung.

Wenn Sie also Misstrauen, Groll und Enttäuschung empfinden, reden Sie über Macht. Sagen Sie dem anderen, wie mächtig er in Ihren Augen ist und wie wenig Macht Sie selbst zu besitzen glauben.

Versuchen Sie möglichst, den Eindruck des anderen nicht zu korrigieren. Das führt nur zu Streit. Wenn Sie je wieder Vertrauen fassen wollen, müssen Sie wissen, wie machtvoll Sie dem anderen erscheinen und wie machtlos er sich selbst Ihnen gegenüber empfindet.

Die drei Hindernisse für Vertrauen überwinden

Gut, jetzt reden Sie also miteinander. Wie bauen Sie nun wieder Vertrauen auf?

Besteht ein Machtungleichgewicht, gibt es drei Hindernisse bei dem Wiederaufbau von Vertrauen:
1. Sie stehen völlig im Wald.
2. Sie fühlen sich hilflos.
3. Sie glauben, es ändere sich nichts.
Betrachten wir die einzelnen Punkte genauer.

Aus dem Wald herausfinden. Wenn Sie nicht wissen wohin, müssen Sie sich Informationen beschaffen. Welche Sie brauchen, hängt davon ab, welche spezielle Form von Machtgefälle vorliegt. Fragen Sie sich: Welche Information könnte die andere Person mir geben, damit ich wieder mehr vertrauen kann? Lisa erkannte zum Beispiel, dass es ihr Vertrauen zu Brian wesentlich stärken würde, wenn er ihr mehr über seine Tätigkeit erzählte. Er war überrascht. Er hatte geglaubt, sie würde sich nicht dafür interessieren. Doch dann fing er an, ihr von Kunden, Projekten und den Aufträgen, um die sie sich bewarben, zu berichten. Und je mehr Lisa über das Geschäft erfuhr, desto weniger mächtig erschien ihr Brian. Ihr ging auf, dass er keineswegs machte, was er wollte. Er tat, was er tun musste. Und als sie das begriffen hatte, vertraute sie ihm um einiges mehr.

Einfluss gewinnen. Als Gegengewicht gegen Hilflosigkeit und Ohnmacht benötigen Sie Einfluss, und ich spreche hier nicht von einem Schwager im Stadtrat. In einer Beziehung bedeutet Einfluss, dass Ihre Worte Gewicht haben und Sie eine reelle Chance, nicht zu kurz zu kommen.

Der beste Weg, sich Einfluss zu verschaffen, ist, direkt darum zu bitten. Vorausgesetzt, der andere ist kein Machtmensch, kommen Sie damit recht weit. Und mit Sicherheit fahren Sie damit besser als Lisa mit ihrem Toben und Schreien und ihren Tränen. Gewiss, so setzte sie sich manchmal durch, aber es verschärfte die Probleme, weil Brian sich angesichts ihrer machtvollen Emotionen selbst mehr Macht zu verschaffen suchte. Und wie den meisten Menschen fiel ihm nichts Besseres ein, als sich von ihr zurückzuziehen und sich abzukapseln, so dass sie mit noch weniger Information und Einfluss dastand als zuvor.

Dabei ist die richtige Lösung so simpel. Sagen Sie einfach

so etwas wie: »Bei deinem Zeitplan [oder »deiner Argumentationskraft« oder »deinem Geld« oder »dem Druck deines Chefs«] habe ich kaum das Gefühl, dass meine Bedürfnisse etwas zählen. Ich will sagen können, dass ich etwas möchte und dass es mir wichtig ist. Und wenn ich das sage, möchte ich, dass du das ernst nimmst und ernsthaft mit mir darüber redest.« Die entscheidenden Worte sind also: *Das ist mir wichtig.* Diese vier Worte müssen für Sie beide ein Signal sein, dass die Angelegenheit für Sie bedeutsam ist; und der andere zeigt mit seinem Zuhören, wie bedeutsam Sie für ihn sind. Das heißt aber nicht, dass Sie immer alles bekommen, was Sie wollen. Vielmehr heißt das, dass Sie ein befriedigendes Gespräch führen und dabei darauf vertrauen können, dass Ihre Wünsche auf offene Ohren stoßen.

Es durchziehen. Noch etwas. Information und Einfluss sind prima, aber sie reichen nicht aus. Wenn Sie wieder und wieder miteinander sprechen, sich aber nichts ändert, werden Sie sich immer noch ohnmächtig fühlen, und das Misstrauen wird bleiben. Sie müssen also die getroffenen Vereinbarungen auch praktisch umsetzen.

Hat der andere sich bereit erklärt, Ihnen bestimmte Informationen mitzuteilen, genügt es nicht, wenn er das kurzzeitig tut. Er muss es auch künftig tun.

Und vereinbaren Sie etwas zu Ihren Gunsten, müssen auch Taten folgen. Dieses auf Information und Einfluss folgende Durchziehen ist es, was Vertrauen wieder aufbaut. Schließlich vertrauen wir Menschen, die das, was sie versprochen haben, auch halten. So einfach ist das. Deshalb ist nichts wichtiger als praktische Taten, wenn es um den Wiederaufbau von Vertrauen geht.

Wie Sie gleich sehen werden, sind unausgewogene Machtverhältnisse nicht die einzigen Unterschiede zwischen Menschen, die zu Vertrauensproblemen führen können. Denn natürlich bestehen jede Menge Unterschiede zwischen zwei Menschen. Und so wimmelt es in der Welt auch von Vertrauensproblemen.

3 Wenn Unterschiede bestehen

Nehmen wir an, eine dicke Erkältung wirft mich aufs Krankenlager, und aus lauter Herzensgüte kommen Sie mit einem Topf Hühnersuppe vorbei. Wie nett von Ihnen!

Sie erhitzen die Suppe und bringen mir eine Tasse heiße Suppe ans Bett. Nachdem ich einen Löffel oder zwei geschlürft habe, fragen Sie mich, wie es mir schmeckt. Wegen meiner Halsschmerzen möchte ich nicht sprechen. Also mache ich ein Zeichen. Ich hebe meine Hand, Handfläche nach außen, Finger gestreckt, und berühre mit meiner Zeigefingerkuppe die Kuppe meines Daumens.

Und Sie reagieren wie? Als Amerikaner oder Deutscher lächeln Sie und sagen:»Oh, schön.« Weil ich gerade das Zeichen für»Okay« oder»Sehr gut« gemacht habe.

Stammen Sie aber beispielsweise aus Brasilien, dann vergeht Ihnen das Lächeln. Sie sind verletzt, beleidigt, erbost. Da haben Sie mir Suppe gebracht, weil Sie gehört haben, dass ich krank bin, fragen mich, ob es mir schmeckt, und ich signalisiere Ihnen:»F... dich«. Denn das bedeutet diese Geste für einen Brasilianer.

Stammte der freundliche Suppenbote aus der Türkei oder Venezuela, würde er mein nett gemeintes»Hhmm, lecker!«-

Zeichen als »Du bist ein Homosexueller« interpretieren, aber nicht in einem freundlichen Sinn, wenn Sie verstehen, was ich meine.

Ich wollte nur meine Anerkennung ausdrücken, und nun schauen Sie, welches Schlamassel ich angerichtet habe!

Nehmen wir also an, ich beschließe, mir diese Probleme nicht aufzuhalsen – das Okay-Zeichen ist zu riskant, wie ich schmerzlich erfahren musste, nachdem ich meine brasilianischen, türkischen und venezolanischen Freunde vor den Kopf gestoßen hatte. Diesmal bringt mir eine iranische Freundin Hühnersuppe und will wissen, ob es mir schmeckt. Ich will auf Nummer sicher gehen und zeige ihr einen kräftig nach oben gerichteten Daumen. Aber stellen Sie sich vor! Ein Ausdruck von Gekränktheit und Empörung verbreitet sich auf ihrem Gesicht, und sie verlässt das Haus.

Was habe ich diesmal angestellt?

Seufz. Diese bekannte Geste, die für uns freundliche Anerkennung bedeutet, heißt für einen Iraner: »Schieb dir das in den A…«. Ich möchte nicht, dass Sie daraus schließen, es sei besser, mir keine Hühnersuppe zu bringen, wenn ich eine Erkältung habe. Ich würde mich sehr darüber freuen, und ich glaube, unsere Beziehung könnte meine Versuche, mich zu bedanken, überleben.

Doch aus diesem Szenario lassen sich zwei andere, sehr wichtige Schlüsse ziehen.

Wie Unterschiede Misstrauen hervorrufen

Der erste Schluss liegt auf der Hand. Je nach persönlichem Hintergrund hat manches für die Menschen ganz unterschiedliche Bedeutung. Damit ist nicht nur die nationale Herkunft gemeint. Wichtige Unterschiede wurzeln auch in Alter, sozialer

Schicht, Geschlecht, Bildung, Religion und sogar in der regionalen Herkunft innerhalb eines Landes.

Der andere Schluss springt weniger klar ins Auge, ist aber noch wichtiger. Es geht darum, wie wir in Schwierigkeiten geraten. Denn nicht die Unterschiede als solche bringen uns in die Bredouille, sondern dass wir glauben, wir seien uns ähnlich, wenn wir es gar nicht sind. Damit lassen wir nämlich die realen Unterschiede außer Acht.

In Ihrer Beziehung dürfte es Ihnen und Ihrem Partner nicht schwerfallen, Handzeichen für Okay und Fick dich auseinanderzuhalten. Allerdings gibt es viele andere Unterschiede, die weit tiefer reichen und weit mehr Ärger verursachen.

Ein Beispiel. Im Zweiten Weltkrieg waren in Großbritannien eine Menge amerikanischer Soldaten stationiert. Bald hatten viele von ihnen britische Freundinnen. Und damit begann der Ärger: Enormes Misstrauen und das verbreitete Gefühl, hintergangen worden zu sein, waren die Folge.

Die Ursache lag in einem kulturellen Unterschied. Für die amerikanischen GIs war es normal, ein Mädchen zu Beginn der Beziehung zu küssen. Für die britischen Frauen hingegen waren Küsse ein Zeichen, dass man so gut wie verlobt war. Man stelle sich also vor: Ein junger Amerikaner, der beim ersten oder zweiten Rendezvous auf einen Kuss drängt, und das britische Mädchen, das ihn zunächst abwehrt, weil es in seinen Augen viel zu früh dafür ist. Doch schließlich denkt sie: »Toll! Dieser Typ liebt mich ja wirklich und will mich heiraten. Vielleicht sollte ich doch ja sagen.« Also küsst sie ihn.

Und nun kommen Täuschung und Betrug ins Spiel. Nach diesem Kuss glaubten die Britinnen, sie seien verlobt. Die GIs jedoch verabredeten sich mit einem anderen Mädchen oder brachen zu ihrem nächsten Einsatz auf, ohne ein Wort zu sagen, weil sie ihrer Ansicht nach ja nur eine unverbindliche Beziehung gehabt hatten.

Die Britinnen aber fühlten sich betrogen und sitzengelassen, und nicht wenige nahmen sich das Leben.

Wiederum ist nicht der Unterschied an sich das große Problem, sondern dass er nicht bedacht wird. Das »Opfer« fühlt sich getäuscht und betrogen, weil es die Bedeutung von etwas zu kennen *glaubt*.

Das Ausmaß des Problems. Sind die Unterschiede zwischen Menschen in Ihren Augen ein großes Problem, wenn es um Verrat und Misstrauen in Beziehungen geht?

Sie sind ein *riesengroßes* Problem. Und sogar ein Zeichen dafür, wie weit wir uns von einer traditionellen Gesellschaft entfernt haben. In einer traditionellen Gesellschaft heiratet fast jeder einen Partner mit dem grundsätzlich gleichen Hintergrund. In unserer Gesellschaft ist das seltener der Fall. Heute stellen bedeutende Unterschiede in der Herkunft eher die Norm als die Ausnahme dar. Unsere Gesellschaft ist schließlich sehr vielschichtig und die Mobilität hoch.

Um nur einen Faktor herauszugreifen: Viele von uns heiraten jemanden, den sie im College kennengelernt haben, doch Colleges sind häufig Schmelztiegel, an denen sich Menschen verschiedenster Herkunft begegnen. Natürlich kann dies zu einer wunderbar fruchtbaren und anregenden »Fremdbestäubung« führen. Doch nur allzu oft ist es ein Risikofaktor für Misstrauen.

Erin und Kevin. Ich denke da an ein junges Paar, mit dem ich kürzlich gearbeitet habe. Beide hatten irische Wurzeln, aber davon abgesehen hätten sie unterschiedlicher nicht sein können. Erin war eine der Arbeiterschicht zugehörige, römisch-katholische Immigrantin aus einem Dubliner Armenviertel. Kevin entstammte der Oberschicht, bekannte sich zur Episkopalkirche von Neu-England, hatte ein Internat besucht und war in einem noblen Bostoner Vorort aufgewachsen.

Als sie zu mir kamen, steckten sie in großen Schwierigkeiten. Erin war laut Kevin rasend vor Eifersucht. Wohin sie auch gingen, sie beschuldigte ihn, geflirtet zu haben. Wenn sie eine Party besuchten, schrie sie ihn hinterher an, er habe alle anwesenden Frauen angemacht. Sie warf ihm vor, er habe versucht, sich mit ihnen zu verabreden. Er stritt das ab, und sie unterstellte ihm zu lügen. Bald ließen sie sich nicht mehr auf Partys blicken.

Ihr Leben verwandelte sich in eine Hölle. Es überrascht kaum, dass eine tiefe Vertrauenskrise aufbrach und die beiden sich schließlich unversöhnlich gegenüberstanden. Das ging so weit, dass sie ihn als Schwein beschimpfte, das hinter der Hälfte ihrer weiblichen Bekannten her sei. Und er beschuldigte sie, ein blöder Bauerntrampel mit mittelalterlichen Ansichten zu sein.

Wo lag das Problem? War Erin einfach nur bekloppt? War sie paranoid? Bevor ich mich auf Erin als Sündenbock festlegte, schaute ich mir die Unterschiede in ihrem Hintergrund an.

Und raten Sie mal, was dabei herauskam: In Kevins Welt mischten sich Frauen und Männer im Privat- wie im Berufsleben ganz ungezwungen, sie plauderten, flachsten und flirteten ständig miteinander, auch wenn sie in festen Händen waren. Erin kam aus einer Welt, in der Männer und Frauen meist für sich blieben. Bei Partys redeten die Männer mit den Männern und die Frauen mit den Frauen, und damit hatte es sich.

Je näher ich mit den beiden erkundete, woher sie kamen, desto klarer wurde mir – und ihnen –, dass Erin alles andere als bekloppt war. Nicht bekloppter als ein Brasilianer, der unsere Okay-Geste als »Fick dich!« deutet. Problematisch waren jedoch nicht nur diese immensen Unterschiede zwischen Erin und Kevin. Hinzu kam, dass sie solche Unterschiede gar nicht vermutet hatten. Landminen sind deshalb so gefährlich, weil man nicht weiß, wo sie liegen.

Der Umgang mit Unterschieden

Wie also gehen Sie damit um, wenn Misstrauen Ihre Beziehung belastet?

Ich vermute neuerdings, dass in fast jeder durch Misstrauen beeinträchtigten Beziehung ein Teil, vielleicht ein Gutteil oder sogar der Großteil dieses Argwohns auf die Unterschiede zwischen den beiden Partnern zurückgeht sowie darauf, dass sie sich dieser Unterschiede nicht bewusst sind.

Als beispielsweise mein Mann und ich heirateten, waren wir in so vielen Dingen einer Meinung und hatten einen so ähnlichen Geschmack, dass wir glaubten, uns zu gleichen wie ein Ei dem anderen. Viele Paare durchlaufen solch eine Phase. Wenn sich zwei Menschen ineinander verlieben, fällt bei ihnen ein Satz besonders häufig: »Ich auch!« Wie ähnlich wir uns sind! Ist das nicht wunderbar?

Das ist wunderbar, und es mag auch zutreffen. Es kann aber auch sehr schädlich sein. Mein Mann und ich gerieten manchmal in Streit; er warf mir dann vor, ich würde überreagieren, und ich warf ihm mangelndes Einfühlungsvermögen vor. Doch weil wir diesem Mythos der Ähnlichkeit huldigten, erkannten wir den wahren Ursprung dieser Zwistigkeiten nicht. Fest steht, dass sich unser familiärer Hintergrund stark unterschied. In meiner Familie ging es stets melodramatisch und überdreht zu. Einem war nicht einfach bloß warm. Nein, man kam um vor Hitze. Man verbrannte. In seiner Familie herrschte eher kühles Understatement. Einem war nicht einfach viel zu heiß. Nein, man sagte so etwas wie: »Findest du es hier nicht ein wenig warm?«

Und noch ein Punkt. In meiner Familie äußerten sich alle sehr direkt. Zu direkt wahrscheinlich. In seiner Familie verständigte man sich durch die Blume. Wir sprachen also im Grunde verschiedene Sprachen, obwohl wir glaubten, in derselben miteinander zu reden. Und das sorgte dafür, dass wir einander misstrauten. Er glaubte, ich sei machtversessen. Ich glaubte, er habe dichtgemacht.

Die verborgenen Unterschiede finden. Das ist eines dieser Probleme, die unmöglich zu lösen scheinen, solange Sie im Nebel stochern, aber ziemlich leicht lösbar sind, wenn Sie klar sehen. Deshalb beginnt die Lösung − Schritt eins − mit der schlichten Anerkennung des Umstands, dass es Unterschiede in Ihrer beider Hintergrund gibt, die Meinungsverschiedenheiten und Misstrauen verursachen könnten.

Wie kommen Sie diesen Unterschieden auf die Spur?

Nun, Sie müssen miteinander reden. Arbeiten Sie die folgende Fragenliste ab:

- *Wie kommt es, dass wir uns immer wieder in denselben Streit verwickeln?* Diese Frage ist entscheidend. Wenn Unterschiede zwischen Ihnen das Misstrauen hervorrufen, dann werden diese immer wieder an die Oberfläche kommen, und Sie werden immer wieder denselben Streit führen. Aber um diese Frage zu beantworten, können Sie sich nicht endlos in wechselseitigen Bezichtigungen ergehen. Sie wissen, dass Sie auf dem richtigen Gleis sind, wenn in Ihrer Antwort ein Gleichgewicht zwischen der Meinung des einen und der des anderen herrscht. Etwa so: »Wir streiten immer wieder, weil du auf mich zu gefühlsbetont und deshalb durchgeknallt

253

wirkst und weil ich auf dich zu gelassen und deshalb desinteressiert oder zugeknöpft wirke.«

• *Welche Unterschiede in unserem Hintergrund könnten diese Unterschiede erklären?* Wie Sie sehen, bemühen Sie sich hier, ein für Sie verletzendes Verhalten der anderen Person von deren Wesen zu trennen. Wenn ich meine brasilianische Nachbarin mit einer für sie obszönen Geste beleidigt habe, denn weiß sie, dass ich es nicht so gemeint habe, sofern sie unseren unterschiedlichen Hintergrund und die Bedeutung dieses Zeichens für mich kennt. Wenn ich verstehe, dass die gelassene Art meines Mannes ein Vermächtnis seiner Familie ist, dann weiß ich, dass er weder verschlossen noch gleichgültig, sondern eben so ist.

Noch mehr Beispiele für Herkunftsunterschiede, die Misstrauen gegenüber dem Partner säen?

Will und Molly. Will war Maler, ein echter Künstler von der Sorte, deren Arbeit nur blasierte Kunstkritiker zu verstehen behaupten. Seine zweite Frau Molly arbeitete in dem Café, das er jeden Morgen aufsuchte. Sie war eine einfache, fröhliche, freundliche Seele, erfrischend frei von dem Kunstschwachsinn, mit dem er so häufig konfrontiert wurde. Sie verstand eigentlich gar nichts von Kunst.

Nach ihrer Heirat hatte Will begonnen, sie zu zeichnen, und damit begann der Ärger. Es waren keine schönen Bilder. Sie zeigten jede Warze und jede Hautunreinheit, jede Runzel und jede Falte, die Molly hatte, und ein paar, die sie noch nicht hatte. Molly war stinksauer. Mindestens. Sie beschuldigte Will, sie absichtlich zu demütigen und ihr Selbstvertrauen zu untergraben. »Warum hast du mich geheiratet, wenn du mich so hässlich findest? Hast du mich geheiratet, um mich fertigzumachen?«

Will versuchte, ihr zu erklären, dass nur zweifelhafte Künstler hübsche Bilder fabrizierten. Wahre Künstler folgten einer Vision.

»Die Leute sollen also glauben, dass du mich verabscheust und dass ich hässlich bin ... Ist das deine Vision?« Arme Molly.

Armer Will. Er holte einen Stoß Kunstbücher hervor und zeigte ihr Bilder von Künstlern wie Picasso, Matisse, Lucian Freud, Francis Bacon und vielen anderen, die ihre Modelle gemocht oder geliebt hatten und doch ... Schauen Sie sich an, was sie gemalt haben!

Diese großen Kunstwerke ließen Molly ziemlich kalt. »Na, dann seid ihr eben alle ein Haufen frauenfeindlicher Scheißkerle!«, verkündete sie.

Molly meinte, wenn er sie liebte, würde er sie so darstellen, dass sie hübsch aussah. Will erwiderte, dass er nie gegen seine künstlerische Unbestechlichkeit verstoßen würde. Molly fragte, was dann der Unterschied sei zwischen als Künstler unbestechlich und ein Arschloch sein.

Schließlich fanden sie eine Lösung. Er würde sie einfach nie wieder zeichnen.

Doch der Schaden war längst passiert. Molly wurde den Verdacht, dass Will sie insgeheim abstoßend fand, nie wieder los. Ihn plagte das Gefühl, dass er, ein wahrer Künstler, einen furchtbaren Fehler gemacht und eine Frau geheiratet hatte, die sein Werk nicht einmal in Ansätzen zu würdigen wusste.

Mit der Zeit aber setzte ein Heilungsprozess ein. ›Solange er mich nicht zeichnet, verhält er sich wie ein Mann, der seine Frau liebt‹, dachte Molly. Und sie begann, sich über Kunst zu informieren und entwickelte echtes Verständnis für die Werke von Künstlern, insbesondere von modernen Künstlern, für die Kunst in aller Regel nichts mit Schönheit und schon gar nicht mit der Verfertigung schöner Bilder zu tun hatte. Es ging ihnen um die Wahrheit einer bestimmten Vision. Allerdings kam sie nie so weit, dass sie Wills Bildern von ihr hätte etwas abgewinnen können.

Dieser Heilungsprozess kam in Gang, weil sie beide in der Lage waren zu erkennen, worin die eigentlichen Unterschiede zwischen ihnen bestanden.

Unterschiede akzeptieren. Einen letzten Fehler gilt es zu vermeiden – und das wird Ihnen Ihr Leben sehr erleichtern. Mit Unterschieden zurechtzukommen bedeutet nicht, gleich zu werden. Begehen Sie also nicht den Fehler, einen von Ihnen in den anderen verwandeln zu wollen.

Bekennt sich beispielsweise der eine zum Judentum und der andere zum Christentum, wäre es vielleicht bequem, wenn der eine oder der andere konvertierte. Doch das ist nicht nötig, wenn Ihr Ziel darin besteht, Kränkungen und Verrat vorzubeugen. Das Einzige, was Sie mit diesem oder einem anderen Unterschied anfangen sollten, ist, zu *verstehen* und zu *akzeptieren*, woher der andere kommt. Sie brauchen nicht immer einer Meinung zu sein. Das ist der springende Punkt. Der Jude braucht nicht zu glauben, dass Jesus Gottes Sohn ist. Und Will muss nicht der Meinung sein, dass ein Künstler seine Frau in schmeichelhafter Weise darstellen sollte.

Ihre Aufgabe ist viel einfacher: Reden Sie darüber, was dies oder jenes für Sie bedeutet, damit der andere den Unterschied versteht und akzeptiert.

Jetzt mögen Sie fragen: Wirklich? Wir müssen einfach nur verstehen, wo Unterschiede sind und woher sie rühren, und alles ist in Butter?

Leider nein. Menschen kommen gewöhnlich genau deshalb miteinander aus, weil sie ähnliche Geschmäcker und Vorlieben haben. Wenn ich weiß, dass zwei Menschen nicht dieselben Gerichte, Filme, Fernsehsendungen oder Leute mögen, dann frage ich mich, wie sie eine gelungene Beziehung leben wollen. Entweder sie stehen sich nicht sehr nahe, oder sie zanken die ganze Zeit. Doch in diesem Buch geht es nicht allgemein darum, wie Sie eine glückliche Beziehung führen. Es geht darum, wie Sie Misstrauen heilen. Und das tun Sie, indem Sie verborgene Unterschiede aufdecken und verstehen lernen, woher diese Unterschiede kommen.

Das Misstrauen zu heilen beseitigt die Unterschiede nicht und bewahrt eine Beziehung nicht vor Unterschieden, die einen Keil zwischen zwei Menschen treiben. Dennoch ist es enorm heilsam, Misstrauen auszuräumen. Misstrauen stellt in Beziehungen generell ein viel größeres Problem dar als Unterschiede.

Einen Unterschied haben wir bislang noch nicht erörtert, weil er eine gesonderte Betrachtung erfordert. Er macht sich bemerkbar, wenn Sie und Ihr Partner unterschiedliche Ansichten über Offenheit und Verschlossenheit haben. Immer wenn eine Person offener ist als die andere, erzeugt dies einen Nährboden für Argwohn. Und damit befassen wir uns jetzt.

4   Offenheit versus Verschlossenheit

Am 23. Mai 2010 verlor Jimmy seine Arbeit als Programmierer. Der Zeitpunkt der Entlassung war denkbar schlecht, denn die Arbeitslosigkeit stieg, und Software-Jobs wurden nach Übersee ausgelagert. Zudem war Jimmys ältestes Kind gerade auf die Highschool gekommen, so dass College-Kosten anfielen, und ein Bauunternehmen hatte gerade mit einem Anbau an ihr Haus begonnen. Jimmy hatte Angst – und kam sich vor wie das Allerletzte. Er hätte nicht zulassen dürfen, dass er zu denen gehörte, die auf die Straße gesetzt wurden, dachte er. Er hätte seine Familie nicht in diese Lage bringen dürfen.

Wie sollte er es bloß seiner Frau Laura beibringen? Er fürchtete sich vor ihrer Sorge und ihrem Zorn. Deshalb verließ Jimmy viele Tage lang morgens das Haus zur üblichen Zeit, angeblich, um zur Arbeit zu fahren. In Wahrheit jedoch machte er Besorgungen, ging in die Bücherei, um seine Arbeitssuche zu organisieren, trieb sich in Cafés herum und verbrachte viel Zeit damit, ziellos in der Gegend herumzukurven. Eines Tages sah Laura ihn dabei. Um halb vier Uhr nachmittags. Als er an diesem Abend heimkam, fragte sie ihn, was er am Nachmittag auf der Route 20 in der Nähe des Einkaufszentrums gemacht habe.

Da beichtete er, dass er vor vier Wochen seine Arbeit verloren hatte. Laura war wie vom Donner gerührt. »Warum hast du mir das nicht früher gesagt?«, schrie sie, während ihr Tränen der Wut über die Wangen rollten. »Warum hast du mir nicht vertraut?« Laura kam richtig in Fahrt, tobte, wie sehr sie sich durch sein Misstrauen hintergangen fühle. Dann, bevor Jimmy Atem schöpfen konnte, setzte sie zu einer neuen Tirade an: »Was enthältst du mir noch vor? Wie viele Geheimnisse hast du sonst noch?«

Das Fundament ihrer Liebe schien komplett in sich zusammenzufallen. Nicht nur, dass er ihr seine Entlassung verheimlicht hatte. Wie Laura später erkannte, hatten schon andere Vertrauensprobleme vorher an diesem Fundament genagt: Laura war innerlich immer in Habachtstellung, ständig darauf gefasst, dass ihr der Teppich unter den Füßen weggezogen wurde, weil sie Jimmy stets als verschlossen erlebt hatte. Und auch Jimmy hatte Laura nie wirklich vertraut,»weil sie bei schlechten Nachrichten immer überreagiert.« (Zitat Jimmy)

Es ist normal. Nach langer Forschungstätigkeit und klinischer Erfahrung weiß ich heute, dass die Ehe der beiden nicht aus dem Rahmen fällt. Und zwar, weil sie bereits ein gerüttelt Maß an alltäglichem Betrug und Misstrauen abbekommen hatte. Nicht, dass etwas Schlagzeilenträchtiges wie ein Seitensprung passiert wäre. Es hatte sich gerade so viel Verletztheit angehäuft, dass sie sich unsicher und einander fern fühlten. Gerade so viel Verletztheit, dass ein Schatten über noch möglicher Zuneigung lag. Gerade so viel Verletztheit, dass ihre Bindung geschwächt war. Als Laura nun erfuhr, dass ihr Mann ihr nicht genügend vertraute, um ihr reinen Wein über seine Entlassung einzuschenken, schien die ganze Beziehung zu einem Schutthaufen des Misstrauens zu zerbröseln.

Derzeit steht die Ehe von Jimmy und Laura auf der Kippe. Sie ist nur zu retten, wenn die beiden sich der Wechselwirkung stellen, in der sie gefangen sind: Er wirkt auf sie verschlossen, sie macht es ihm aber schwer, sich zu öffnen. Dieser Mechanismus ist recht verbreitet. Die Überbringer schlechter Nachrichten zögern meistens, vor ihnen nahestehenden Menschen damit herauszurücken. Denken Sie beispielsweise an all die Patienten, denen der Arzt eine schlimme Diagnose eröffnet hat, die dies ihrem Partner aber nicht sofort mitteilen. Vielleicht müssen sie den Schlag erst mal selbst verdauen, oder sie wollen noch ein paar ungetrübte Tage oder Wochen mit ihrem oder ihrer Liebsten verbringen.

Und: Wenn Ihnen jemand etwas längere Zeit verschweigt oder nicht von Anfang an mit der ganzen Wahrheit herausrückt, dann ist es ganz normal, dass Sie sich fragen, was sonst noch im Busch ist.

Einer von beiden wirkt immer verschlossener

Es ist faszinierend. Ich habe es x-mal erlebt. Zwei offene Menschen tun sich zusammen. In ihren früheren Beziehungen waren sie beide jeweils der offenere Partner. Doch jetzt sind sie eine neue Beziehung eingegangen, und schauen Sie mal, was geschieht.

Weil zwei Menschen nie völlig gleich sind, wird in der neuen Beziehung unweigerlich einer der beiden offener sein als der andere. Und was passiert dann? Wie durch eine seltsame schwarze Magie erscheint die Person, die im Vergleich zu ihrem Partner weniger offen ist, diesem bald als verschlossen. So läuft es immer. Ich mag noch so offen sein, wenn Sie mich für weniger offen halten als sich selbst, werden Sie glauben, ich verberge etwas vor Ihnen, und mich daraufhin für verschlossen halten. Dieser Mechanismus führt zu Vertrauensproblemen. In den meisten Fällen sind sie geringfügig und lassen sich leicht bewältigen. Doch wenn ein Partner auf den anderen verschlossen wirkt, besteht immer die Gefahr, dass sich in der Beziehung das Gefühl breitmacht, getäuscht und hintergangen zu werden.

Verschlossenheit und Misstrauen. Wie erzeugt Verschlossenheit Vertrauensprobleme? Menschen können zwar verschlossen sein, doch sie können selten verbergen, dass sie verschlossen sind. Sie wissen vielleicht nicht, *was* ich Ihnen nicht verrate, aber wenn ich verschlossen auf Sie wirke, gehen Sie bestimmt davon aus, dass ich etwas verberge. Etwas Gutes würde ich Ihnen aber gewiss nicht verheimlichen, nicht wahr? Also müssen Sie glauben, dass ich etwas verberge, das Ihnen in irgendeiner Weise schaden könnte. Und weil Sie nicht wissen, was das ist, könnte es alles Mögliche sein. An dieser Stelle wird das Leben mit mir in jeder Hinsicht zur Bedrohung für Sie und Misstrauen zur Standardreaktion.

Betrachten wir, was sich weiter abspielt. Wenn ich weniger offen bin als Sie, und Sie drängen mich, mich zu öffnen – und das werden Sie! –, ziehe ich mich nur umso mehr zurück. Niemand hält sich selbst für übermäßig verschlossen, verstehen Sie? Ich zum Beispiel halte mich für so offen, wie ich eben kann oder sein will. Wenn Sie mich also darüber hinaus unter Druck setzen, fühle ich mich getestet, ausspioniert, in meiner Privatsphäre verletzt. Infolgedessen leiste ich Widerstand. Ziehe Grenzen.

Sie finden das sehr frustrierend. Bald geraten wir in einen Zustand zorniger Konfrontation: Je mehr Druck Sie ausüben, desto mehr mache ich dicht. (Oder Sie geben einfach auf: Weil Sie es leid sind, ständig mehr Offenheit von mir zu fordern, machen Sie selber dicht. Dann stürzt die Beziehung in eine Art Eiszeit.)

Es kann auch ein anderer Mechanismus greifen. Betrachtet jemand Sie erst einmal als verschlossen, können Sie kaum noch beweisen, dass Sie nichts verbergen; egal, wie offen Sie zu sein glauben. Schließlich kennt das menschliche Herz so viele dunkle, verschlungene Pfade; da lässt sich unmöglich widerlegen, dass nicht doch irgendwo Stolpersteine lauern.

In den meisten Beziehungen sehnt sich somit immer ein Partner nach mehr Offenheit. Diesem sitzt üblicherweise das Misstrauen im Nacken. Und wie sich herausstellt, geht es dem (verschlossenen) Partner ebenso.

Ich kenne das nur allzu gut. Ich habe es selbst durchgemacht.

Fortsetzung meiner Geschichte

Ich war erst vier Jahre alt, als meine Mutter mit meinem Bruder und mir aus Europa nach New York übersiedelte. Wir waren mittellose Flüchtlinge. Bevor wir Europa verließen, hatte ich einen Vater. Stellen Sie sich meine Erschütterung vor, als meine Mutter, mein Bruder und ich aufs Schiff gingen und er nicht mitkam. Meine Mutter hielt ihre Trennung bis zur allerletzten Minute vor uns geheim.

Als wir uns in New York eingelebt hatten, setzte ich meiner Mutter zu, sie solle einen neuen Vater für mich beschaffen, damit ich genau wie all die anderen kleinen Mädchen wäre. Eines Tages verfrachtete sie mich nachmittags zu einer Freundin. Als ich wieder in unsere Wohnung zurückgebracht wurde, verkündete meine Mutter: »Du hast einen neuen Vater.« Sie hatte an diesem Nachmittag geheiratet. Ich war völlig ahnungslos gewesen.

So ging es in meiner Familie häufig zu, als ich klein war. Teilweise beruhte das auf der Wesensart meiner Mutter. Doch zum größten Teil lag es daran, dass sie sehr stark vom alten Europa geprägt war, und dort pflegten Erwachsene ihre Pläne nicht mit kleinen Kindern zu besprechen.

Angesichts einer Herkunftsfamilie mit so viel Geheimniskrämerei, was meinen Sie, wie sehr ich mir offene Menschen in meinem Umfeld wünschte?

Wenn Sie vermuten, ich hätte mir gewünscht, sie wären offen und würden mir schreckliche Geheimnisse ersparen, dann lagen Sie *falsch*! Na ja, nicht völlig falsch. Ein Teil von mir verlangte immer totale Offenheit von den Menschen um mich herum. Doch in mir gab es noch einen anderen Teil. So viele der Geheimnisse, die in meiner Kindheit ans Licht gekommen waren, hatten etwas Schlimmes offenbart. Einerseits wünschte ich mir also Offenheit bei meinen Lieben, andererseits wollte ich nicht, dass sie etwas preisgaben, an dem ich dann zu kauen hätte.

Das ist das grundsätzliche Problem, mit dem die Menschen unterschwellig ringen, wenn ein Konflikt um Verschlossenheit und Offenheit aufbricht.

Mein armer Mann. Ich wünsche mir – das wusste ich schon immer – Offenheit von mir nahestehenden Menschen. Doch ich brauchte fast mein ganzes bisheriges Leben, um zu erkennen, dass ich Offenheit genauso sehr schätze, wie ich sie fürchte. Genauer gesagt wünsche ich mir also, dass jeder mir gegenüber offen ist, mir aber nur Gutes mitteilt. Insbesondere meine Angehörigen. Und ganz besonders mein Mann.

Mein armer Mann. Er ist ganz gewiss kein so offener Mensch wie ich. Also halte ich ihn natürlich für verschlossen. Sieht aber auch er selbst sich so? Überhaupt nicht. Im Gegenteil. Er hält sich vielmehr für sehr offen. Es ist nur so, dass er gerne über etwas »nachdenkt«, bevor er darüber spricht. Natürlich kann das bedeuten, dass er ein Jahr oder länger nachdenkt, bevor er redet. Weil er seine Gedanken noch nicht völlig geordnet hat.

Er ist also zweifellos offen, nur eben nicht während des Verarbeitungsprozesses.

Und wie verhalte ich mich? Klar setze ich ihm erst wegen seiner Verschlossenheit zu, um dann bei den Kurzmeldungen, mit denen er herausrückt, auszurasten.

Meine klinische Arbeit und Forschung haben mir gezeigt, dass fast jeder Mensch so ist. Verschlossenheit ängstigt uns, doch wir fürchten uns auch vor dem, was aus dieser Verschlossenheit heraus ans Licht kommt.

Und so senden wir die Botschaft: Halte nichts vor mir geheim, aber erzähle mir nichts, das ich nicht hören will. Oder wie das Sprichwort sagt: Wasch mir den Pelz, aber mach mich nicht nass. Und das treibt die Menschen in unserem Umfeld in den Wahnsinn.

Ein lösbares Problem

Dieses Problem lässt sich sehr gut lösen, doch Sie müssen wissen, wo genau der Hase im Pfeffer liegt. Manche Menschen sind tatsächlich sehr verschlossen. Eine Information aus ihnen herauszulocken ist so schwierig, als wollte man von einem Teenager etwas über seinen geheimen Schwarm erfahren. Und wenn jemand von Natur aus verschlossen ist, Sie aber einen offenen Partner brauchen, dann haben Sie kein Vertrauensproblem, sondern ein Vereinbarkeitsproblem. Und das werden Sie wahrscheinlich nicht lösen können. Verschlossene Menschen bleiben verschlossen. In diesem Fall passen Sie beide einfach nicht zusammen und müssen die Beziehung vielleicht hinter sich lassen.

Doch meistens ist die Prognose weitaus besser. Der andere ist keineswegs von Natur aus verschlossen. Na ja, er mag ein wenig verschlossener sein als Sie, aber was macht das schon? Das eigentliche Problem liegt nicht in der anderen Person. Und auch nicht in Ihnen. Sondern in Ihnen beiden. Sie stecken in einer Sackgasse. Jetzt können wir einen Weg aus dieser Sackgasse heraus finden. Aber zuerst müssen wir sie verstehen.

Angela und David. Als Angela und David sich kennenlernten, hatte Angela sich gerade erst von ihrem Mann getrennt. David verunsicherte das anfangs ein wenig, doch sie schwor ihm, zwischen ihr und ihrem Ex sei es aus und vorbei. Nach ein paar Monaten jedoch, als es mit David und Angela ernst geworden war, sah David eines Tages ihren Laptop aufgeklappt dastehen, während sie unter der Dusche war. Beiläufig warf er einen

Blick auf den Bildschirm und stellte fest, dass Angela gerade eine E-Mail von ihrem Ex beantwortete. David konnte der Versuchung zu schnüffeln nicht widerstehen. Als er ihre E-Mails durchsah, merkte er, dass sie eine sehr freundschaftliche Beziehung zu ihrem Ex unterhielt. Es war also nicht aus und vorbei. Vielleicht war es nicht einmal vorbei. David fühlte sich belogen und, wer weiß, vielleicht sogar betrogen. Als Angela aus der Dusche kam, stellte er sie wegen der E-Mail zur Rede. Zu Davids Überraschung gerieten sie wegen dessen Schnüffelei in einen heftigen Streit. Sie führte ihm den gesamten E-Mail-Austausch vor und verlangte, er solle ihr etwas zeigen, das selbst er mit »seiner fiesen Engstirnigkeit« belastend finden konnte. David musste zugeben, dass in diesen Mails nichts dergleichen auftauchte.

»Außerdem«, sagte Angela, »bin ich immer mit meinen Verflossenen befreundet geblieben. Ich bin sicher, ich werde auch zu dir nett sein, wenn du ein Ex bist, was du wohl ziemlich bald sein wirst, wenn du so weitermachst.«

Der Streit löste sich auf, nicht aber das Problem.

Und so ging die Sache aus – niemand wollte es so, doch wenn in einer Beziehung Verschlossenheit und Misstrauen zum Problem werden, dann geschieht es nur allzu oft …

Angela war kein verschlossener Mensch. Sie war sogar stolz auf ihre ausgeprägte Offenheit. Schließlich hatte sie ihren Computer mit der angefangenen E-Mail auf dem Bildschirm für jeden sichtbar stehen gelassen.

Aber als David darauf in der geschilderten Weise reagierte, zerbrach etwas in ihr. *Sie* hörte auf, *ihm* zu vertrauen. Wenn er bei jeder kleinen Enthüllung durchdrehte, dann war er vielleicht ein Typ, dem ihre Offenheit mehr Schwierigkeiten bereitete, als das Ganze wert war. Ihr fiel ein Satz von COL Jessep,

gespielt von Jack Nicholson, in *Eine Frage der Ehre* ein: »Sie
können die Wahrheit doch gar nicht vertragen!«
Und natürlich glaubte er, auch ihr nicht mehr vertrauen zu
können. Nicht dass sie ihn betrogen hätte. Er musste zugeben,
dass diese E-Mails absolut harmlos waren. Der Grund war,
dass sie ihm etwas vorenthalten hatte. Und so beschlichen ihn
nagende Zweifel. Immer wirft das die schreckliche, zerstöreri-
sche Frage auf: »Wenn sie *das* vor mir geheim gehalten hat, was
verheimlicht sie mir dann noch?«
Und so verstrickten sie sich in den tragischen Tanz, aus dem
wieder herauszukommen so schwer ist wie aus einem Treib-
sandloch. Je verschlossener sie in seinen Augen wurde, desto
mehr spionierte er ihr nach. Je mehr er ihr nachspionierte,
desto verschlossener wurde sie.
So läuft es immer, wenn jemand seinen Partner für verschlossen hält. Wenn Sie glauben, dass Ihr Partner Ihnen etwas
verheimlicht, dann ist es praktisch menschenunmöglich, nicht
dahinterkommen zu wollen. Die Schnüffelei muss nicht unbedingt so aussehen, dass Sie nach geheimen E-Mail-Konten
fahnden und die zuletzt gewählten Nummern auf dem Handy
Ihres Partners überprüfen. Sie kann auch als endlose Fragerei
in gekränktem, anmaßendem, anklagendem Ton daherkom-
men, oder Sie stürzen sich wie ein Falke auf jeden scheinbaren
Widerspruch in den Aussagen des anderen.
Der entscheidende Punkt ist der: Wenn Sie mir nicht vertrauen, weil Sie mich für verschlossen halten, dann werde ich
Ihnen auch nicht mehr vertrauen, weil ich glaube, dass Sie mit
dem, was auch immer ich verbergen mag, nicht umgehen können.
Sie stecken also in einer Sackgasse. Wie kommen Sie da wieder heraus?

Die Sackgasse überwinden. Um diesen schrecklichen, destruktiven, unnötigen Zustand wechselseitigen Misstrauens zu beenden, möchten Sie am liebsten zu einer einfachen Übereinkunft kommen:

»Ich werde mich öffnen, wenn du mich nicht runtermachst.«

»Ich werde dich nicht runtermachen, wenn du dich öffnest.«

Ich ahne, was Sie jetzt denken. »Warum sollte ich mich zu irgendwas bereiterklären? Ich bin doch nicht diejenige, die verschlossen ist. Er ist es. Er braucht sich doch bloß zu öffnen. Nichts mehr zu verheimlichen. Das ist alles.«

Ich weiß. Ich habe genauso gedacht. Aber sehen Sie, es gibt zwei Arten, zwischenmenschliche Probleme anzugehen. Eine ist der juristische Weg. Sie suchen sich einen Richter, der festlegt, wer Schuld hat, ein Urteil spricht und die Abhilfe vorschreibt. »Sie, Herr Meier«, sagt der Richter, »haben damit angefangen, weil Sie verschlossen waren, und jetzt müssen Sie offen sein. Fall erledigt.«

Und wissen Sie was? Genau das wollen wir alle tief in unserem Herzen. Wenn ich ein Problem mit meinem Mann habe, will ich keine Therapie. Therapie bedeutet Reden und Anstrengen, und ich habe Reden und Anstrengen satt. Ich möchte, dass ein Richter vom Himmel herabschwebt, mit knochigem Finger auf meinen Mann weist, ihn schuldig spricht, ihm vorschreibt, wie er sich künftig zu verhalten hat, und wieder entschwebt. Und gut isses.

Das wünschen wir uns, *aber kriegen werden wir es nicht.* Es gibt keine derartigen Richter. Und selbst wenn es sie gäbe – versuchen Sie mal, den anderen zum Annehmen eines Schuldspruchs zu bewegen. Ich jedenfalls würde das Verdikt nicht akzeptieren, sollte der Richter mit seinem knochigen Finger auf mich weisen.

Der therapeutische Weg. Wir müssen also den therapeutischen Weg gehen. Er hat zwei große Vorteile. Er ist der einzige, den wir haben. Und er funktioniert.

Und der therapeutische Weg spricht: Also gut, ihr Armleuchter. Ich weiß nicht, wer damit angefangen hat, und es ist mir auch egal. Ich weiß nur, dass ihr euch in diesem Augenblick in einem Zustand wechselseitigen Misstrauens befindet. Und ihr werdet beide etwas tun müssen, um wieder herauszukommen.

So machte ich Angela im Wesentlichen klar, dass sie künftig offener sein musste, und David, dass er künftig nicht bei jeder kleinen Enthüllung ihrerseits verrückt spielen durfte.

Das hört sich einfach an, ist es aber nicht. Der verschlossene Partner muss sich über seine Ängste hinwegsetzen und ein Risiko eingehen, in der Hoffnung, dass er einmal nicht bestraft wird, wenn er eine Kleinigkeit preisgegeben hat. Beichten fällt schwer, wenn man damit riskiert, sich Ärger einzuhandeln oder in die Mangel genommen zu werden.

Und auch für den anderen ist es schwer. Wenn die Lebenswege zweier Menschen miteinander verbunden sind, dann bewegt den einen alles Mögliche, das für den anderen beunruhigend und ärgerlich ist:

»Du hast geglaubt, ich mag deine Mutter, aber ich mag sie nicht.«

Oder: »Ich habe so getan, als ob es mich nicht störte, dass du eine Glatze hast, aber es stört mich doch.«

Oder: »Ich bin manchmal sehr deprimiert, und ich wollte dir das nicht sagen.«

Oder: »Es war die Wahrheit, als ich behauptet habe, dass ich keine Kinder mehr will, aber jetzt habe ich meine Meinung geändert.«

Oder: »Es ist mir eigentlich nicht recht, dass du samstags

den ganzen Tag lang Golf spielen gehst, aber ich sage nichts, weil ich mich nicht darüber streiten möchte.«

Zu Offenheit ermuntern. Es ist schwer, sich so etwas ruhigen Blutes anzuhören. Und normalerweise begehen wir dann zwei Fehler. Wir regen uns über die Enthüllung des anderen auf. Und wir nehmen ihn ins Gebet, seit wann er es weiß und warum er es uns nicht früher gesagt hat und was er sonst noch verschweigt. Denken Sie mal einen Moment darüber nach. Der andere war gerade offen, und jetzt bekommt er seine Verschlossenheit um die Ohren gehauen. Liebes, das ist psychologisch ungeschickt.

Wenn Sie zu Offenheit ermuntern wollen, sollten Sie einen Menschen, der gerade offen gewesen ist, nicht wegen Verschlossenheit runtermachen. Denn wenn Sie das tun, denkt er wahrscheinlich: *Warum sich die Mühe machen?*

Und es ist wahrscheinlich unklug, sich über das, was er zu sagen hat, aufzuregen, denn wiederum dürfte er dann denken: *Warum sich die Mühe machen?*

Sie sehen also: *Darum* ist jemand verschlossen. Er möchte kein Donnerwetter riskieren, wenn er gesteht, was immer er zu gestehen hat.

David war auf hundertachtzig, als ich mit ihm darüber sprach. »Sie wollen mir also sagen, wenn ich möchte, dass Angela offen ist, dann muss ich folgende Einstellung zeigen: Oh, was du auch sagst, es ist in Ordnung?«

Beachten Sie, wie *offen* David mir gegenüber seine Fassungslosigkeit zum Ausdruck brachte. Alle meine Patienten sind mir gegenüber offen. Warum, glauben Sie wohl, ist das so? Weil ich nicht verbal über sie herfalle! Kein Mensch möchte heruntergeputzt werden, und deshalb ist niemand offen, wenn ihm so etwas droht. Seien wir mal ehrlich, ein Mensch wird sich erst dann öffnen, wenn er spürt, dass er wirklich angenommen wird. *Dass ich Sie akzeptiere, öffnet die Tür zu Ihrer Offenheit.* So läuft die Sache.

Doch David hatte in einem recht. Im Märchenland können wir auf alles, was der andere sagt, akzeptierend reagieren. Im realen Leben sind manche Dinge ärgerlich und schwer anzunehmen. Hätte es David beispielsweise fertiggebracht, nicht betroffen zu sein, wenn Angela ihm gesagt hätte, dass ihr seine Glatze nicht gefalle? Hätte er sich nicht gekränkt, zurückgewiesen und getäuscht fühlen müssen (da sie ihn doch in dem Glauben gelassen hatte, seine Glatze störe sie nicht)?

Können wir je völlige Offenheit erreichen? Dann sprach David ein noch tiefer sitzendes Problem an. »Moment mal«, sagte er, »wollen Sie mir sagen, wenn ich möchte, dass Angela offen ist, dass ich dann meine wahre Reaktion verbergen muss? Behaupten Sie damit nicht, dass immer einer verschlossen sein muss?«

Volltreffer! Zumindest wäre es einer, wenn ich nicht eine wirklich gute Antwort auf diese Frage hätte.

Sehen Sie, ich bin mit meinem Mann immer in dieselbe Zwickmühle geraten. Er erzählte mir etwas. Es wühlte mich auf, und dann bereute er, dass er den Mund aufgemacht hatte. Also machte er wieder dicht. Daraufhin nervte ich ihn. Er machte wieder einen kleinen Versuch, und ich flippte wieder aus. Übrigens, mit »ausflippen« meine ich nicht herumschreien und durchdrehen. Ja, es konnte passieren, dass ich mich aufregte. Es konnte aber auch passieren, dass ich ganz still wurde und mich zurückzog. Und es konnte passieren, dass ich einen Haufen unangenehmer Fragen stellte.

Warum also bezeichne ich das als »ausflippen«? Weil jemand, der etwas verborgen gehalten hat, sich angreifbar fühlt und deshalb so gut wie jede Reaktion als »ausflippen« interpretieren wird. Die einzige Reaktion, die er sich wirklich wünscht, ist etwas wie:»Ach, das ist schon in Ordnung« oder:»Mach dir keine Sorgen. Ich verstehe das.«

Wie aber gelingt Ihnen das, wenn Sie es nicht fühlen? Meiner Erfahrung nach wirkt eines fast wie Zauberei: Erklären Sie dem anderen, dass Sie ihm zu verstehen geben *möchten*, dass Sie positiv zu seiner Offenheit stehen. (Wenn Ihnen gar nichts anderes einfällt, sagen Sie einfach:»Ich begrüße deine Offenheit und bin dankbar dafür, auch wenn ich nicht begeistert bin von dem, was du gesagt hast.«) Aus irgendeinem Grund stärkt es Ihr Sicherheitsgefühl schon, wenn Sie wissen, dass der andere weiß, wie verletzlich Sie sind.

Unsere Wünsche ehrlich äußern. Nehmen wir an, ein Mann druckst herum und fragt dann seine Frau etwas verlegen, ob sie schon mal daran gedacht habe, ihr Sexualleben aufzupeppen und einen Dreier auszuprobieren. Vermutlich würde es wohl niemanden wundern, wenn sie jetzt aus der Haut führe. »Was zum Teufel reitet dich da? Wie kommst du bloß auf die Idee, ich würde mich auf so etwas Widerwärtiges einlassen wollen?«

Aber was hat sie gerade getan? Zweierlei. Eines davon ist vollkommen in Ordnung. Sie hat nein gesagt. Es ist nichts falsch daran, nein zu sagen, wenn man etwas wirklich nicht will. Das andere hingegen läuft ihrem eigenen Interesse völlig zuwider, sofern dieses nicht darin besteht, Abenteuer und Phantasie in ihrem Sexleben komplett abzuwürgen, ganz zu schweigen davon, die Offenheit ihres Partners abzuwürgen.

Ihr Mann – nennen wir ihn Depp, denn ich glaube, er ist einer – denkt jetzt vermutlich nicht:»Ich glaube, sie ist wohl wirklich nicht offen dafür, aber ich wette, sie ist offen für alles andere.« Vielmehr wird Depp denken: »Also das ist das letzte Mal, dass ich ihr etwas von meinen Vorstellungen erzählt habe.« Und in ihren Nullachtfuffzehn-Blümchensex wird noch mehr Routine einkehren.

Wir müssen uns unsere Wünsche schonungslos ehrlich eingestehen. Wenn wir immer nur reagieren, bedeutet das, dass wir die Erfüllung unserer Wünsche in diesem Leben völlig aus der Hand gegeben haben. Lassen wir uns jedoch von unseren Wünschen leiten, dann haben wir eine gute Chance, dass wir das Gewünschte bekommen. Möchte diese Frau also ein lebendiges, offenes und aufregendes Sexualleben mit ihrem Mann, dann sollte sie das Kind nicht mit dem Bade ausschütten, wenn Depp sie fragt, ob sie wohl für einen Dreier offen wäre. Sonst wird er ihr künftig keine seiner abenteuerlichen Ideen mehr verraten.

Sie sollte vielmehr etwa wie folgt reagieren: »Ich bin sehr froh, dass du mir das erzählt hast. [Denken Sie daran: Einen Vorschlag zu begrüßen, ist etwas ganz anderes, als ihm zuzustimmen.] Ich finde es toll, dass du unbefangen genug bist, um ein Risiko einzugehen und mir abenteuerliche Ideen anzuvertrauen. Was diese spezielle Idee betrifft, so muss ich sagen, dass das nichts für mich ist. Aber ich hoffe, dass du mir weiter neue Ideen mitteilst. Je mehr, desto besser.«

Sie begreifen das Prinzip. Erstens: Begrüßen Sie den Versuch. Begrüßen Sie die Offenheit. Zweitens: Nehmen Sie sich die Freiheit, den Vorschlag selbst abzulehnen. Sie brauchen sich nicht unter Druck setzen zu lassen. Und selbst wenn die andere Person Sie bedrängt, haben Sie immer noch die Freiheit, nein zu sagen. Doch es ist unklug, die Mitteilungsbereitschaft des anderen abzuwürgen. Also – drittens – betonen Sie nochmals Ihre Dankbarkeit und Offenheit für seine Offenheit.

Auf *diese* Weise heilen Sie das Misstrauen, das die Verschlossenheit eines Partners in der Beziehung gesät hat. Sie können Offenheit nicht verordnen, aber Sie können sie belohnen. Und Sie können sie auch dann belohnen, wenn Sie nicht mit der speziellen Vorstellung Ihres Partners konform gehen. Orientieren Sie sich einfach an dem, was ich als »das Sandwich« bezeichne. Der Belag in der Mitte entspricht Ihrer Reaktion auf das, was der andere tatsächlich gesagt hat. Das Brot darunter und darüber entspricht Ihren positiven Reaktionen auf die Offenheit des anderen. Zollen Sie also seiner Offenheit Respekt. Gehen Sie dann ruhig auf den Inhalt seiner Aussage oder Frage ein. Und würdigen Sie abschließend noch einmal seine Offenheit.

Das eigentliche Geheimnis besteht darin, dass Menschen offen sein wollen. Sie hungern nach Nähe. Sonst ist es so einsam. Sie fühlen sich nur gefangen in ihrer eigenen Verschlossenheit. Und deshalb lassen sie ständig etwas von sich selbst hervorblitzen, wie die viktorianischen Damen, die ihren Rocksaum gerade so weit lüfteten, dass ein Stückchen Fessel sichtbar wurde. Wenn Sie wollen, dass die Verschlossenheit nachlässt, müssen Sie auf diese kleinen Enthüllungen achten und zu erkennen geben, dass Sie sie begrüßen.

Wir offeneren Menschen haben die Aufgabe, verschlossene Menschen zu mehr Offenheit zu ermutigen. Mit ein bisschen Ansporn schaffen Sie das.

5 Auswirkungen früherer Vertrauensbrüche

Man sagt, wenn Sie mit einem Menschen schlafen, dann steigen Sie mit all denen ins Bett, mit denen er vorher geschlafen hat. Ich weiß nicht, wie weit man da zurückgehen muss. Bedeutet es, dass ich vielleicht mit Abraham Lincoln oder Heinrich VIII. geschlafen habe? Aber ich verstehe schon, was gemeint ist. Ähnlich verhält es sich, wenn man eine Beziehung anknüpft: Sie müssen sich mit allen Vertrauensbrüchen auseinandersetzen, die der Betreffende seitens der Bezugspersonen vor Ihnen erlebt hat.

Sie selbst haben vielleicht niemals jemanden hintergangen. Doch irgendwie bekommen Sie es trotzdem mit Täuschung und Verrat zu tun. Wenn ein Mann sich in eine Frau verliebt, die in einer früheren Beziehung misshandelt wurde, dann muss sich der Neue mit der Angst der Frau vor gewalttätigen Männern auseinandersetzen.

Das mag Ihnen furchtbar unfair vorkommen. Aber es ist sehr verbreitet, heute mehr denn je. Die Menschen heiraten später und haben daher mehr voreheliche Beziehungen. Unser künftiger Ehepartner ist vielleicht nicht nur erfahren, sondern möglicherweise wurde er auch ein paar Mal »überfahren«.

Wenn beispielsweise ein Mädchen in unserer heutigen Gesellschaft18 Jahre alt wird, hat ihm mindestens ein Junge das Herz gebrochen und eine seiner Freundinnen es schmerzhaft hintergangen. Wie viele Geschichten von ähnlichen Erlebnissen dem Mädchen zu Ohren gekommen sind, lässt sich nicht in Zahlen fassen. Es hat wahrscheinlich eine Scheidung miterlebt, entweder die ihrer Eltern oder eines Verwandten oder der Eltern einer engen Freundin. Dasselbe gilt für Männer. Ich weiß das, weil ich Männer und Frauen danach gefragt habe, wann sie erstmals merkten, dass das Thema Vertrauen in ihrem Leben ein wunder Punkt sein würde. Spätestens mit 18 Jahren.

Und wenn es mit 18 schon so ist, dann können Sie sich vorstellen, wie es dann erst mit 28, 38, 48 und so weiter sein wird. Mit jedem Lebensjahr häufen wir mehr persönliche Erfahrungen damit an, wie die Menschen einander im Stich lassen. Vielleicht haben wir uns aktiv daran beteiligt. Denken Sie einmal darüber nach, was das mit uns anstellt.

Tracy. Erst im vergangenen Jahr saß mir Tracy, eine Frau in den Vierzigern, gegenüber und fragte mich mit durchdringendem Blick:»Beantworten Sie mir diese Frage – und ob ich mich umbringe oder nicht, hängt von Ihrer Antwort ab: Werde ich je wieder fähig sein, einem Mann zu vertrauen?«

Tracy war geschieden. Von ihrem Ex-Mann fühlte sie sich ge- und enttäuscht, weil er nicht der Mann war, für den sie ihn gehalten hatte. Er erwies sich als egoistisch und mäkelte ständig an ihr herum, statt großzügig zu sein und ihr den Rücken zu stärken. Danach verliebte sie sich in einen Mann, der … na ja, das Wort Liebe trifft es nicht ganz. Ihren Angaben zufolge zeichnete sich diese Beziehung durch außerordentliche Tiefe, Vertrautheit und Leidenschaft aus. Wie sie sagte, empfanden sie sich als in einer Weise verbunden, wie noch nie zwei Menschen je verbunden gewesen waren. Dass sie ihr Leben und ihre Zukunft gemeinsam verbringen würden, schien außer Frage zu stehen.

Und dann verließ er sie. Das kam wie ein Blitz aus heiterem Himmel, sofern es je einen gegeben hatte. Sie verfiel in eine Depression und dachte an Selbstmord. Ihre Frage an mich, so traurig sie war und von der Selbstmorddrohung abgesehen, hatte Hand und Fuß. Wie konnte sie je wieder einem Mann vertrauen?

Ein anderer Blickwinkel. Betrachten wir den Fall einmal aus einer anderen Perspektive. Nehmen wir an, Tracy beschlösse eines Tages, der Liebe noch eine Chance zu geben. Was glauben Sie wohl, wie es wäre, der neue Freund zu sein?

Es wäre hart, glauben Sie nicht? Ich bin sicher, Tracy wird tun, was jeder an ihrer Stelle tut: ihren nächsten Verehrer auf Abstand halten, bis sie ihm vertraut – nur, dass sie ihm nie vertrauen wird. Sie wird immer darauf warten, dass der nächste Schlag kommt. Da sie es leid ist, auf das Gefühl des Vertrauens zu warten – das sich nie einstellt –, möchte sie den Vorgang beschleunigen. Wenn sie den Mann einem Test unterziehen kann, dann fühlt sie sich vielleicht sicherer. Also macht sie mit ihm dasselbe wie ein Hersteller mit Werkstücken, die hoher Beanspruchung standhalten sollen: Sie konfrontiert ihn mit jeder erdenklichen Herausforderung.

Und was wird *dann* geschehen? Sie und ich kennen die Antwort. Mag er sie sehr, hält er durch, während sie ihn mit ihrer Wetterwendischkeit auf Herz und Nieren prüft. Sie fährt bei Kleinigkeiten aus der Haut. Sie ist launisch. Sie ist unnahbar. Sie ist eine Nervensäge. Irgendwann hat er die Faxen dicke und trennt sich von ihr. Und dann fühlt sie sich darin bestätigt, dass man tatsächlich keinem Mann trauen darf.

Es kann aber auch ganz anders ablaufen. Statt *ihn* auf Abstand zu halten, kann sie *sich* auf Abstand halten. Statt schwierig zu sein, kann sie ganz einfach nicht *da* sein. Sicher, nach außen hin läuft alles wie üblich. Auch in seinen Augen entwickelt sich die Beziehung ganz normal.

Doch was niemand erkennt, vielleicht nicht einmal Tracy selbst, ist, dass sie ihr Herz auf Eis gelegt hat. Es mag ja nach einer wunderschönen Beziehung aussehen, so sagt sie sich, aber ich kann ihr nicht über den Weg trauen, deshalb werde ich so weitermachen, als lebte eine andere Frau diese Beziehung. Das ist eine sichere, aber schreckliche Strategie. Sicher, weil sie Sie vor Verletzungen schützt. Schrecklich, weil Sie Ihr Herz in Ihrer eigenen privaten Tiefkühltruhe versenken.

Das häufigste Muster. Eine Kombination aus diesen beiden Abläufen ist heute das häufigste Muster. Die meisten von uns möchten sich in der Kennenlernphase nicht unbedingt sofort als Opfer von Täuschung und Verrat darstellen. Bei den ersten Rendezvous wird daher vermutlich keiner von Ihnen beiden mit den Geschichten herausrücken, wie man Sie früher in die Pfanne gehauen hat. Und falls doch, spielen Sie wahrscheinlich Ihre Wut und Ihr Misstrauen herunter. Das bedeutet, dass beide Beteiligten verletzlich sind. Ich mit meinem Misstrauen bin anfällig für Verletzungen Ihrerseits. Doch auch Sie sind anfällig für Verletzungen meinerseits, wenn Sie nichts ahnend etwas tun, das mein Misstrauen auf den Plan ruft. All das ist ein gravierender Risikofaktor für unser beider Beziehungsfähigkeit.

Kein Wunder also, dass in so vielen Beziehungen Unnahbarkeit und Reizbarkeit spürbar sind. Die Menschen gehen nicht wie auf Eiern. Sie gehen auf den ausgetrockneten, brüchigen Knochen früherer Vertrauensbrüche. Das ist die Herz-auf-Eis-Phase.

Dann beginnt an irgendeinem Punkt wie aus dem Nichts die Phase, in der Sie aus Ihrem Versteck hervorkommen und prüfen, ob der andere Ihr wahres Ich erträgt.

Jetzt können Sie erleben, wie Narben aus früheren Beziehungen ein Riesenschlamassel anrichten.

Lösungen

Wie in aller Welt gehen Sie damit um? Wie sollen Sie je sowohl Sicherheit als auch Liebe finden, wenn Sie oder Ihr Partner Wunden aus der Vergangenheit mit sich herumträgt?

Jeff und Amanda. Exemplarisch dafür waren meine Klienten Jeff und Amanda. Jeff hatte es satt, wie kompliziert Amanda alles machte, und Amanda hatte es satt, dass Jeff sie satt hatte. Und so gerieten sie in ihre missliche Lage.

Amanda gehörte zu der Sorte hübscher junger Frauen, die, wie man meinen sollte, freie Wahl unter ihren Verehrern hatte. Nun, ihr Urteilsvermögen musste ziemlich schlecht sein, denn sie hatte sich viele Verlierertypen herausgepickt. Zwischen 20 und 30 war sie mit Kerlen zusammen gewesen, die sie verlassen, zurückgewiesen, sich in Drogensüchtige verwandelt oder sie misshandelt hatten. Und jetzt war sie es leid, verletzt zu werden. Amanda wollte so etwas nie wieder erleben.

Arme Amanda. Aber auch armer Jeff. Als er sie kennenlernte, glaubte er, die perfekte Frau gefunden zu haben. Er ahnte nichts.

In den ersten sechs Monaten ihrer Beziehung gab Amanda die liebevollen Freundin. Jeff erkannte nicht, dass es eine Schutzmaske war. Amanda spielte eine Rolle: Wurde diese junge Frau verletzt, blieb die wahre Amanda davon unberührt.

Nach einem halben Jahr spürte Amanda allerdings, dass Jeff wohl ganz in Ordnung war. Es gab keinerlei Anzeichen für Gefahr. Und das jagte ihr eine Heidenangst ein. Wenn er ungefährlich war, dann würde sie sich tiefer auf die Beziehung einlassen müssen, und wenn sie das tat, trat vielleicht plötzlich doch ein »wahrer« Jeff aus den Kulissen hervor und tat ihr furchtbar weh.

Alles, was Amanda tun konnte – alles, was den meisten Menschen in dieser Situation einfällt –, war, Jeff auf die Probe zu stellen, in der Hoffnung, auf einen Beweis für seine Zuverlässigkeit zu stoßen.

Die neue Amanda. Plötzlich war sein liebes, nettes Mädchen verschwunden. Die neue Amanda machte ihm das Leben zur Hölle. Sie war aufbrausend, anspruchsvoll, vorschnell wertend, misstrauisch. Sogar Amanda selbst wusste nicht, was in sie gefahren war, und Jeff erst recht nicht. Darum suchten sie mich auf.

Anfangs konnte Amanda nicht erklären, warum sie sich so verhielt. Aber dann vereinbarte ich ein Gespräch mit ihr unter vier Augen, und nun kam alles ans Licht. Für mich lag es auf der Hand. Wie sollte ein Mensch wie Amanda, der so oft so tief verletzt worden war, es sich verkneifen, mit allen Mitteln für seine Sicherheit zu sorgen? Im Grunde verfolgte sie mit ihrem Verhalten ein doppeltes Ziel. Zum einen wollte sie angsteinflößend wirken, machte also mit Jeff, was die meisten Menschen mit ihrem Partner machen, wenn der sie hintergangen hat. Sie errichtete so etwas wie ein präventives Anti-Betrug-Terrorregime.

Zum anderen stellte Amanda einen Test an. Da sie früher mehrmals verlassen und im Stich gelassen worden war, glaubte sie, nur dann voll und ganz auf Jeff zählen zu können, wenn er ihrem Beschuss standhielt. Wenn er bei ihr blieb, obwohl sie sich in eine Hexe verwandelte, dann würde er mit Sicherheit auch bei ihr bleiben, wenn sie wieder zum Engel wurde.

Die meisten Menschen mit einer ähnlichen Vorgeschichte wie Amanda nehmen in der einen oder anderen Form Zuflucht zu einem solchen Verhalten. Doch es verschafft ihnen nie den erhofften Schutz. In manchen Fällen zerstört es sogar Beziehungen, die ohne diese Belastung durchaus hätten überleben können. Zumindest bringt es einen bitteren Beigeschmack hinein, der schwer zu vertreiben ist. Und natürlich schützt es keineswegs vor Täuschung und Verrat.

Aber wir alle sind wie Amanda. Wir tun nicht, was das Beste ist. Wir tun, was uns einfällt.

Ein Ausweg. Glücklicherweise war es für Amanda und Jeff nicht zu spät. Sie mussten beide erfahren, was hinter ihren Problemen steckte. Jeff war nicht gerade erleichtert, als er die Erklärung für Amandas Verhalten vernahm. Er sagte zu mir: »Also … wenn sie das alles durchgemacht hat, bedeutet das dann, dass ich für den Rest meines Lebens auf diese Testerei gefasst sein muss?«

Damit legte er den Finger in die Wunde. Dieses Problem kennen wir schon. Es ist der alte Kampf zwischen Sicherheit und Vertrauen: Wenn wir nicht vertrauen können, schädigt das, was wir zugunsten unserer Sicherheit unternehmen, in der Regel unsere Beziehungen.

Die gute Nachricht lautet jedoch, dass niemand in diesem Muster gefangen bleiben muss. Es gibt Auswege. Und dabei, sie zu finden, half ich Jeff und Amanda.

Sie brauchten beide ihre jeweils eigene Form von Hilfe. Amanda benötigte dasselbe wie jeder Mensch mit Narben aus früheren Beziehungen: eine Möglichkeit, Vertrauen aufzubauen, ohne durch ihr Verhalten die Beziehung zu beschädigen. Und das bedeutet, eine Alternative zu ihrem bisherigen kontraproduktiven Verhalten zu finden.

Ich verhalf Amanda zu der Einsicht, was ihre absolut nachvollziehbaren Strategien des tiefgefrorenen Herzens und der Prüfung ihres Partners wirklich bedeuteten. Es steckt eine mächtige emotionale Logik dahinter. Stellen Sie sich vor, Sie haben einen alten, wackeligen Stuhl, der bei Belastung zusammenzubrechen droht; entweder setzen Sie sich gar nicht drauf, oder Sie belasten ihn absichtlich in allen Richtungen, um sich zu vergewissern, dass er es aushält.

Doch es gibt eine dritte Alternative, und die funktioniert wunderbar, weitaus besser als die beiden anderen. Nehmen wir noch einmal diesen alten, wackeligen Stuhl. Wenn Sie sich gar nicht darauf niederlassen, nützt er Ihnen nichts mehr. Turnen Sie darauf herum, wird mit ziemlicher Sicherheit genau das eintreten, was Sie befürchten.

Das klügste Verhalten. Wie verhalten Sie sich am schlauesten? Sie untersuchen das Sitzmöbel so gründlich wie möglich und setzen sich dann darauf wie auf einen normalen Stuhl. Auf diese Weise bestünde eine Chance, dass er Ihnen dienlich ist. Und wenn er nun trotzdem eines Tages unter Ihnen zusammenbricht? Das ist ein Risiko, das wir alle eingehen müssen. Ist er nicht stabil genug ist, sollten Sie sich nicht draufsetzen. Ist er aber stabil genug, dann ist die Wahrscheinlichkeit, dass Sie sich verletzen, geringer, als wenn Sie darauf herumzappeln.

Hierbei half ich Amanda. Mehr kann nämlich keiner von uns tun.

- **Der erste Schritt: die Überprüfung.** Wie überprüft man jemanden? Da können Sie vieles machen. Vor allem können Sie untersuchen, wie sich der Betreffende früher verhalten hat. Und zwar folgendermaßen: *Sie sollten sich nicht näher auf jemandem einlassen, bevor Sie nicht seinen Freundeskreis und seine Familie kennengelernt haben.* Wie wollen Sie einen Menschen kennen, ohne zu erleben, wie er mit diesen Leuten umgeht? Wie wollen Sie gebührende Sorgfalt walten lassen, wenn Sie nicht mit Menschen sprechen, die den Betreffenden seit langem kennen, und ohne sich erkundigt zu haben, wie seine früheren Beziehungen verlaufen sind? Diese Menschen sind Ihre Informanten.

Wenn Sie sich die Zeit nehmen, den anderen in dieser Weise zu überprüfen, werden Sie staunen, was Sie alles herausfinden, ob nun Gutes oder Schlechtes. Doch Sie müssen sich darauf einstellen, möglicherweise lieber die Finger von einer Beziehung zu lassen. Viele Menschen sind zwar sehr gewieft darin, eine gute Fassade vorzuzeigen. Nach außen mag ein Mensch noch so positiv wirken, besteht er den Freunde-Familie-Test nicht, sollten Sie ihm den Laufpass geben.

Übrigens: Sich die Zeit zu nehmen und jemanden zu überprüfen, bedeutet nicht, sein Herz auf Eis zu legen. Eine der besten Untersuchungsstrategien besteht sogar darin, von Anfang an verletzlich und ganz Sie selbst zu sein, sofern das überhaupt möglich ist. Aber Sie können nur dann behaupten, das wahre Ich des anderen zu kennen, wenn Sie sagen können, dass er Ihr wahres Ich kennt.

- **Der nächste Schritt: weitermachen, als würde man dem anderen vertrauen.** Ja, ich weiß: Im Grunde vertrauen Sie ihm nicht völlig, weil man Ihnen früher wehgetan hat. Ich hab's kapiert. Sie müssen allerdings verstehen, dass an dieser Stelle Ihre am wenigsten schlimme Alternative Ihre beste ist. Und wenn Sie instinktiv entweder Ihr Herz auf Eis legen oder den anderen entwürdigenden Tests unterziehen, dann sind das ziemlich schlechte Alternativen. Schreiten Sie aber mit hoffnungsvollem Herzen voran, gehen Sie zwar ein Risiko ein, doch ist das der risikoärmste Weg.

Nicht, dass Sie damit alleine stünden. Ich habe mit zahllosen Menschen gearbeitet, die Narben aus früheren Beziehungen mit sich herumtrugen. Ich selbst wurde in den Beziehungen vor meiner Ehe tief verletzt. Doch wenn man sich anschaut, was Menschen wirklich zu Liebe verhilft, dann besteht die einzig gute Alternative in vertrauen und weitermachen.

Wenn Sie sich Vertrauen verdienen wollen

Gut und schön, aber was ist, wenn Sie es Ihrerseits mit einem Menschen zu tun haben, der in seiner Vergangenheit verletzt wurde? Dann müssen Sie sich selbst gegenüber ganz ehrlich sein. Sind Sie mit jemandem zusammen, der tiefere Narben hat als die meisten Menschen, dann sollten Sie sich auf einen steinigen Pfad gefasst machen. Das wird keine Schönwetterbeziehung. Selbst wenn der andere meinen Rat befolgt und Sie nicht einer Feuerprobe unterzieht, wird es immerhin Anklänge davon geben. Zudem bleibt Ihnen weniger Spielraum in Bezug auf Irrwege und Fehlleistungen. Und wir alle bauen schließlich mal Mist.

Sie müssen sich also fragen, ob die andere Person es wert ist. *Tun Sie es jetzt*, bevor die Beziehung verbindlicher wird. Und wenn Sie merken, dass sie die potentiellen Probleme nicht lohnt, dann zögern Sie nicht zu gehen. An dieser Stelle machen viele Menschen einen katastrophalen Fehler. Sie wissen, dass sie einen ohnehin schon verletzten Menschen vor sich haben und möchten ihm nicht noch mehr wehtun. Deshalb bleiben sie, auch wenn sie eigentlich gehen wollen. Doch das macht alles nur schlimmer. Die unvermeidliche Trennung wird kommen; nur dass sie jetzt Monate oder Jahre des Lebens der anderen Person vergeuden und ihr eine noch tiefere Wunde zufügen.

Gelangen Sie hingegen zu dem Schluss, dass der andere es wert *ist* – ja, er ist schlimm verletzt worden, doch er ist klug, vernünftig, charmant und attraktiv –, dann nenne ich Ihnen jetzt einige Regeln, mit deren Hilfe sich sein Misstrauen überwinden lässt.

Diese Regeln sollten Sie übrigens immer befolgen, wenn Sie sich das Vertrauen einer anderen Person verdienen wollen.

- **Verpfuschen Sie es nicht.** Ja, ich weiß, Sie sind nicht perfekt. Niemand erwartet das von Ihnen. Doch denken Sie einmal über folgende Analogie nach: Sie besuchen ein Restaurant und entdecken eine Schnecke in Ihrem Salat. Igitt! Sie machen Rabatz; die Geschäftsleitung ist sehr zerknirscht und berechnet Ihnen nichts für Ihr Essen. Dann beschließen Sie, dem Laden noch eine Chance zu geben, und gehen ein paar Wochen später wieder hin. Würden Sie nicht hoffen, dass man Sie erkennt und sich besonders anstrengt, damit diesmal nichts schiefgeht? Warum sollte es bei den Menschen an unserer Seite anders sein? Sie wissen, dass Sie wissen, dass man ihnen wehgetan hat. Also möchten sie, dass Sie sich besonders anstrengen, um sie nicht erneut zu verletzen. Wovon rede ich hier? Eigentlich von nichts Ausgefallenem. Nur von solchen Dingen, wie den Geburtstag des Betreffenden nicht zu vergessen. Nicht einfach später nach Hause zu kommen. Keine Gemeinheiten loszulassen. Nicht anderen Frauen hinterherzugucken, wenn Sie mit ihr ausgehen. Und vergessen Sie nicht zu fragen, wie Sie ihr zeigen können, dass Ihnen daran liegt, ihr nicht wehzutun.

  Wie gesagt, es geht nicht darum, perfekt zu ein. Wir alle machen Fehler. Machen also auch Sie Ihren Teil an Fehlern. Aber wenn Sie sich das Vertrauen einer Person verdienen möchten, insbesondere wenn diese ziemlich verletzt wurde, dann vermeiden Sie es, die folgenden großen Fehler zu begehen.

- **Lügen Sie nicht, und seien Sie nicht verschlossen.** Ich habe etwas sehr Erhellendes festgestellt: Menschen, die seelische Narben aus früheren Beziehungen davongetragen haben, halten ihren derzeitigen Partner häufig für einen Lügner.

Warum ist das so? Ist das vielleicht nur Verfolgungswahn?

Nein. Meiner Ansicht nach tragen solche Menschen tatsächlich ein größeres Risiko, von ihrem gegenwärtigen Partner belogen zu werden. Und das kommt so: Ein Mensch mit zahlreichen seelischen Narben ist in der Beziehung mit Ihnen sehr verletzlich. Nun sind Sie aber wie alle anderen auch sehr unvollkommen. Und was, glauben Sie, geschieht, wenn Herr Unvollkommen auf Frau Verletzlich trifft? Es wird krachen.

Einer der scheinbar besten Wege, die verletzte und verletzliche Person zu schützen, ist zu lügen und verschlossen zu sein. Diese Versuchung ist nahezu unwiderstehlich. Wenn Sie etwas Schmerzliches vor ihr geheim halten können, wird es ihr nicht wehtun!

Hin und wieder funktioniert diese Taktik des Tarnens und Täuschens. Sie funktioniert immerhin so oft, dass wir sie auch weiterhin anwenden.

Und aus diesem Grund werden Menschen mit seelischen Narben *wieder* belogen.

Das ist also eine furchtbare Strategie und auf lange Sicht weitaus destruktiver als die Alternative. Weil die Wahrheit fast immer ans Licht kommt. Und für einen seelisch verletzten Menschen ist belogen oder getäuscht zu werden mit das Schlimmste überhaupt.

Also seien Sie, auch wenn es Ihnen kurzfristig zusetzen mag, so offen und ehrlich wie möglich. Jedes bisschen Verschlossenheit, Übertreibung, Verdrehung nährt das Ungeheuer. Und Sie wollen es doch aushungern.

Natürlich wissen Sie, dass Sie sich für Ihre Ehrlichkeit erst mal Ärger einhandeln. Niemand mag den Überbringer schlechter Nachrichten. Okay, dann streiten Sie sich eben ein bisschen.

Na, und? Wenn Sie stets offen und ehrlich sind, werden Sie auf lange Sicht zu einem vertrauenswürdigen Menschen, und Ihr Partner wird sich viel sicherer fühlen.

- **Versprechen Sie nichts, was Sie nicht halten.** Wir alle fallen dieser Versuchung zum Opfer. Jemand sitzt uns im Nacken, und wir möchten, dass er Ruhe gibt. Also geben wir ein Versprechen. »Gut, ich werde dieses Wochenende den Schrank aufräumen.« Oder: »Gut, ich werde mit meinem Chef über eine Gehaltserhöhung sprechen.«

Wir hegen vielleicht die besten Absichten, doch sind wir dem Druck erst mal entkommen, scheint das Versprochene plötzlich nicht mehr so ratsam. Oder es entpuppt sich als nicht so gut machbar.

Also halten Sie das Versprechen nicht und hoffen, dass der andere es nicht merkt oder Ihre Entschuldigung annimmt. Erfahrungsgemäß verhält er sich dann aber ganz anders. Er ist fassungslos und verletzt, weil Sie Ihr Versprechen gebrochen haben. Er fühlt sich getäuscht und betrogen.

Und wie wir wissen, brechen Sie beide dann im Handumdrehen einen heftigen Streit vom Zaun. Dabei will die andere Person beweisen, dass es sich um eine gravierende Sache handelt, und Sie wollen ihr beweisen, dass sie verrückt ist, die Sache *nicht* auf die leichte Schulter zu nehmen. Diese Auseinandersetzungen gehen selten gut aus.

Wenn Sie es also mit einem Menschen zu tun haben, der sich schwach fühlt – und was Täuschung und Verrat angeht, sind wir alle schwach –, machen Sie einfach Folgendes: Geben Sie niemals ein Versprechen, wenn Sie nicht absolut sicher wissen, dass Sie es halten werden. Versprechen Sie lieber weniger, und halten Sie mehr.

Lassen Sie Vorsicht walten. Sie mögen zu Recht den Eindruck haben, die andere Person fordere eine Garantie von Ihnen, dass Sie etwas Bestimmtes tun werden. Sie mögen sich mit jeder Faser danach sehnen, dass sie von Ihnen ablässt. Das spielt keine Rolle. Versprechen Sie nichts, was Sie nicht halten werden.

- **Geben Sie Bestätigung. Widersprechen Sie nicht.** Ein nahezu allgegenwärtiger Fehler – und ein sehr destruktiver: Ihre Partnerin platzt mit einer Sie betreffenden Angst oder Klage heraus. Sie fühlen sich angegriffen. Also machen Sie mit Ihrer Partnerin, was Sie mit Ihrem Kumpel vielleicht nicht täten. Sie streiten sich mit ihr. Sie versuchen, ihr einzureden, dass sie auf dem Holzweg ist.

Und wohin führt das? Es erweckt bei ihr lediglich den Eindruck, dass Sie sie nicht verstehen, und sie fühlt sich dadurch noch verletzlicher.

Angenommen, sie erzählt Ihnen, sie habe Angst, von Ihnen genauso betrogen zu werden wie von ihrem Ex. Wenn Sie auf ihre Angst mit den Worten reagieren: »Das ist Quatsch. Ich würde dich nie betrügen«, dann bekommt sie das Gefühl, Sie hätten sie abgeschmettert. Genau das also, was ein Betrüger täte.

Stattdessen sollten Sie so etwas sagen wie: »Ich verstehe. Es hat Männer gegeben, die dich betrogen haben. Und ich bin den ganzen Tag geschäftlich unterwegs, ohne dass du weißt, wo ich bin und was ich mache. Ich kann gut verstehen, dass du Angst hast, ich könnte dich betrügen und du würdest es nicht mitkriegen.« Anschließend *fragen Sie sie*, wie Sie dazu beitragen können, sie zu beruhigen.

Ich weiß, das klingt, als würden Sie ihr zusätzlich Munition in die Hand geben. Doch Bestätigungen wie diese tragen immer zum Wiederaufbau des Vertrauens bei.

Die Ängste einer verletzten Person sollten Sie nicht einfach vom Tisch wischen. Sie sollten sie vielmehr als Gelegenheit nutzen zu zeigen, dass Sie die Bedürfnisse der anderen Person ernst nehmen.

Manche Menschen fürchten sich davor, weil sie glauben, den anderen zu bestätigen hieße, seine irrationalen Ängste zu billigen. Das ist aber überhaupt nicht der Fall. Sie sagen damit ja nicht:»Du hast recht, ich werde dich betrügen.« Sie sagen nur: »Ich verstehe, dass du das so empfindest, und ich verstehe auch warum.«

• **Akzeptieren Sie, dass die andere Person sich nicht sicher fühlt.** Es ist so verlockend. Irgendwann möchten Sie bloß noch schreien:»Hör auf! Ich bin nicht Ann, Mary, Isabel oder eine von den anderen Mädchen, die dir wehgetan haben. Ich bin ich, und ich werde dir nicht wehtun. Also lass den Quatsch!«

Aber so verlockend es auch ist, es ist ein Fehler. Der andere wird sich eines Tages sicherer fühlen, doch erst wenn er so weit ist. Wenn Sie ihm vorher den Mund verbieten, hört er nur eines: dass Sie ihn so, wie er jetzt ist, nicht haben wollen. Sie müssen also damit einverstanden sein, dass Sie für das Zusammensein mit diesem Menschen einen Preis zahlen. Dazu gehört, dass es ihn sehr leicht verunsichert, wenn etwas seinen Argwohn erregt.

Es ist so: Wenn Sie mit einem seelisch verwundeten Menschen zusammenleben, haben Sie wahrscheinlich die lebenslange Aufgabe, für ihn da zu sein, so wie er ist. Es ist ein schöner Vorsatz, ihm niemals wehzutun, doch das lässt sich einem geliebten Menschen gegenüber nie völlig vermeiden. Wenn Sie ihm aber zeigen können, dass Sie für ihn da sind, und das heißt, ihn so zu akzeptieren, wie er ist, dann haben Sie das Beste getan, was ein Mensch tun kann.

Erfolg. Halten Sie sich die positive Seite vor Augen. Ja, mit einem Menschen zusammen zu sein, dem früher wehgetan wurde, ist nicht einfach. Doch es lohnt sich auch, vor allem wenn Sie an seine tiefe Dankbarkeit dafür denken, dass Sie nicht zu denen gehören, die ihm Schmerz zufügen. Machen Sie sich klar, was Erfolg in diesem Fall bedeutet. Erfolg heißt nicht, perfekt zu sein, sondern ehrlich, verständnisvoll und hilfsbereit und alle unnötigen Kränkungen zu vermeiden. Das ist durchaus machbar. Und überdies können Sie damit die andere Person von ihrem Misstrauen heilen.

Und wenn sich jemand wirklich verfolgt glaubt?

Hin und wieder geraten wir an eine Person, die eine von Argwohn geprägte Persönlichkeit hat. Sie ist von Natur aus misstrauisch. Sie unterstellt sämtlichen Zeitgenossen, also auch Ihnen, dass sie es auf sie abgesehen haben. Es sei nur eine Frage der Zeit …

Wie erkennen Sie, dass Sie einen Paranoiker vor sich haben? Es gibt zwei Hauptzeichen. Das erste liegt auf der Hand: Er ist höchst misstrauisch. Sein Argwohn oder sein potentieller Argwohn ist ständig zu spüren.

Das wichtige zweite Zeichen: *Sie können ihn durch nichts von seinem Misstrauen abbringen.* Sie mögen im wahrsten Sinn des Wortes perfekt sein, er wird Ihnen trotzdem nicht trauen.

Mit anderen Worten, ein misstrauischer Mensch ist nicht deshalb misstrauisch, weil Sie etwas Bestimmtes täten oder ihm früher etwas Bestimmtes angetan worden wäre. Nicht Sie haben ihn zu dem gemacht, was er ist. Und Sie können ihn nicht davon abhalten, so zu sein.

Möglicherweise sind Sie jetzt ein wenig verwirrt. Die misstrauische Person könnte früher ja durchaus seelische Verletzungen erlitten haben und verweist dann wahrscheinlich auf diese Erlebnisse als Quelle ihres Misstrauens. Worin besteht nun aber der Unterschied zwischen einem Menschen mit seelischen Narben und einem mit einer misstrauischen Persönlichkeit?

Der Unterschied besteht darin, dass Sie Ersterem wieder Sicherheit vermitteln können. Er kann Vertrauen wieder lernen. Er will vertrauen. Es fällt ihm nur schwer.

Bei dem misstrauischen Menschen jedoch ist Misstrauen *Programm*. Sein Argwohn ist keine Reaktion auf Sie oder auf frühere Erfahrungen. Es gehört zu seiner Identität. Auf eine seltsame Weise will er misstrauisch sein. Manche dieser Menschen halten das sogar für clever.

Was bedeutet das für Sie? Ich selbst bin, wie Sie ja wissen, sehr für die Wiederherstellung von Vertrauen in Beziehungen, aber ich halte einen Erfolg bedauerlicherweise für sehr unwahrscheinlich, wenn Sie es mit einem von Natur aus misstrauischen Menschen zu tun haben. Sehr wahrscheinlich ist vielmehr, dass Sie in einen unentrinnbaren Strudel der Verbitterung und Wut gezogen werden. Sie täten also besser daran, die Beziehung zu beenden.

Hoffnung für die Zukunft

Das ist ziemlich krass, ich weiß. Zum Glück sind die meisten von uns aber auch nicht betroffen. Der Großteil der misstrauischen Menschen ist nicht von Natur aus so. Ihr Misstrauen beruht auf Lebenserfahrung. Und das ist eine gute Nachricht.

Wobei die gute Nachricht natürlich nicht darin besteht, dass wir solche schmerzlichen Erfahrungen machen. Die gute Nachricht lautet: Wir können daraus lernen. Manche lernen allerdings nur, dass und wie sie verletzt werden können. Und das ist sehr schade. Denn wir können auch die Erfahrung machen, dass solche Wunden heilen. Wir können die Erfahrung machen, dass es Menschen gibt, die uns eher nicht wehtun. Wir können die Erfahrung machen, dass wir widerstandsfähig sind. Wir können die Erfahrung machen, dass sich Vertrauen lohnt. Wir können die Erfahrung machen, dass wir das solide begründete Vertrauen, nach dem wir uns so sehr sehnen, erschaffen können.

Vertrauen erschließt uns das Leben in seiner ganzen Fülle

Ob Sie es glauben oder nicht, Sie sind jetzt ein anderer Mensch als zu Beginn unserer gemeinsamen Reise. Nicht nur, dass Sie jetzt über eine Reihe von Werkzeugen und Einsichten verfügen, die Sie nie zuvor besaßen. Sie eröffnen sich auch Möglichkeiten, an die Sie vielleicht nicht im Traum gedacht haben. Oder diese Träume hatten sich in Ihren Augen zerschlagen. Doch jetzt können Sie wieder träumen.

Sie wussten schon immer, dass alles an Vertrauen hing. Jetzt wissen Sie auch, wie Sie es wieder in Ihr Leben zurückbringen können. Nicht bloß als Gefühl oder blinden Vertrauensvorschuss, sondern als Vertrauen, das sinnvoll und solide begründet ist.

Ich habe Ihnen gezeigt, wie Sie das hinkriegen können. Im Grunde ist es gar nicht so schwer. Sie verfügen bereits über alles dazu Notwendige. Das Einzige, was Sie noch brauchten, war jemand, der Sie darauf hinwies, welche Fehler Sie vermeiden müssen. Und auch das haben Sie jetzt.

Sie und Ihr Partner besitzen nun eine Landkarte für die Reise zurück zueinander sowie alle für diese Reise nötigen Werkzeuge. Diese Reise wird Ihr Leben verändern. Es ist ein bisschen so wie das Überwinden von Flugangst. Es fällt Ihnen danach nicht nur leichter, in ein Flugzeug zu steigen, sondern Ihnen steht jetzt die ganze Welt offen. Weil Sie den für Sie wichtigen Menschen vertrauen können, werden sich nicht nur Ihre Beziehungen verbessern, sondern die Welt der Liebe, Vertrautheit, Zuneigung und Nähe wird sich Ihnen in ihrer wunderbaren Fülle erschließen. Ich wünsche Ihnen das Allerbeste. Bitte besuchen Sie mich auf MiraKirshenbaum.com und berichten Sie mir, wie Ihre Reise zurück zum Vertrauen verläuft. Ich freue mich darauf, von Ihnen zu hören.

Anhang

Themenvorschläge für Gesprächsgruppen

Da Vertrauen für so viele von uns ein heiß umstrittenes Thema ist, dürfte sich dieses Buch sehr gut für Leseclubs und Gesprächsgruppen eignen.

Ausgewählte Gesprächsthemen für den Einstieg:
- Wem vertrauen Sie und warum?
- Wem vertrauen Sie nicht und warum nicht?
- Wem haben Sie früher einmal vertraut und jetzt nicht mehr? Was ist vorgefallen?
- Wer vertraut Ihnen und warum?
- In welcher Hinsicht vertrauen Sie sich selbst und in welcher nicht und warum?
- Was war der schlimmste Vertrauensbruch, den Sie je erlebt haben?
- Inwieweit haben Sie sich davon erholen können?
- Worin besteht ein in Ihren Augen unverzeihlicher Vertrauensbruch?
- Worin sehen Sie den Grund für das ausgeprägte Misstrauen in unserer Gesellschaft, und was, glauben Sie, könnte man dagegen unternehmen?
- Können Sie sich eine Situation vorstellen, in der vollkom-

menes Vertrauen herrscht und trotzdem Verständigungsprobleme auftreten?

- Haben Sie je erlebt, dass ein Vertrauensbruch vorkam und das Misstrauen dennoch rasch, leicht und natürlich heilte? Wie spielte sich das ab?
- Welchen in diesem Buch besprochenen Fehler haben Sie in Ihrer Beziehung erlebt?
- Wen kennen Sie, den seine Erfahrungen in früheren Beziehungen zutiefst misstrauisch gemacht haben, und wie hat sich das auf diese Person ausgewirkt?
- Sprechen Sie über Ihre eigenen Erfahrungen im Hinblick auf die Auswirkungen von Machtgefällen in Beziehungen. Wie wirken sie sich auf das Vertrauen aus?
- Sprechen Sie über Ihre eigenen Erfahrungen im Hinblick auf die Auswirkungen eines unterschiedlichen Hintergrunds in Beziehungen. Wie wirkt sich das auf das Vertrauen aus?

Dank

Ich bin Ihnen allen dankbar – Klienten, Freunden, Interview-
partnern, Kollegen und all den anderen –, die Sie mir Geschichten über einige der schwersten Augenblicke Ihres Lebens anvertraut haben. Sie haben einen Menschen hintergangen oder
wurden selbst hintergangen. Sie empfanden überwältigenden
Schmerz und tiefe Scham. Und dennoch haben Sie Ihre Gefühle und Erinnerungen mit mir geteilt und darauf vertraut,
dass dies anderen helfen wird. Und Ihr Vertrauen hat sich aus-
gezahlt: Sie halten das Ergebnis in Händen.

Sie alle haben mich – mich mit meinem Argwohn – gelehrt,
dass wirklich alles an Vertrauen hängt. Vertrauen ist ein Rätsel: ein Sprung ins kalte Wasser, der unerlässlich ist, wenn wir
in dieser verrückten Welt Sicherheit und Glück finden wollen.
Vertrauen ist so zerbrechlich, weil wir so unvollkommen und
so verletzbar sind. Aber es ist das Allerwichtigste, denn ohne
Vertrauen kann in unserem Leben nichts Gutes geschehen.

Besonders danken möchte ich allen, die zu dem Material für
mein Buch *When Good People Have Affairs* beigetragen haben.
Natürlich ist ein Seitensprung nur eine der zahlreichen Formen, wie Vertrauen in Beziehungen beschädigt wird. Sie haben
mir gezeigt, dass sich aber selbst dort, wo Schmerz und Schaden riesengroß sind, das Vertrauen wieder aufbauen lässt und
Beziehungen wieder zum Leben erwachen können.

Das gilt es zu schaffen, nicht wahr? Das Vertrauen am Leben zu erhalten – obwohl es so zerbrechlich ist.

Außerdem möchte ich allen danken, die mich gebeten – sogar angefleht – haben, meinem Buch über Treuebrüche eines über den Wiederaufbau von Vertrauen nach Vertrauensbrüchen folgen zu lassen.

Ein besonderer Dank geht an jene, die sagten:»… und denken Sie daran, es gibt viel mehr Formen von Betrug als nur eine Affäre.«

Sie haben recht. Das macht dieses Buch so wichtig. Es ist das erste und einzige Buch, das die Prinzipien des Wiederaufbaus von Vertrauen nach jeder Art von Vertrauensbruch darlegt. Wir brauchen das, weil sich in zwischenmenschlichen Beziehungen große und kleine Vertrauensbrüche leider kaum vermeiden lassen. Glücklicherweise wissen wir heute aufgrund unserer Forschungsarbeiten und der vieler anderer, dass gebrochenes Vertrauen heilen kann, und zwar schneller und leichter, als viele von uns dachten.

Ich arbeite jetzt seit mehr als sechzehn Jahren mit meinem ausgezeichneten Agenten Howard Morhaim zusammen, und wir haben gemeinsam elf Bücher gemacht. Das bedeutet alle anderthalb Jahre ein Buch. Und das ist atemberaubend! Howard, du bist der Beste. Vielmals danke ich auch Howards Kollegin Katie Menick für alles, was sie zu meiner Arbeit beigetragen hat.

Ein ganz großes Dankeschön geht an Danny Baror, meinen wunderbaren internationalen Agenten, weil er dafür sorgt, dass meine Bücher in so vielen Ländern und Sprachen erscheinen können.

Tief empfundener Dank gilt meiner großartigen Lektorin Denise Silvestro für ihre Leidenschaft, ihre Klugheit und ihr Engagement für dieses Buch. Ohne sie wäre es nicht entstanden und nicht so gut geworden. Die Arbeit mit ihr war ein Vergnügen. Ich danke auch Meredith Giordan für ihre zahlreichen konstruktiven Beiträge.

Und ein riesengroßer Dank geht an Craig Burke für seine Tatkraft und Unterstützung, an Julia Fleischaker und Liz Keenan für alles, was sie getan haben und noch tun werden, um die Leserschaft auf dieses Buch aufmerksam zu machen, sowie allen anderen Marketingmitarbeitern von Penguin.

Dankbar bin ich auch meiner Verlagsleiterin Pam Barricklow und meiner Redakteurin Erica Rose sowie allen Leuten bei Penguin für ihr professionelles, überaus sorgfältiges Korrekturlesen und andere wichtige Arbeiten.

Herzlich danke ich dem Team hier am Chestnut Hill Institute. Ihr alle – Nikki Green, Doc Miner, Lindi Flanagan – habt mich bei Forschung, Ausbildung, sozialem Engagement, Supervision tatkräftig unterstützt. Ohne Euch hätte ich das nicht geschafft.

Ein besonderer Dank auch unserer unglaublich begabten Webmasterin Christine Harbaugh.

Besonders dankbar bin ich meinem Mann Charles Foster. Er war unglaublich mutig und großzügig und hat mir erlaubt, unter die zahlreichen hier berichteten Geschichten auch die seine aufzunehmen.

Doch Charles ist mehr als mein Mann – er ist mein Schreibpartner. Wir haben seine Geschichte gemeinsam erzählt, dieses Buch gemeinsam geschrieben. In jedem unter meinem Namen veröffentlichten Buch zolle ich ihm Anerkennung als dem gleichberechtigten Halbe-halbe-Partner beim Verfassen des Buches. Auch in *Ich will dir trauen. Aber wie?*. Da wir hier über Vertrauen sprechen, sollte ich sagen, dass dieses »Halbe-halbe«-Gerede keine bloße Höflichkeitsfloskel ist. In Wahrheit setzen wir uns bei jedem Buch, das unter seinem oder meinem

Namen erscheint, zusammen und schreiben es gemeinsam. Jedes Wort und jeder Gedanke stammt genauso sehr von ihm wie von mir.

Zu guter Letzt ein Wort zu meiner Mutter. Ich habe in meinen Büchern öfter von ihr gesprochen. Sie ist vor sechs Monaten gestorben. Es gäbe so viel zu sagen, doch dies ist ein Buch über Vertrauen und Hoffnung, und darauf möchte ich mich hier konzentrieren. Ich erwähne in diesem Buch, dass ich in meiner Jugend harte Zeiten durchmachte, die es mir erschwerten, ein vertrauensvoller Mensch zu werden. Das ist wohl wahr. Man kann es jedoch auch anders betrachten. Angesichts der erlebten Härten bin ich eigentlich ein bemerkenswert vertrauens- und hoffnungsvoller Mensch. Ich spüre in mir eine tiefe Sicherheit, die ich jetzt erst auszuloten beginne.

Und diese verdanke ich in sehr hohem Maß meiner Mutter. Ich bin die Tochter einer starken, klugen Frau. Während des Holocaust hielt sie, meist auf sich gestellt, meinen Bruder am Leben und brachte dann in den schwierigen Nachkriegsjahren, als wir Flüchtlinge und mittellose Einwanderer waren, meinen Bruder und mich allein durch. Sie ging mit uns nach Amerika und ermöglichte uns ein tolles Leben. Alles, was ich mein Eigen nenne, verdanke ich dem Fundament, das sie gelegt hat. Wer als Tochter einer Frau mit ihrer Stärke, ihrem Grips und ihren Leistungen aufgewachsen ist, erwirbt ein tiefes, tiefes Vertrauen, dass man überleben, dass man sich zumindest immer auf sich selbst verlassen kann.

Das war ein großes und ganz besonderes Geschenk. Meine Mutter hatte nicht die Macht, das Leben leichter und sicher zu machen. Aber sie gab mir das unvergängliche Geschenk zu wissen, dass Vertrauen sinnvoll ist. Und kein Geschenk ist wichtiger. Es ist meine Mutter, die mich und dieses Buch möglich gemacht hat. Ich bin ihr in einer Weise dankbar, die sich nicht in Worte fassen lässt …

Wenn Sie Bemerkungen oder Fragen haben, wenn Sie Hilfe brauchen oder einfach nur meinen Blog lesen möchten, dann besuchen Sie mich bitte auf www.MiraKirshenbaum.com

Mira Kirshenbaum, geboren 1945, ist Psychotherapeutin, Familientherapeutin und Direktorin am Chestnut Hill Institute in Massachusetts und Autorin zahreicher internationaler Bestseller.

Mira Kirshenbaum
Soll ich bleiben, soll ich gehen?
Ein Beziehungs-Check
Aus dem Amerikanischen von Annette Charpentier

Band 19101

Es ist nicht mehr, wie es einmal war. Dahin der Zauber, das
Prickeln im Bauch, die romantischen Abende. Stattdessen
Frust, Seitensprünge und diese ewigen Diskussionen. Und
irgendwann stellt sie sich dann, die entscheidende Frage:
Lohnt es sich noch?

Die bekannte Psychotherapeutin Mira Kirshenbaum hilft
in dieser festgefahrenen Situation nicht mit neunmalklugen
Tipps, sondern indem sie dem Leser den Schlüssel zu seinen
wahren Gefühlen an die Hand gibt. Die Entscheidung ergibt
sich dann Schritt für Schritt – und plötzlich wie von allein.
Und wie immer sie auch ausfällt: bleiben oder gehen – sie
befreit.

Fischer Taschenbuch Verlag